Dennis Paul und
Andrea Sick (Hg.)

Rauchwolken und Luftschlösser.
Temporäre Räume

Textem

Institut für Kunst- und
Musikwissenschaft

Rauchwolken und Luftschlösser. Temporäre Räume
Dennis Paul und Andrea Sick (Hg.)
Band 2 der Publikationsreihe des Instituts für Kunst- und Musikwissenschaft

Lektorat: Katha Schulte
Konzept und Gestaltung: Sarah Käsmayr
Art Direction: Tania Prill
Bildbearbeitung: Andrea Dilzer und Caspar Sessler
Druck: druckhaus köthen
Umschlagabbildungen:
Christoph Wachter & Mathias Jud: *picidae / Ceci n'est pas une page Web*;
Dennis Siegel: *Electromagnetic Harvester*

© 2013 bei den Autorinnen und Autoren und Textem-Verlag, Hamburg
ISBN 978-3-86485-054-7
www.textem-verlag.de

Mit freundlicher Unterstützung der Hochschule für Künste Bremen,
des Studiengangs Digitale Medien der HfK und der Gesellschaft für Aktuelle
Kunst Bremen

Inhaltsverzeichnis

Zur Einleitung

Vulkanausbrüche, Großbrände und Atomkatastrophen sind die Produzenten großer, auch medial dahintreibender Wolkengebilde aus Rauchpartikeln. Diese geradezu physischen Gebilde werden gelesen als Zeichen einer sich ankündigenden Klimakatastrophe, als Konsequenzen schwerwiegender Unfälle sowie auch als bewusste menschliche Stiftungen. So changieren die kleinen wie großen Rauchwolken zwischen Naturschauspiel oder -katastrophe und Zivilisationsindex mit menschlichem Ursprung und Auslöser. Auf alle Fälle bleiben sie immer wieder, trotz aller Fortschritte in der Wetter- und Klimaprognostik, in ihrer Entwicklung und Bewegung unvorhersehbar.

Luftschlösser können hingegen als Produkte des Wunsches und der Einbildungskraft gelten. Gerne als Hirngespinste betitelt, treten sie als Gebilde eines Träumenden oder ‚Luftspringers‘ auf. Sie markieren eine Grenze zwischen Wachen und Schlafen, zwischen Virtuellem und Greifbarem. Sie sind Effekte des Imaginären. Sie sind gleichsam schwebende Bauten mit luftigen Mauern, die sich jeglicher Bodenhaftung verweigern und vorzugsweise in (zumeist weiße oder rosa) Wolken gebettet erscheinen.

Räume sind die Luftschlösser und die Rauchwolken nur, insofern sie durch die Anwesenheit von Dingen, von Menschen und Umgebungskonstellationen tangiert werden. Doch Spuren können oftmals nicht auf Dauer hinterlassen werden. Zumeist sind nur kurzfristige Prägungen – temporäre Räume – möglich.

Die Luftschlösser sind eher den ästhetischen Disziplinen zugeschrieben (u. a. Kunst, Design, Literatur, Medien), während die Rauchwolken als Protagonistinnen der naturwissenschaftlichen Forschungen auftreten. Doch beide Ballungsformen werden hier als markante Positionen eines Prozesses verstanden, in dem Medien, Technik, Politik, Kultur und Literatur Räume vermessen und somit markieren. Es lassen sich Überkreuzungen und Überlagerungen des ‚Aktualen‘ und des ‚Imaginären‘ herausbilden und besagte Räume als ‚temporäre Räume‘ in all ihrer Ereignishaftigkeit hervorbringen.

Das Forschungsprojekt *Rauchwolken und Luftschlösser* initiierte nicht nur eine Diskussion wissenschaftlicher und theoretischer Konzepte, sondern auch eine Auseinandersetzung mit ästhetischen Kategorien und Verfahren.

Ein experimenteller Workshop bildete im Februar 2012 den Auftakt. In kurzen Vorträgen stellten Gäste aus Kunst, Gestaltung und Medienwissenschaften themenbezogene Ausschnitte aus ihren Arbeits- und Forschungsfeldern vor, suchten bei Spaziergängen durch das bremische Hafengebiet (mit Audioaufzeichnungen) Verbindungen und Unterschiede zwischen den einzelnen Arbeitsfeldern und vertieften diese in Gesprächen während des Gehens. (Buchbeiträge von Jan Bovelet,

1–3 Spaziergänge, Workshop Februar 2012

Rauchwolken und Luftschlösser. Temporäre Räume

Regine Buschauer, Gunnar Green und Bernd Hopfengärtner, Oliver Leistert, Lars Nowak, Laura Popplow, Julian Rohrhuber, Christoph Wachter & Mathias Jud, Renate Wieser.)

Ein Symposium im Oktober 2012 präsentierte mit künstlerischen, gestalterischen und wissenschaftlichen Beiträgen in englischer und deutscher Sprache Ansätze, Konzepte und Gedanken zu den Überlagerungen zwischen dem Virtuellen und dem Aktualen anhand der Figurationen von Rauchwolken und Luftschlössern. (Buchbeiträge von Jussi Ängeslevä, Luis Berríos-Negrón, Katharina Hinsberg, Dennis Paul, Claudia Reiche, Birgit Schneider, Andrea Sick, Julijonas Urbonas.)

Eine Ausstellung mit von den Kurator_innen Dennis Paul und Andrea Sick ausgewählten künstlerischen Arbeiten, die in unterschiedlicher Art und Weise Aspekte des Themas aufgreifen (Buchbeiträge von Ralf Baecker, Kerstin Ergenzinger, Hannes Hoelzl, Agnes Meyer-Brandis, Mikael Mikael, Studio NAND, Benjamin Suck, Hannes Waldschütz), unter Beteiligung von Studierenden der Hochschule für Künste aus dem Studiengang Digitale Medien (Buchbeiträge von Mathias Lam, Lucas Odahara, Jonas Otto, Dennis Siegel) wurde im Januar und Februar 2013 in der Gesellschaft für Aktuelle Kunst Bremen (GAK) gezeigt.

In dieser Publikation sind somit Beiträge versammelt, die jeweils ihren Ausgang in einem der drei benannten Projektteile nahmen.

Dennis Paul und Andrea Sick

Katharina Hinsberg

*f*ort und *f*ort[1]

Das Auditorium ist freigeräumt, die Stühle sind beiseitegestellt.
Zwei Personen mit je zwei radiästhetischen Winkelruten aus
Messing stehen nebeneinander. Jeder Winkelstab wird von einer Faust so locker umschlossen, dass er leicht darin lagert und
sich drehen kann. Die Ruten werden parallel vor dem Körper so
ausgerichtet, dass die Spitzen waagrecht nach vorne weisen.

Beide Personen gehen langsam parallel zueinander durch
den Raum. Ohne erkennbaren Impuls bewegen und überkreu-
zen sich die Winkelschenkel an bestimmten Stellen. Die jeweilige Person bleibt dann stehen und wartet, bis der entspre-
chende Ort am Boden markiert ist. So wird der ganze Raum
begangen, sondiert und markiert. Auf die Markierungen werden transparente, an Schnüren befestigte Heliumballone gestellt. Ihre Höhe entspricht der Aktionshöhe der Winkelruten.
Über ihre Positionen verzeichnet sich eine Kartierung aller ge-
orteten Stellen.

Die Stühle werden wieder aufgestellt. Die Ballone werden
im Weiteren von den Abläufen des Symposiums berücksichtigt
und bleiben bis zum Ende der Veranstaltung an ihren Orten.

1 Titel nach Joseph
Freiherr von
Eichendorffs Gedicht
„Wünschelrute"
[1883]. In: ders.: *Werke*,
hg. v. Wolfdietrich
Rasch, München
(Hanser) 1971, 103.

1–6 Dokumentationsfotos der Aktion
fort und fort, Auditorium,
Hochschule für Künste Bremen

Werkangaben

Die Aktion *fort und fort* fand am 19. Oktober 2012 während des Symposiums *Rauchwolken und Luftschlösser. Temporäre Räume* statt.

Radiästhetische Winkelruten: Katharina Hinsberg und Doris Weinberger. Markierungen: Danuta Kurz. Material: 2 Winkelruten, Messing, L-förmig, selbstklebende Markierpunkte in zwei Farben (den Personen zugeordnet), transparente Heliumballons.

Kerstin Ergenzinger

Studien zur Sehnsucht

Ortsbezogene, reaktive Installationen seit 2007
Mixed Media, Dimensionen variabel,
in Kooperation mit Thom Laepple

Studie zur Sehnsucht [Bremen], 2013
Studie zur Sehnsucht [Enschede], 2011
Studie zur Sehnsucht [Gent], 2010
Studie zur Sehnsucht [Kopenhagen], 2009
Studie zur Sehnsucht [Chur], 2009
Studie zur Sehnsucht [Malmö], 2008
Studie zur Sehnsucht [Bregenz], 2008
Studie zur Sehnsucht [Köln], 2007

Studien zur Sehnsucht sind kinetische Skulpturen und assoziati-ve Landschaftssimulationen – Sehnsuchtsmaschinen –, die Berg-und Bodenformationen als Projektionsflächen menschlicher Wahrnehmung erforschen.

Die Installationen fragen danach, wie unsere Interpretation der Umwelt, von sensorischen Reizen, Daten und Beziehungs-geflechten, nachhaltig von Sehnsucht nach einer stabilen Basis geprägt ist. Einerseits entwickeln wir fortwährend Techniken, die unsere Aufnahmefähigkeit und Wahrnehmung erweitern. Anderseits suchen wir in Modellen und Erklärungsmustern die Erkenntnisse aus dieser Forschung unserem Bedürfnis entspre-chend in ein festes Bild von der Welt zu integrieren. Diese Kon-strukte werden schließlich wieder Grundlage unserer Orientie-rung.

Zeichen.Zeichnen

Vor Ort zeichnen ist Sehen und Selektieren zeitgleich. Das Pa-pier, das ich verwende, bedeutet für diesen Moment die Welt. Mit seiner Größe und Verhältnismäßigkeit gibt es die Grenzen und Parameter vor, innerhalb derer ich den Augenblick karto-grafiere. Alles schwankt zwischen sich überlagernden, unstruk-

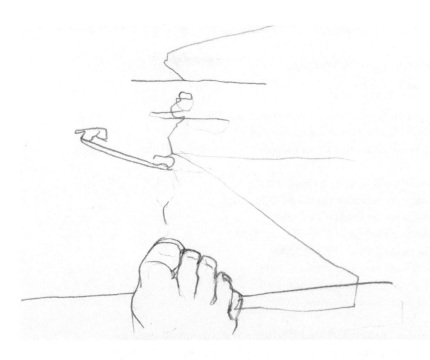

turierten Sinneseindrücken und der zweidimensionalen Welt
linearer Repräsentationen. Ich suche nach Übersetzungen.

Wichtig sind die Bewegungen und Perspektiven des Be-
trachtens. Diesen Zusammenhängen mit dem Stift nachzuge-
hen und sie auf der Fläche zu verfolgen, ist ein Ziel. Ich notiere
Such- und Abtastbewegungen der Augen beim Wahrnehmen
und verfolge Oberflächen, Gegenstände und Raumstrukturen
durch ihre verschiedenen Ebenen und Schnittmengen. So suche ich Diffuses bildnerisch zu filtern und zu organisieren.

Linien umschreiben oder teilen auf, sie markieren einen
Übergang, ziehen eine Grenze, die sie öffnen oder schließen. Es
gibt Bereiche, wo Dinge und Verhältnisse nicht so sind, wie
man sie denkt, andere, in denen Grenzen und Eigenschaften
verschwimmen. Distanzen und Zwischenräume oszillieren im
Licht, folgen dem Wetter oder verschieben sich in Bewegung
und wechseln Bedeutung. Vieles entzieht sich. Zeichnen organisiert Zeit und Raum. Zeichnen, Zeichen machen, heißt
Gleise legen und Wege für das betrachtende Auge bahnen.

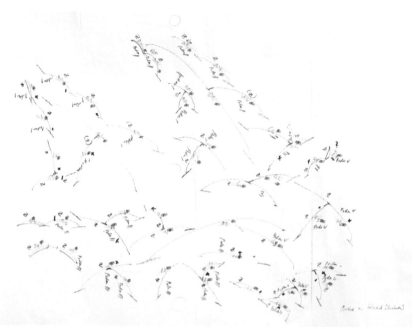

1 *footnote*, Sorgenfri, Malmö, 2008
2 Mapping: Muskeln und Adern der
   Studie zur Sehnsucht [Enschede]
3 *Studie zur Sehnsucht [Enschede]*, 2011

Kerstin Ergenzinger   17

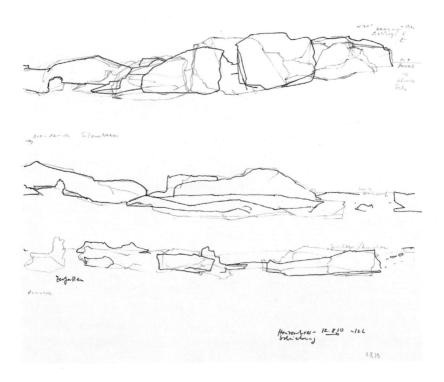

Rauchwolken und Luftschlösser. Temporäre Räume

4 *schwimmende Horizonte #1*,
   Saqqaq, Westgrönland, 2010
5 *Studie zur Sehnsucht [Köln]*,
   2007

6 *Studie zur Sehnsucht [Bremen]*, 2013

Lars Nowak

Pilzwolken.
Zur epistemischen Multivalenz
atomarer Explosionswolken

Bildliche Repräsentationen unbestimmter Objekte, wie etwa des Aufenthaltsorts eines Elektrons, dessen Impuls bekannt ist, nehmen nicht selten die Form einer Wolke an. Diese Darstellungsweise ist darin begründet, dass sich Wolken aufgrund ihrer unscharfen Konturen und ständigen Verwandlungen ihrerseits nur schwer fassen lassen. Der vorliegende Aufsatz versucht, diesen Topos des Reflektierens über Wolken – deren epistemische Ungreifbarkeit – auf einer abstrakteren Ebene zu verdoppeln. Sein Gegenstand sind die verschiedenen Rauch-, Dampf- und Staubwolken, die im Umfeld der oberirdischen amerikanischen Atombombentests der späten 1940er bis frühen 1960er Jahre auftraten. Diese Wolken – zu denen neben dem bekannten Atompilz noch einige andere nephologische Erscheinungen gehörten – spielten in diversen foto- und kinematografischen Repräsentationen widersprüchliche epistemische Rollen, waren also nicht nur selbst unscharf, sondern besaßen auch einen unscharfen epistemischen Status. Die verschiedenen Aspekte dieser höherstufigen Unschärfe im Einzelnen zu erkunden, ist das Ziel der folgenden Überlegungen. Diese werden nicht nur auf populärkulturelle, sondern auch und sogar vorrangig auf wissenschaftliche Fotografien und Filme eingehen, welche zugleich mit anderen Gattungen der szientifischen Fotografie verglichen werden sollen. Meine Ausführungen werden zwar von bestimmten wissenschaftshistorischen Konzepten Gebrauch machen, im Übrigen aber die Phänomenologie des Gegenstandes selbst in den Vordergrund stellen.

Bei Lukrez, so heißt es im Editorial des dem Thema Wolken gewidmeten Heftes des *Archivs für Mediengeschichte*, war die Wolke noch „ein Modell oder Beispiel dafür, wie sich kleinste und unteilbare Dinge, Atome, zu einem Ding formieren".[1] Seither hat sich zwar gezeigt, dass Atome durchaus teilbar sind. Aber auch diese Teilung resultiert, wenn sie in einer unkontrollierten Kettenreaktion vervielfacht wird, in einer Wolke, nämlich in einer Pilzwolke. Diese spielt bereits im populärkulturellen Kontext eine ambivalente Rolle: Einerseits bildet sie hier ein indexikalisches Zeichen der sie verursachenden Kernwaffenexplosion, so wie Semiotiker den Zeichentyp des Indexes gerne anhand des Rauchs erläutern, der auf das ihm zugrunde liegende Feuer verweist. Und so hat sich der Atompilz zum klischierten

---

1 Lorenz Engell/Bernhard Siegert/Joseph Vogl:
 Editorial. In: *Archiv für Mediengeschichte*, Nr. 5,
 2005, 5–8, hier 5.

1 U.S. Air Force 1352nd Photographic Group, Atomtest *Dominic Bluestone*, 30. Juni 1962, Christmas Island

Erkennungszeichen einer Atomexplosion und sogar zur Ikone des atomaren Zeitalters überhaupt entwickelt. Dieses piktorale Stereotyp ist maßgeblich durch das Medium der Fotografie geprägt worden,[2] da von allen Bildern nuklearer Explosionen Fotografien in der amerikanischen Öffentlichkeit die stärkste Verbreitung gefunden haben und alle diese Fotografien – gleichgültig, ob sie nun die Atombombenabwürfe auf Hiroshima und Nagasaki oder die Atombombentests in New Mexico, in Nevada und im Pazifik zeigen – einen bestimmten Aspekt dieser Explosionen, eben die Pilzwolke, in den Vordergrund rücken.[3]

Dabei entspricht der Atompilz einem konventionellen Schönheitsbegriff, der sich in der amerikanischen Gesellschaft der 1950er Jahre einer breiten Akzeptanz sicher sein konnte. Wie an ihrem Status als Erkennungszeichen war auch an der Schönheit der Pilzwolke in nicht unwesentlichem Maße die Fotografie beteiligt. Denn popularisierende Fotografien von den atmosphärischen Nukleartests, die etwa in illustrierten Zeitschriften wie *Time, Life* oder *Newsweek* erschienen, zielten mittels bestimmter Ästhetisierungsstrategien auf eine idealtypische Repräsentation des Atompilzes ab. Wie an einer Fotografie vom Nukleartest *Dominic Bluestone* deutlich wird, die im Juni 1962 von der U.S. Air Force 1352nd Photographic Group aufgenommen wurde,[4] trugen zur Schönheit der Pilzwolke vor allem drei Aspekte bei (Abb. 1): Da war erstens die symmetrische Form, die einige Aufnahmen durch kompositorische Korrespondenzen zu unterstreichen versuchten. Hinzu kam zweitens eine ungewöhnliche Farbenpracht, die nicht nur von vielen Augenzeugen der Nukleartests gepriesen, sondern auch in den vielen Farbfotografien derselben zur Geltung gebracht wurde. Manche der Fotoreportagen, welche die Testexplosionen in feuerwerksartige Farbenspiele aufzulösen versuchten, wiesen hierauf bereits im

2 U.S. Army, Bildpostkarte eines nicht
näher identifizierten Atompilzes,
vor 1955, Nevada Proving Ground

Titel hin, wie es etwa bei den beiden *Life*-Artikeln *A-Bomb Test in Color* und *Color Photographs Add Vivid Reality to Nation's Concept of H-Bomb* der Fall war.[5] Drittens schließlich hing die Schönheit der öffentlichen Atomtestfotografien mit den exotischen Landschaften zusammen, in denen die USA ihre Nukleartests abhielten – gleichgültig, ob es sich dabei um die sonnenbeschienenen Wüsten des amerikanischen Südwestens oder um die palmenbestandenen Atolle des Pazifiks handelte.[6] Und wenn die Aufnahme vom *Dominic Bluestone*-Test an die Ikonografie eines Son-

2 Vgl. Peter Bexte: Wolken über Las Vegas. In: *Archiv für Mediengeschichte*, Nr. 5, 2005, 131–137, hier 135.

3 Vgl. Vincent Leo: The Mushroom Cloud Photograph. From Fact to Symbol. In: *Afterimage*, Nr. 1–2, 13. Jg., Sommer 1985, 6–12, hier 7 ff., 11; Scott Kirsch: Watching the Bombs Go Off. Photography, Nuclear Landscapes, and Spectator Democracy. In: *Antipode*, Nr. 3, 29. Jg., Juli 1997, 227–255, hier 236 f., 240; John O'Brian: Editing Armageddon. In: Mark Cheetham / Elizabeth Legge / Catherine Sousslaff (Hg.): *Editing the Image. Strategies in the Production and Reception of the Visual*, Toronto (University of Toronto Press) 2008, 127–152, hier 138 f.

4 Die 1352nd Photographic Group war eine besondere Einheit der amerikanischen Luftwaffe, die von 1947 bis 1969 damit beauftragt war, sämtliche Aspekte der amerikanischen Atombombentests fotografisch wie filmisch zu dokumentieren.

5 Vgl. Anonym: A-Bomb Test in Color. In: *Life*, Nr. 9, 30. Jg., 26. Februar 1951, 48–50; Anonym: Color Photographs Add Vivid Reality to Nation's Concept of H-Bomb. In: *Life*, Nr. 16, 36. Jg., 19. April 1954, 21–25.

6 Vgl. Tom Vanderbilt: *Survival City. Adventures Among the Ruins of Atomic America*, New York (Princeton Architectural Press) 2002, 75.

nenuntergangs, also eines typischen Postkartenmotivs, anknüpft, so ist hinzuzufügen, dass viele der popularisierenden Atomtestfotografien tatsächlich nicht nur in Zeitschriften, sondern auch als Postkarten verbreitet wurden (Abb. 2).[7]

Die Schönheit des in die Atmosphäre aufsteigenden Atompilzes kann nun – wie in der Forschungsliteratur wiederholt angemerkt worden ist – eine Faszination ausüben, welche die verheerenden Zerstörungen in Vergessenheit geraten lässt, die durch die zugrunde liegende Detonation am Erdboden verursacht werden und zu denen auch die charakteristischste Wirkung einer solchen Detonation, nämlich die Freisetzung von Radioaktivität, gehört.[8] Und die Atomic Energy Commission, die in den ersten Jahrzehnten für die Durchführung der amerikanischen Kernwaffentests verantwortlich war, scheint sich diesen Umstand mitunter sogar gezielt zunutze gemacht zu haben. So reagierte die AEC zum Beispiel auf die öffentliche Diskussion über die radioaktiven Verseuchungen infolge des im Februar 1954 abgehaltenen Wasserstoffbombentests *Castle Bravo*, des mit einer Sprengkraft von 15 Megatonnen größten aller amerikanischen Atomtests, mit der Publikation von spektakulären, aber bereits 16 Monate alten Fotografien des *Ivy Mike*-Tests vom Oktober 1952, der weltweit ersten vollgültigen H-Bomben-Zündung.[9]

7 Übrigens hat Peter Hales neben der Schönheit noch ein anderes ästhetisches Prädikat, nämlich das der Erhabenheit, auf die populären Nukleartestfotografien angewendet. Vgl. Peter Hales: The Atomic Sublime. In: *American Studies*, Nr. 1, 32. Jg., Frühling 1991, 5–31. Dieser Vermischung zweier völlig unterschiedlicher Kategorien habe ich bereits an anderer Stelle widersprochen, und zwar nicht nur aus Gründen der theoretischen Kohärenz, sondern auch deshalb, weil ein erhabener Charakter meiner Überzeugung nach allein einigen der wissenschaftlichen Aufnahmen von den Atombombentests zugesprochen werden kann. Vgl. Lars Nowak: Strahlende Landschaften. Zur materiellen und photographischen Öffentlichkeit der amerikanischen Atombombentests.

In: Florian Hoof / Eva-Maria Jung / Ulrich Salaschek (Hg.): *Jenseits des Labors. Transformationen von Wissen zwischen Entstehungs- und Anwendungskontext*, Bielefeld (transcript) 2011, 279–318, hier 308 ff.

8 Vgl. Hales, Sublime, 15 f.; A. Costandina Titus: The Mushroom Cloud as Kitsch. In: Scott Zeman/Michael Amundson (Hg.): *Atomic Culture. How We Learned to Stop Worrying and Love the Bomb*, Boulder (University of Colorado Press) 2004, 101–123, hier 107, 109.

9 Vgl. Kirsch, Watching, 238, 243.

10 Anonym: Biggest Atomic Explosions. In: *Life*, Nr. 11, 27. Jg., 12. September 1949, 74–75., hier 74.

3 Pilzwolke des Atomtests *Crossroads Baker*
(24. Juli 1946, Bikini-Atoll) im Vorspann von
Arch Obolers *Five* (1951)
4 Natürliche Wolken im Vorspann von Obolers *Five*
5/6 Wolken des Atomkriegs über London und
New York in Obolers *Five*

Andererseits ist die Destruktivität einer Nuklearexplosion – und dies hat in der kulturwissenschaftlichen Literatur bislang keine Erwähnung gefunden – in der von ihr ablenkenden Pilzwolke selbst enthalten, besteht diese doch gerade aus jenem Material, das durch die mechanische und thermische Zerstörungskraft der Explosion pulverisiert und durch deren radioaktive Strahlung kontaminiert wurde. Der wegen seiner Radioaktivität gefürchtete Fallout stammt somit von nirgendwo anders her als aus dem Atompilz. Und diesem Umstand wurde zuweilen sogar in den Fotoreportagen über die Atomtests Rechnung getragen. Das gilt insbesondere für die Berichterstattung von *Life*, etwa für den Artikel *Biggest Atomic Explosions*, der von der Atomtestserie *Sandstone* berichtete und mit vier Fotografien illustriert war, deren dritte laut Bildunterschrift zeigte, wie sich der Feuerball einer Explosion aus dem „radioactive dust" erhob, der später in die Pilzwolke eingehen sollte.[10]

Auch in anderen Produkten der damaligen amerikanischen Populärkultur, nämlich in Spielfilmen, wurde die Gefährlichkeit der Atompilzwolke verdeutlicht. Beispielsweise war der Protagonist von Jack Arnolds berühmtem Film *The Incredible Shrinking Man* (1957), der das Motiv der Wolke bereits im Vorspann einführte, einem unaufhaltsamen Schrumpfungsprozess ausgesetzt, weil er bei einem Bootsausflug auf dem Pazifik in eine schnell herannahende Wolke geraten war, die auf seinem nackten Oberkörper eigenartig funkelnden Staub zurückgelassen hatte. Obwohl die Wolke keine Pilzform besaß, legten die Herkunft aus dem Pazifik und der Staub es nahe, sie als Explosionswolke eines Atomtests zu identifizieren, wobei das Funkeln des Fallouts offenbar eine realiter unwahrnehmbare Radioaktivität signalisieren sollte.

Zu einem regelrechten Leitmotiv, das allerdings sowohl die Form als auch die Bedeutung wechselte, wurde die Pilzwolke in zwei weniger bekannten Spielfilmen

der 1950er Jahre, nämlich in Arch Obolers *Five* (1951) und Roger Cormans *The Day the World Ended* (1955), welche beide von einem atomaren Weltkrieg handelten, den nur eine Handvoll Menschen überlebt hatte. Beide Filme begannen mit Archivaufnahmen von Pilzwolken amerikanischer Nukleartests, zu denen im Fall von *Five* unter anderem der *Crossroads Baker*-Test vom Juli 1946 gehörte (Abb. 3). Und in beiden Filmen wurden diese Pilzwolken mit natürlichen Wetterwolken verknüpft (Abb. 4), die *Five* wiederum mit Aufnahmen verschiedener Großstädte wie London, Moskau, Paris und New York überlagerte, sodass die Bilder der Testexplosionen in Darstellungen militärischer Angriffe verwandelt wurden (Abb. 5 und 6).

Später kamen beide Filme noch zweimal auf das Wolkenmotiv zurück, das nun aber nicht mehr für die totale Vernichtung, sondern für Schöpfung und Erneuerung stand. So kehrten die Wolken in *Five* das erste Mal wieder, als Charles, einer der Überlebenden des Atomkriegs, mit in den Himmel gerichtetem Blick die biblische Schöpfungsgeschichte zitierte, woran sich die Geburt des Kindes von Roseanne, einer anderen Überlebenden, anschloss (Abb. 7 und 8). Die zweite Wiederkehr des Wolkenmotivs erfolgte gegen Ende des Films, als Michael, ein dritter Überlebender, während seiner Suche nach Roseanne von einem Sturm überrascht wurde (Abb. 9 und 10). Michael fand Roseanne; und da deren Kind inzwischen gestorben war, stellten die beiden die einzigen Überlebenden dar, die nun ein Paar bildeten, das nach dem Vorbild von Adam und Eva eine neue Menschheit begründete.[11]

Während sich die Recodierung der Wolke hier noch auf eine implizite Assoziation mit Geburt und Wiedergeburt beschränkte, bestand sie in *The Day the World Ended* sogar in einer expliziten Dissoziation von der anfänglichen Radioaktivität. Denn hier zeigten sich die Überlebenden besorgt, ob die Wetterwolken, die sich über ihnen zusammenzogen, genauso kontaminiert sein würden wie die auch hier

11 Vgl. Joyce Evans: *Celluloid Mushroom Clouds. Hollywood and the Atomic Bomb*, Boulder/Oxford (Westview) 1998, 137.
12 Vgl. Evans, *Clouds*, 138.
13 Vgl. Kirsch, Watching, 230, 246.

14 Vgl. Gaston Bachelard: *Die Bildung des wissenschaftlichen Geistes. Beitrag zu einer Psychoanalyse der objektiven Erkenntnis*, Frankfurt am Main (Suhrkamp) 1987.

7–10 Wolken als Symbol der Erschaffung und
Neuerschaffung in Obolers *Five*

zu Beginn gezeigte Pilzwolke des *Crossroads Baker*-Tests, um dann mithilfe ihres
Geigerzählers festzustellen, dass der aus den Wetterwolken niedergehende Regen
sauber war. Somit konnte auch dieser Film damit enden, dass ein junges, weißes
und heterosexuelles Paar endgültig überleben und in Anlehnung an die biblische
Schöpfungsgeschichte zum Ursprung einer erneuerten Menschheit werden würde,[12] während ein Monstrum, das aufgrund der durch den Atomkrieg freigesetzten
Radioaktivität entstanden war und sich an diese neue Umweltbedingung angepasst
hatte, durch den Regen umkam.

Unabhängig davon aber, ob den künstlichen Pilzwolken atomarer Explosionen
natürliche Wetterwolken gegenübergestellt wurden oder nicht, machten alle drei
Spielfilme auf die Radioaktivität und Destruktivität des Atompilzes aufmerksam. So
wie also eigentliche Pilze sowohl genießbar als auch giftig sein können, wurde auch
die atomare Pilzwolke bereits in den 1950er Jahren durchaus unterschiedlich bewer-
tet. Dabei fand die kritische Einstellung der genannten Filme eine Entsprechung innerhalb der amerikanischen Bevölkerung, deren anfängliche Affirmation der Atombombe als einer essenziellen Voraussetzung für die globale Hegemonie der USA in
der zweiten Hälfte der 1950er Jahre einer zunehmenden Furcht vor dem radioaktiven Niederschlag der Atomtests wie auch vor einem nuklearen Weltkrieg wich.[13]

Durch ein Nebeneinander unterschiedlicher epistemischer Rollen zeichneten
sich Wolken aber auch in der wissenschaftlichen Atomtestfotografie aus. Die erste
dieser Rollen kann unter Rekurs auf Gaston Bachelards Konzept des *Erkenntnishin-
dernisses* bestimmt werden, von dem ich allerdings einen freien Gebrauch machen
möchte. Denn während Bachelard hierunter mentale Hindernisse versteht, die in
der unmittelbaren Erfahrung, in der Sprache und im frühen wissenschaftlichen
Denken – insbesondere in dessen Generalisierungs-, Systematisierungs- und Mathe-
matisierungsversuchen sowie in einigen seiner Grundannahmen über die Natur –
wirken,[14] soll mir der Begriff des epistemischen Hindernisses dazu dienen,

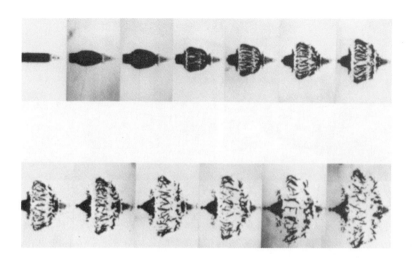

materielle Umstände zu bezeichnen, die der Beobachtung und medialen Erfassung bestimmter Phänomene entgegenstehen. Und während Bachelard zufolge die erkenntnishemmende Funktion der Sprache vor allem von bestimmten Analogien und Metaphern, also von sprachlichen Bildern, ausgeht,[15] stören die von mir in den Blick genommenen materiellen Erkenntnishindernisse umgekehrt vor allem die Generierung visueller Bilder.

Solche visuellen Behinderungen gehen zuweilen bereits in der konventionellen Ballistik von Rauch- und Staubwolken aus, die durch Verbrennungen oder das Aufwirbeln von unverbranntem Geschosspulver und Trümmerteilen verursacht werden. Denn schon solche Wolken können die Sicht auf Objekte, die sich in oder hinter ihnen befinden, versperren. Abgeholfen werden kann dem durch Röntgenblitzlicht, mit dessen Hilfe man in der ballistischen Fotografie nicht nur Sprengsätze, Geschütze, Zielobjekte und opake Antriebsgase, sondern auch besagte Wolken durchleuchtet (Abb. 11).[16]

Auch die oberirdischen Atomtests der USA erzeugten aber große Rauch- und Staubwolken. Stiegen erstere von Objekten auf, die infolge der Hitzewellen der Detonationen Feuer gefangen hatten, wie es etwa beim Testhaus 1 des Zivilschutztests *Doorstep* vom März 1953 der Fall war (Abb. 12), so wurden letztere durch die Druckwellen aufgewirbelt, die über den Erdboden hinwegfegten oder immense Krater in ihn rissen (Abb. 13). Dabei nahm die Aufwirbelung des Staubes umso größere Ausmaße an, als die als Atomtestgebiete genutzten Wüsten und Atolle sich aufgrund ihres sonnigen Klimas und ihrer flachen Geografie zwar prinzipiell durch eine gute visuelle Durchdringbarkeit auszeichneten, zugleich aber sandige Oberflächen besaßen. Auch hier stellten die Staub- und Rauchwolken die foto- und kinematografischen Aufnahmen vor Probleme,[17] wie sich etwa einem Bericht über die Testreihe

11 K. Stocks und A. Ahrends, Röntgenblitz-Fotoserie von der Explosion
    einer 20-mm-Granate, Schießplatz Meppen
12 Vom Testhaus 1 des Zivilschutztests *Doorstep (Upshot-Knothole Annie)*
    aufsteigender Rauch, 17. März 1953, Nevada Proving Ground

Upshot-Knothole entnehmen lässt,[18] zu der auch der erwähnte *Doorstep*-Test gehörte.
Ein gutes Beispiel hierfür findet sich in dem Film *Photography of Nuclear Detonations* der Firma EG&G, einer Kompilation von wissenschaftlichen Filmaufnahmen
diverser amerikanischer Nukleartests, die auch eine Einstellung enthält, in der die
Sicht auf eine Testexplosion zunächst durch den das gesamte Bildfeld überstrahlen-
den Atomblitz, dann aber durch im Vordergrund aufsteigenden Staub behindert
wird.[19]

Eine radiografische Durchdringung der Wolken war bei den Nukleartests
nicht möglich, weil die atomaren Explosionen bereits selbst Gammastrahlung
emittierten, deren Wellenlängenbereich sich mit demjenigen der Röntgenstrah-
lung überschnitt. Doch wich man den Staubwolken zeitlich und räumlich aus,
indem man zum einen in der kurzen Zeitspanne zwischen der vorauseilenden
Druckwelle und der nachfolgenden Staubwolke fotografierte und zum anderen die

15 Vgl. Bachelard, *Bildung*, 49, 127 ff.
16 Vgl. Peter Fuller: Lighting for Cine and High
    Speed Photography. In: Sidney Ray (Hg.):
    High Speed Photography and Photonics, Oxford
    (Focal Press) 1997, 29–47, hier 40.
17 Vgl. Peter Kuran: *How to Photograph an Atomic
    Bomb*, Santa Clarita (VCE) 2006, 66 f.
18 Vgl. Ernest Dukes / William Greer: *Operation
    Upshot-Knothole. Project 9.1. Technical Photo-
    graphy. Report to the Test Director*, Washington
    1954, 14 ff.

19 EG&G ist ein 1947 von Harold Edgerton,
    Kenneth Germeshausen und Herbert Grier ge-
    gründetes Unternehmen für technische
    Dienstleistungen, das bei den amerikanischen
    Atomtests für einen Großteil der wissen-
    schaftlichen Fotografie und der elektrischen
    Zündung der Bomben verantwortlich war.
    Auf den Film *Photography of Nuclear Detonations*,
    den das MIT durch seine *Edgerton Digital
    Collections* auf www.edgerton-digital-
    collections.org/videos/hee-fv-187 zugänglich
    macht, werde ich im Folgenden mehrfach
    zurückkommen.

13 Bombenkrater
auf dem Nevada
Test Site

Kameras entweder besonders nah am aufzunehmenden Objekt oder aber erhöht, nämlich auf eigens zu diesem Zweck errichteten Türmen, platzierte. Zudem konnte man den Staub verringern, indem man die Zonen um die Explosionszentren, die Testobjekte und die Kamerapositionen asphaltierte und diesen Bodenbelag regelmäßig reinigte. Der Rauch von Verbrennungen wiederum ließ sich dadurch reduzieren, dass man zumindest an der fotografischen Technik und den Fototürmen selbst Lackierungen und andere entzündliche Materialien abdeckte oder ganz auf sie verzichtete.[20]

Neben der Rolle des perzeptiven Hindernisses nahmen die bei den Nuklearwaffentests auftretenden Wolken noch zwei weitere epistemische Positionen ein, für deren Beschreibung ich auf Hans-Jörg Rheinbergers Unterscheidung zwischen einem *epistemischen* und einem *technologischen Ding* zurückgreifen möchte. Rheinberger meint mit dem ‚epistemischen Ding‘ das Untersuchungsobjekt eines Experimentalsystems, mit den ‚technologischen Dingen‘ dagegen all jene Instrumente und Apparate, die zur Erforschung des ersteren Dings eingesetzt werden.[21] Obwohl der Begriff des epistemischen Dings einschließt, dass dieses sich im Prozess des Experimentierens beständig verschiebt, weshalb Rheinberger ihn vom Konzept des *wissenschaftlichen Objekts* als einer vom Forscher kontrollierten Entität unterschieden wissen will,[22] werde ich ‚epistemisches Ding‘ und ‚epistemisches Objekt‘ im Folgenden als Synonyme behandeln, weil es mir im vorliegenden Kontext nicht auf die von Rheinberger akzentuierte Differenz ankommt. Desgleichen werde ich statt von ‚technischen Dingen‘ von ‚epistemischen Mitteln‘ sprechen.

Zu epistemischen Dingen wurden die atomaren Wolken nicht nur als spekulative Wissensobjekte der in den 1980er Jahren entwickelten Theorie vom nuklearen Winter, der zufolge die durch einen globalen Atomkrieg entfachten Feuerstürme derartig viel Rauch produzieren würden, dass der Himmel durch eine dichte Wolkendecke dauerhaft verfinstert werden würde. Die Wolken bildeten vielmehr auch innerhalb der Atomtests einen empirisch erforschten Gegenstand, den man seinerseits – das deutete schon die Abbildung 12 an – fotografisch und filmisch festhielt, um ihn für spätere Analysen zur Verfügung zu stellen. Wie aus einem Bericht über den im Juli 1945 abgehaltenen *Trinity*-Test hervorgeht, den Julian Mack, der Leiter der dortigen Optics Engineering and High Speed Photography Group, verfasste, hat man bereits bei der fotografischen Aufzeichnung dieser weltweit ersten Zündung einer Atombombe sowohl das Aufwirbeln des Wüstensandes beim Auftreffen der Druckwelle auf den Boden (Abb. 14) als auch den Aufstieg dieses Sandes und dessen Formung zu einer Pilzwolke (die hier freilich noch nicht diesen Namen trug) erfasst (Abb. 15).[23] Auch bei späteren Testreihen wie der *Upshot-Knothole*-Serie stellte man entlang einer vom Explosionszentrum wegführenden *blast line* mehrere Kameras auf, die das Aufwirbeln des Staubs durch die Bewegungen verschiedener Druckphänomene wie des Tripelpunktes oder der *Precursor*-Welle aufnahmen; dabei ergab die Auswertung dieser Aufnahmen, dass die Staubwolke der Druckwelle in der Nähe des Explosionszentrums fast unmittelbar folgt, in größeren Entfernungen aber um mehrere Sekunden hinterherhinkt.[24] Und auch in die Pilzwolken schickte man jetzt nicht nur Raketen, Drohnen und Flugzeuge, um radiologische Messungen durchzuführen und radioaktive Materialproben zu entnehmen. Vielmehr wurden auch diese Wolken einer fotografischen Dokumentation unterworfen, welche nun sogar ein spezialisiertes Teilprojekt der Atomtests bildete. Wurde bereits die Aufnahme dieser Wolkenfotografien meist von EG&G realisiert, so lag auch die Auswertung der Bilder bisweilen in den Händen dieser Firma, wurde mitunter aber auch von anderen Organisationen wie etwa der RAND Corporation übernommen.[25]

Dabei bewegen sich Atompilzwolken im Grunde recht schnell. So stellte Mack aufgrund einer Auswertung der Fotografien vom *Trinity*-Test fest, dass die dortige

20 Vgl. Dukes/Greer, *Upshot-Knothole*, 14 ff., 34; Kuran, *Bomb*, 66 f.
21 Vgl. Hans-Jörg Rheinberger: *Experiment, Differenz, Schrift. Zur Geschichte epistemischer Dinge*, Marburg/Lahn (Basilisken-Presse) 1992, 67 ff.
22 Vgl. Hans-Jörg Rheinberger: Objekt und Repräsentation. In: Bettina Heintz/Jörg Huber (Hg.): *Mit dem Auge denken. Strategien der Sichtbarmachung in wissenschaftlichen und virtuellen Welten*, Zürich/Wien/New York (Edition Voldemeer/Springer) 2001, 55–61, hier 61.

23 Vgl. Julian Mack: *Semi-Popular Motion-Picture Record of the Trinity Explosion*, Oak Ridge (Technical Information Division, Oak Ridge Directed Operations) 1946, o. S.
24 Vgl. Dukes/Greer, *Upshot-Knothole*, 14; Kuran, *Bomb*, 66, 74 f.
25 Vgl. hierzu EG&G: *Operation Castle – Project 9.1. Report to the Scientific Director. Cloud Photography*, Boston o. J., 12.

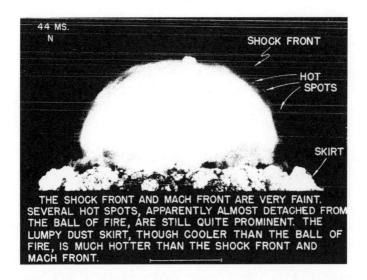

44 MS.
N

SHOCK FRONT

HOT
SPOTS

SKIRT

THE SHOCK FRONT AND MACH FRONT ARE VERY FAINT.
SEVERAL HOT SPOTS, APPARENTLY ALMOST DETACHED FROM
THE BALL OF FIRE, ARE STILL QUITE PROMINENT. THE
LUMPY DUST SKIRT, THOUGH COOLER THAN THE BALL OF
FIRE, IS MUCH HOTTER THAN THE SHOCK FRONT AND
MACH FRONT.

Pilzwolke zu einer Höhe von 1,5 km mit einer Geschwindigkeit von immerhin 57 m/s aufgestiegen war.[26] Noch schneller wuchsen die Pilzwolken thermonuklearer Explosionen, die mit anfänglichen Ausbreitungsgeschwindigkeiten von 125 bis 300 m/s sogar an die Schallgeschwindigkeit heranreichten.[27] Doch erstens nahm die Ausbreitungsgeschwindigkeit der Atompilze mit der Zeit ab. Zweitens sollten die langfristigen Veränderungen der Wolken studiert werden. So wollte man zum Beispiel bei der *Castle*-Testserie zunächst die Zeit bis zum Erreichen der maximalen Wolkenhöhe, dann die Zeit bis zum Erreichen des maximalen Durchmessers der Hauptwolke und schließlich die Phase, in der die Wolke durch Winde verschoben und zerstreut wird, erfassen.[28] Drittens nahmen die Atompilze enorme Extensionen an, wenn beispielsweise die Hauptwolken thermonuklearer Detonationen Durchmesser von bis zu 300 km erreichten.[29] Deshalb musste man sie, wenn man sie

26 Vgl. Lillian Hoddeson / Paul Henriksen / Roger Meade / Catherine Westfall: *Critical Assembly. A Technical History of Los Alamos During the Oppenheimer Years, 1943–45*, Cambridge (Cambridge University Press) 1993, 373.

27 Vgl. hierzu EG&G, *Castle*, 26; Howell Estes: *Operation Castle. Final Report. Task Group 7.4*, o. O. 1954, 9.

28 Vgl. EG&G, *Castle*, 11.

29 Vgl. hierzu Estes, *Castle*, 9.

30 So lautete eine Empfehlung aufgrund der bei der Operation *Castle* gewonnenen Erfahrungen. Vgl. EG&G, *Castle*, 17. Denn obwohl die Abstände der Kameras von den Explosionszentren hier bereits bei 70 bis 190 km gelegen hatten, ragten die Pilzwolken teilweise noch über die

Bildränder hinaus. Vgl. Edwin Martin / Richard Rowland: *Castle Series 1954*, Santa Barbara 1982, 199 f.; EG&G, *Castle*, 40.

31 Ludwig Mach: Ueber das Princip der Zeitverkürzung in der Serienphotographie. In: *Photographische Rundschau*, Nr. 4, 7. Jg., April 1893, 121–128, hier 128.

32 Dieser Kameratyp wurde bei den Testreihen *Buster-Jangle, Tumbler-Snapper* und *Castle* gleichermaßen verwendet. Vgl. Herbert Grier: *Operation Buster-Jangle. Nevada Proving Grounds. October–November 1951. Project 10.3. Technical Photography*, Boston 1952, 90; Herbert Grier: *Report to the Test Director. Technical Photography. Operation Tumbler-Snapper*, Boston 1954, 58; EG&G, *Castle*, 14.

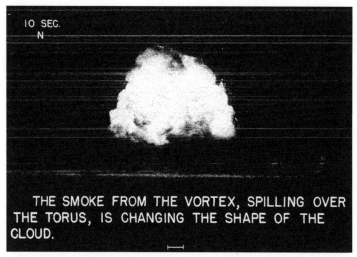

THE SMOKE FROM THE VORTEX, SPILLING OVER
THE TORUS, IS CHANGING THE SHAPE OF THE
CLOUD.

14/15   Frühes und mittleres Entwicklungsstadium der Staubwolke des Atomtests
Trinity, 16. Juli 1945, Alamogordo, bearbeitete Fotografien aus dem Testbericht
Semi-Popular Motion-Picture Record of the Trinity Explosion von Julian Mack

komplett erfassen wollte, aus großen Entfernungen fotografieren, die im Extremfall
ebenfalls bei annähernd 300 km liegen konnten.[30] Aus diesen Distanzen schienen
die Wolken einem Pilz aber nicht nur hinsichtlich ihrer Form, sondern auch aufgrund eines langsamen Wachstums zu ähneln.

Um solche langsam wirkenden Bewegungen filmisch sichtbar zu machen, bediente man sich anstelle jener zeitdehnenden Techniken, wie sie in der Ballistik mit
ihren extrem schnellen Bewegungen sonst üblich sind, bestimmter zeitverkürzen-
der Verfahren. Dazu gehörte zunächst eine elliptische Montage, wie sie etwa an
einer Stelle des EG&G-Films *Photography of Nuclear Detonations* zur Anwendung
kam, an welcher der langsame Aufstieg einer Pilzwolke durch zwei Schnitte beschleunigt wurde, die nicht nur die Kamera räumlich näher an das Objekt heran-
rücken ließen, sondern auch Teile des zeitlichen Verlaufs übersprangen. Eine
andere Form der Beschleunigung ließ sich durch eine Manipulation des Verhältnis-
ses von Aufnahme- und Wiedergabegeschwindigkeit erzielen. Hatte bereits Ende
des 19. Jahrhunderts Ludwig Mach, der gemeinsam mit seinem Vater Ernst Mach
zu den Begründern der ballistischen Fotografie gehört, in einer leicht paradoxen
Formulierung als geeignetes Motiv für Zeitrafferaufnahmen unter anderem das
„Aufschiessen eines Waldpilzes" vorgeschlagen,[31] so bediente man sich auch bei der
filmischen Erfassung der Atompilze statt der in der ballistischen Kinematografie
sonst üblichen Zeitlupe des Zeitraffers. Dabei griff man häufig auf niederfrequen-
te Luftaufklärungskameras des Typs K-17 zurück[32] und begann typischerweise mit
einer Aufnahmefrequenz in der Größenordnung von einem Bild pro Sekunde, die

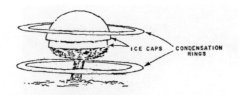

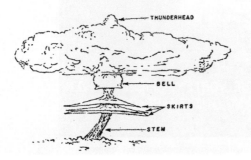

16 Typische Wolkenerscheinungen
in zwei Entwicklungsstadien
einer thermonuklearen Explosion,
schematische Grafik aus dem
Testbericht *Operation Castle –
Project 9.1* von EG&G

man mit zunehmendem zeitlichem Abstand vom Explosionsbeginn noch weiter senkte.[33] Beispiele hierfür finden sich wieder in *Photography of Nuclear Detonations*, und zwar in zwei unmittelbar aufeinanderfolgenden Einstellungen, von denen die zweite ihren Zeitraffer unmittelbar dadurch zu erkennen gibt, dass oberhalb der eigentlichen Explosionswolke mit einer unnatürlich hohen Geschwindigkeit gewöhnliche Wetterwolken durch das Bild ziehen, wie sie übrigens im Rahmen der meteorologischen Vorbereitung der Atomtests auch gezielt beobachtet und fotografiert wurden.[34]

Wie in den beiden genannten Einstellungen von *Photography of Nuclear Detonations* wurden die Atompilze bei diversen amerikanischen Testserien ausschließlich vom Boden aus aufgenommen. Doch anders, als die zweite Einstellung vermuten lassen könnte, unterscheiden sich Pilzwolken von Wetterwolken in der Regel nicht durch eine geringere, sondern durch eine größere Höhe. Deshalb konnten sie bei den atmosphärischen Nukleartests nicht nur durch die von den Detonationen aufgewirbelten Staubwolken, sondern auch durch die natürliche Bewölkung verdeckt werden;[35] oder aber der Atompilz verbarg seine Spitze hinter tiefer gelegenen Teilen seiner selbst. Auch dieses Problem versuchte man bisweilen durch eine Erhöhung der Kamerapositionen zu lösen. Bei den auf dem Nevada Proving Ground abgehaltenen Tests konnte das bereits dadurch erreicht werden, dass man die Kameras auf dem nahe gelegenen Mount Charleston platzierte, was erstmals nach der *Buster-Jangle*-Serie von 1951 empfohlen und schon bei der nächsten Testreihe, der Operation *Tumbler-Snapper* von 1952, tatsächlich realisiert wurde.[36] Dagegen musste man die Bodenaufnahmen bei den Pazifiktests um Aufnahmen aus dem

18.1 SEC.
NW_L

100 METERS
H

17 Kondensationswolken
über dem Atomtest *Trinity*,
bearbeitete Fotografie

Flugzeug ergänzen, wie es beispielsweise bei den Operationen *Ivy* und *Castle* geschah.[37] Freilich konnte es auch dort passieren, dass die Flugzeuge nicht hoch genug aufstiegen, um eine freie Sicht auf die Spitze der Wolke zu erlangen, hinter deren tieferen Teilen sie weiterhin verborgen lag. Dann ließ sich die Gesamthöhe der Wolke nicht ausmessen, sondern allenfalls abschätzen.[38] Wurde die Sicht auf Teile des Atompilzes aber durch andere Teile desselben oder durch Wetterwolken behindert, so fiel die Wolke von der Position des perzeptiven Objekts auf die des perzeptiven Hindernisses zurück.[39]

33 Vgl. hierzu Grier, *Buster-Jangle*, 90; EG&G, *Castle*, 14, 40.
34 So erwähnt z. B. ein Wetterbericht für den im Juni 1956 durchgeführten Test *Redwing Dakota* Cumulus- und Cirrus-Wolken. Vgl. Anonym: *Operation Redwing. Radiological Safety*, o. O. 1956, 154. So wie in der beschriebenen Einstellung von *Photography of Nuclear Detonations* Atompilzwolke und natürliche Bewölkung in einem Bild vereint sind, hat Edgerton übrigens auch ausschließlich die Form- und Ortsveränderungen von Wetterwolken in Zeitraffer gefilmt. Auch diese Aufnahmen können in den *Edgerton Digital Collections* des MIT (www.edgerton-digital-collections.org) eingesehen werden. Der Film *Time-Lapse Color Motion Pictures of the Whole Sky* zeigt sogar den gesamten Himmel, der offenbar mithilfe eines Hohlspiegels eingefangen wurde, und gibt dabei mehrere vollständige Tageszyklen wieder.

35 Vgl. hierzu EG&G, *Castle*, 15, 40.
36 Vgl. Grier, *Buster-Jangle*, 49; Grier, *Tumbler-Snapper*, 58.
37 Vgl. EG&G, *Castle*, 12.
38 Vgl. hierzu EG&G, *Castle*, 13, 19 f.
39 Übrigens konnten die Überragung der natürlichen Bewölkung durch die Pilzwolken und die Beobachtung der letzteren aus der Luft noch mit einem weiteren Problem einhergehen: Wenn die Besatzungen der Flugzeuge, die an den Atombombenabwürfen auf Hiroshima und Nagasaki beteiligt waren, nur die Atompilze, nicht jedoch die am Boden verursachten Zerstörungen fotografierten, so war dies auch darin begründet, dass die beiden japanischen Städte von natürlichen Wolken bedeckt waren. Im Fall von Nagasaki war die Wolkendecke sogar derartig dicht, dass sie bereits den Abwurf der Bombe behindert hatte.

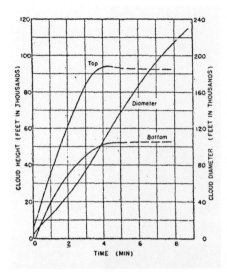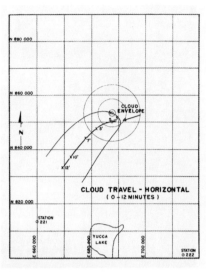

18 Höhe bis zur Spitze der Pilzwolke, Höhe bis zur Unterseite der Hauptwolke und
Durchmesser der Hauptwolke in Abhängigkeit von der Zeit beim Atomtest
Castle Union (25. April 1954, Bikini-Atoll), Kurvendiagramm aus dem Testbericht
Operation Castle – Project 9.1 von EG&G
19 Horizontale Bewegung der Pilzwolke des Atomtests *Buster Charlie* (30. Oktober 1951,
Nevada Proving Ground) in den ersten zwölf Minuten nach der Zündung,
schematische Karte aus dem Testbericht *Operation Buster-Jangle* von Herbert Grier

Schließlich aber treten die Pilzwolken atomarer Explosionen nicht nur in bestimmte Beziehungen zu natürlichen Wetterwolken. Vielmehr lassen diese Explosionen neben Rauch- und Staubwolken auch selbst solche aus Wasserdampf entstehen, weil ihre Druckwellen neben einer positiven Überdruck- auch eine negative
Unterdruckphase besitzen, die eine Verdünnung und folglich eine Abkühlung der
Luft bewirkt, was wiederum bei einer hohen Luftfeuchtigkeit zu einer Übersätti-
gung und damit zur Kondensation führt. Auch diese Kondensationswolken, welche
als ‚Ringe‘, ‚Röcke‘ oder ‚Glocken‘ und in großen Höhen sogar als ‚Eiskappen‘ in
Erscheinung treten (Abb. 16), wurden fotografiert; so nahm man beispielsweise
schon beim *Trinity*-Test auch die Kondensationswolkenringe auf, die sich in den
höheren Luftschichten aufgrund der dort herrschenden Feuchtigkeit gebildet hatten (Abb. 17).[40]

Das Fotografieren all dieser verschiedenen Wolkenformationen zielte zunächst
auf deren räumliche Vermessung zu verschiedenen Zeitpunkten und damit auf
eine Bestimmung ihrer Wachstumsraten ab (und nur aufgrund dieser fotografisch
ermöglichten Messungen und Berechnungen kennen wir jene Ausdehnungen und
Geschwindigkeiten atomarer Explosionswolken, die oben beziffert wurden).[41]
Dabei standen vor allem die Höhen bis zur Spitze und zur Unterseite der Haupt-

wolke, die vertikale Stärke und eventuelle Ausbeulungen der Hauptwolke sowie die horizontalen Durchmesser von Hauptwolke und Stamm im Vordergrund,[42] was exemplarisch durch ein Diagramm zur Pilzwolke des *Castle Union*-Tests vom April 1954 belegt wird (Abb. 18). Bei der Operation *Buster-Jangle* diente das Fotografieren der Pilzwolken auch einer Erfassung ihrer horizontalen Bewegungen, die dann kartografisch dargestellt wurden, wofür wiederum eine Karte zum Test *Buster Charlie* als Beispiel dienen möge (Abb. 19).[43]

Mathematisch stellte die Vermessung der Wolken eine triviale Aufgabe dar, da sich die realen Maße bei bekannter Objektivbrennweite und Kameradistanz durch eine einfache Formel aus den in den Bildern gegebenen Abmessungen errechnen ließen.[44] Empirisch sah sie sich jedoch mit komplexeren Problemen konfrontiert. So waren beispielsweise Korrekturen an den Messwerten nötig, welche die Krümmung der Erdoberfläche und die atmosphärische Brechung der Lichtstrahlen ausglichen.[45] Darüber hinaus waren die Pilzwolken zwar stabiler als natürliche Wetterwolken, da sie im Unterschied zu diesen nicht aus Wasserdampf, sondern größtenteils aus festen Staubpartikeln bestanden. Das andere Charakteristikum von Wolken, das den epistemischen Zugriff auf diese erschwert, nämlich ihre Konturlosigkeit, traf aber auch auf die Atompilze zu. So wiesen Testberichte immer wieder in tautologisch anmutenden Formulierungen auf „the nebulous nature of the cloud", „the poorly defined and sometimes nebulous cloud surface" und „the diffuse and nebulous edges of the atomic cloud" hin.[46] Bei der *Castle*-Serie versuchte man dieses Problem anscheinend dadurch in den Griff zu bekommen, dass man die Explosionswolken vornehmlich im Gegenlicht der aufgehenden Sonne fotografierte, in dem sie sich immerhin als scharfe Silhouetten abzeichneten.[47]

Daneben sollten die Fotografien der Atompilze aber auch einen Beitrag zur Entwicklung von Methoden zur Abschätzung der bei einer Nuklearexplosion freigesetzten Energie leisten.[48] Und schließlich scheinen sie, wie ein Bericht über den *Castle Bravo*-Test nahelegt, auch der Beobachtung jenes Fallouts gedient zu haben, für den die Pilzwolken verantwortlich waren.[49] Von praktischem Nutzen waren all diese Erkenntnisse wiederum in zwei Hinsichten: Zum einen sollte mit ihrer Hilfe geklärt werden, wie sicher Flüge in die Wolken von Testexplosionen waren, deren Zweck in der Entnahme von Materialproben bestand. Und zum anderen dienten sie einer Klärung der Frage, ob es den Flugzeugen, die zur Zeit der atmosphärischen Nukleartests noch für den Transport und Abwurf der Atombomben vorgese-

---

40   Vgl. Mack, *Trinity*, o. S.
41   Vgl. hierzu EG&G, *Castle*, 11, 17.
42   Vgl. hierzu Grier, *Tumbler-Snapper*, 58, 60; EG&G, *Castle*, 8, 19 f., 28.
43   Vgl. Grier, *Buster-Jangle*, 48 f.
44   Vgl. hierzu EG&G, *Castle*, 12 f.
45   Vgl. hierzu EG&G, *Castle*, 7, 13.

46   Grier, *Tumbler-Snapper*, 49; EG&G, *Castle*, 17, 40.
47   Vgl. EG&G, *Castle*, 12, 14.
48   Vgl. hierzu EG&G, *Castle*, 11.
49   Vgl. Alvin Graves / Percy Clarkson: *Memo for Record. Subject: Bravo Event, Operation Castle*, San Francisco 1954, Anhang 6, 2.

20 Charles Thomson Rees
und George Wilson,
Wolkenfotografie, ca. 1890
21 Charles Thomson Rees
Wilson, Nebelkammerauf-
nahmen des Alphazerfalls
von Radon-222, 1911

hen waren, im militärischen Ernstfall gelingen würde, sich umgekehrt rechtzeitig vor dem hochschießenden Atompilz in Sicherheit zu bringen.[50]

Nun bezeichnet man den Mechanismus, der zur Bildung atomarer Kondensationswolken führt, auch als *Nebelkammereffekt*. Denn auch in der Nebelkammer – im englischen Original beziehungsreich ‚cloud chamber' genannt – wird die in der enthaltenen Luft gespeicherte Feuchtigkeit durch eine plötzliche Expansion des Gasvolumens, die dieses verdünnt und folglich abkühlt, zur Kondensation gebracht. Charles Thomson Rees Wilson, der Erfinder der Nebelkammer, wollte auf diese Weise ursprünglich die Bildung von Wetterwolken simulieren, wie er sie zuvor bereits in der Natur fotografiert hatte (Abb. 20).[51] Doch zeigte sich recht schnell, dass der eigentliche Nutzen der Nebelkammer nicht in der Imitation meteorologischer Vorgänge, sondern in der Visualisierung mikrophysikalischer Objekte lag. Wie sich nämlich bald herausstellte, kondensierte die Luftfeuchtigkeit vor allem an ionisierten Luftmolekülen, die sich an den Bewegungsbahnen bestimmter Teilchen und

50 Vgl. hierzu EG&G, *Castle*, 11, 37.
51 Vgl. Peter Galison: *Image and Logic. A Material Culture of Microphysics*, Chicago (University of Chicago Press) 1997, 73 ff.
52 Allerdings hat Wilsons ursprüngliches Vorhaben mittlerweile einen Nachfolger im Leipziger Institut für Troposphärenforschung gefunden, wo Wolken heute tatsächlich zum Zweck ihrer Untersuchung auf künstliche Weise erzeugt werden. Dabei leitet man in ein Strömungsrohr Schwebeteilchen, an denen Wassermoleküle kondensieren, um auf dieser Basis die Bildung

von Wolken mittels Hochleistungsrechnern zu simulieren. Vgl. Karin Leonhard: Wolken modellieren. In: *Archiv für Mediengeschichte*, Nr. 5, 2005, 95–105, hier 96, 99 ff.
53 Vgl. Galison, *Image*, 101, 110 ff.; Wolfgang Engels: Die Nebelkammeraufnahme – das automatisch generierte Laborbuch? In: Martina Heßler (Hg.): *Konstruierte Sichtbarkeiten. Wissenschafts- und Technikbilder seit der Frühen Neuzeit*, München (Fink) 2006, 57–74, hier 57, 62.
54 Vgl. Galison, *Image*, 112 ff.

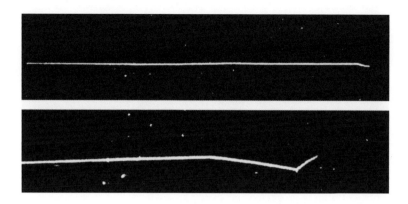

Strahlen gebildet hatten, welche auf diese Weise indirekt sichtbar wurden.[52] Obwohl dies für alle Arten ionisierender Teilchen und Strahlen gilt, also zum Beispiel auch für Neutronen, Positronen oder Myonen, stand dabei zu Beginn die Strahlung radioaktiver Isotope im Vordergrund: Nachdem Wilson bereits 1897 herausgefunden hatte, dass die ein Jahr zuvor von Henri Becquerel entdeckten Uranstrahlen die Kondensation in der Kammer verstärkten, gelang es ihm 1911, die Spuren aller drei radioaktiven Strahlungsarten zu fotografieren, darunter auch diejenigen von Alphastrahlung (Abb. 21).[53] Die Radioaktivität blieb auch in den folgenden Jahren wichtig, in denen Wilson unter anderem den Zerfall von Urankernen und die Absorption eines Alphateilchens durch einen Stickstoffkern, der hierdurch in einen Sauerstoffkern verwandelt wurde, fotografierte.[54]

Nebelkammerspuren haben – ähnlich wie die auf vergleichbare Weise entstehenden Kondensstreifen von Düsenflugzeugen – wenig gemein mit der fraktalen Diffusität üblicher Wolken und besitzen stattdessen lineare geometrische Formen, die exakte Messungen ermöglichen. So können sie etwa durch Anlegen eines magnetischen oder elektrischen Feldes an die Nebelkammer mit Krümmungen versehen werden, aus deren Grad sich die Ladung, Energie oder Geschwindigkeit der betreffenden Teilchen und damit deren Identität erschließen lässt. Dennoch handelt es sich faktisch auch bei Nebelkammerspuren um nichts anderes als Wolken aus Wasserdampf. In dem Maße jedoch, wie diese Wolken an sich unsichtbare Entitäten sichtbar machen, fungieren sie weder als Hindernis noch als Gegenstand, sondern als Mittel der Erkenntnisgewinnung.

Beidem – der linearen Form und der visualisierenden Funktion – begegnet man aber auch bei den Rauchspuren wieder, mit denen man zuweilen bei ballistischen und explosionsdynamischen Experimenten gearbeitet hat. So präparierten bereits konventionelle Ballistiker die zu untersuchenden Projektile in der Weise, dass sie beim Flug Rauchsäulen zurückließen, an denen ihre Bewegungsbahnen

erkennbar wurden (Abb. 22).[55] Da diese Rauchsäulen – im Unterschied zu Licht-spuren, die in der ballistischen Fotografie ebenfalls Verwendung fanden – für „kurze Zeit in der Luft" stehen blieben, konnten sie bereits momentfotografisch eingefangen werden.[56]

Auch bei Explosionsversuchen wurde manchmal auf Rauchspuren zurückge-griffen, die hier jedoch nicht durch das zu beobachtende Objekt selbst, sondern mit anderen Mitteln erzeugt wurden. Die Spuren machten dann die auf sie wirkenden Explosionsdruckwellen sichtbar, wenn sie fotografiert oder – nun wieder in Zeit-lupe statt Zeitraffer – gefilmt wurden. Ein besonders interessantes Beispiel aus dem Bereich der konventionellen Explosionsforschung, das gleich zwei Arten von Rauchwolken ins Spiel brachte, ist ein 1964 am Canadian Defence Research Estab-lishment durchgeführtes Experiment. Hier feuerte man mittels Minenwerfern mit Titantetrachlorid gefüllte Behälter ab, die helle Rauchspuren erzeugten; und damit diese sich gut vom Hintergrund abhoben, verbrannte man dahinter außerdem Rohöl, von dem dunkle Rauchwolken aufstiegen (Abb. 23).[57]

55 Die hier wiedergegebene Fotografie gehört zu einer Serie von sieben Aufnahmen, die im Historischen Archiv Krupp unter der Nummer WA 16 f/16.2 verwahrt werden.

56 Friedrich Neesen: Photographie fliegender Ge-schosse. In: Umschau, Nr. 23, 19. Jg., 5. Juni 1915, 448–452, hier 450.

57 Vgl. Peter Krehl: History of Shock Waves, Explo-sions and Impact. A Chronological and Bio-graphical Reference, Berlin (Springer) 2009, 992.

58 Vgl. Mack, Trinity, o. S.; Hoddeson/Henriksen/ Meade/Westfall, Assembly, 373.

59 Vgl. Grier, Tumbler-Snapper, 57; H. K. Gilbert: Operation Knothole. Project Summaries. Nevada Proving Grounds. Spring 1953, o. O. 1952, 6; Kuran, Bomb, 72 f.

60 Vgl. Mack, Trinity, o. S.

61 Bei der Tumbler-Snapper-Serie produzierte EG&G Aufnahmen von ‚rocket trails', ‚gun puffs', ‚mortar puffs' und ‚Jato plumes', die größtenteils vom Los Alamos Scientific Laboratory ausgewertet wurden. Vgl. Grier, Tumbler-Snapper, 54 ff.

22 Rauchspur eines Ballongeschosses, ca. 1900
23 Explosion von 500 Tonnen TNT, Juli 1964, Canadian
Defence Research Establishment, Suffield

Diese Methode wurde auch auf nukleare Explosionen übertragen, wo sie die Druckwellen auf zwei verschiedene Weisen visualisierte: Zunächst ging es darum, dass das von den Rauchspuren reflektierte Explosionslicht durch die Schockwelle, die mit der Dichte der Luft auch deren Brechungsindex verändert hatte, so abgelenkt wurde, dass die Rauchsäulen an den betreffenden Stellen wie unterbrochen aussahen; eine Verschiebung dieser Unterbrechungen in aufeinander folgenden Fotografien erlaubte es, die Bewegung der Druckwellen zu rekonstruieren. Hatte man diesen visuellen Effekt bereits beim *Trinity*-Test am Haltekabel für einen Sperrballon bemerkt,[58] so wurde dieses Kabel bei späteren Testserien, wie etwa den Operationen *Greenhouse*, *Tumbler-Snapper* und *Upshot-Knothole*, durch eine Reihe paralleler Rauchspuren ersetzt (Abb. 24).[59] Ein Beispiel einer entsprechenden Zeitlupenaufnahme findet sich wieder in *Photography of Nuclear Detonations*, wo aufgrund einer am Boden reflektierten Druckwelle, die sich von rechts nach links durch das Bildfeld schiebt, die optische Unterbrechung einer einzelnen Rauchspur an dieser zunächst hinab- und dann wieder hinaufwandert.

Befanden sich die Druckwellen dagegen nicht mehr nur zwischen der Kamera und den Rauchwolken, sondern hatten letztere selbst erreicht, so wirkten sie auf diese nicht mehr bloß optisch, sondern mechanisch ein, indem sie sie wie Festkörper verrückten. Auch diesen Effekt hatte man erstmals an einer Verschiebung des bereits vaporisierten Haltekabels beim *Trinity*-Test beobachtet,[60] um ihn bei den folgenden Versuchsexplosionen, etwa bei der Testreihe *Tumbler-Snapper*, an speziell zu diesem Zweck erzeugten – teils weißen, teils schwarzen – Rauchwolken zu studieren, die in diesem Fall nicht nur durch Raketen, sondern auch am Boden erzeugt wurden (Abb. 25).[61] Auch hierfür enthält *Photography of Nuclear Detonations*

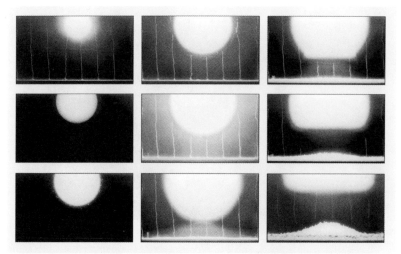

24 Fotoserie von der Sichtbarmachung einer atomaren Druckwelle und ihrer Reflexion
am Erdboden durch die optische Unterbrechung dahinter befindlicher Rauchspuren.
Die Druckwelle wird auch an der von ihr aufgewirbelten Staubwolke erkennbar

zwei Beispiele, wobei eine atomare Schockwelle im einen Fall zwei Wolken verschiebt, die unmittelbar davor durch das Ausströmen von Rauch am Erdboden produziert wurden, und im anderen Fall mehrere Rauchspuren verrückt, die von kurz
zuvor abgeschossenen Raketen zurückgelassen wurden. Im zweiten Fall wirbelt die
für das Verrücken der Rauchsäulen verantwortliche Druckwelle außerdem am
Boden eine Staubwolke auf und lässt darüber eine Kondensationswolke entstehen,
die sich freilich sogleich wieder auflöst.

Noch einmal zusammengefasst wird die epistemische Multivalenz der Wolke
in der Atomtestfotografie schließlich durch die Verschleierungen fotografischer
Materialien durch die bei den Versuchsexplosionen freigesetzte Gammastrahlung.
Diese Verschleierungen gingen zwar wie die Kondensationsspuren in Nebelkam-
mern auf das Wirken von Radioaktivität zurück, besaßen aber aufgrund ihrer
Formlosigkeit wieder eine größere Ähnlichkeit mit gewöhnlichen Wolken. Erneut
wird dieser Bezug zur Wolke im Englischen bereits durch die Bezeichnung des Phänomens – in diesem Fall ‚fogging' – zum Ausdruck gebracht.

Solche Verschleierungen wurden zunächst durch die unmittelbar nach den Explosionen und am Testort selbst auftretende Primärstrahlung verursacht, was insbe-

62 Vgl. Dukes/Greer, *Upshot-Knothole*, 16; Kuran,
    Bomb, 68 f.
63 Vgl. Hoddeson/Henriksen/Meade/Westfall,
    Assembly, 354, 372.
64 Vgl. Ferenc Szasz: *Larger Than Life. New Mexico
    in the Twentieth Century*, Albuquerque
    (University of New Mexico Press) 2006, 179.
65 Vgl. Anonym: New Mexico's Atomic Bomb
    Crater. In: *Life*, Nr. 13, 19. Jg., 24. September
    1945, 27–31, hier 30.

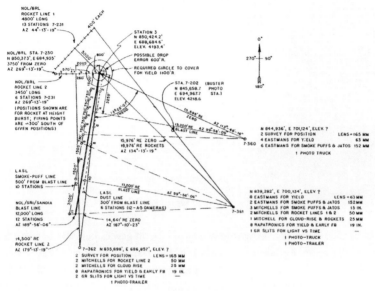

STA. 7-201 (BUSTER
N 860,589.7' PHOTO
E 694,967.7' STA.)
ELEV. 4515.9'

Fig. C.4—Photostation layout, TS 3 and 4.

25 Dispositiv der fotografischen Aufzeichnung der Atomtests *Charlie* und *Dog* der Serie
Tumbler-Snapper (22. April und 1. Mai 1952, Nevada Proving Ground) mit ‚dust
line‘, ‚smoke-puff line‘ und ‚rocket lines‘, schematische Karte aus dem Testbericht
Operation Tumbler-Snapper von Herbert Grier

sondere Farbfilm betraf, der für Gammastrahlung grundsätzlich recht empfindlich
ist.[62] Sie konnten aber auch durch die Sekundärstrahlung bewirkt werden, die größere zeitliche und räumliche Distanzen überbrückte. Auch dies wird noch einmal
durch den *Trinity*-Test exemplifiziert. Denn abgesehen davon, dass die bei dieser
Versuchszündung freigesetzte Gammastrahlung schon die dortigen Aufnahmen
mit Verschleierungen überzog,[63] wirkte sie auch auf andere Fotomaterialien ein:
Zum einen öffnete man zwei Monate nach dem Test das Versuchsgelände für Jour-
nalisten, unter denen sich auch einige Pressefotografen befanden. Und obwohl
man den Reportern nur einen Aufenthalt von 20 Minuten gestattete, damit Beschädigungen ihres Fotomaterials durch die im Bombenkrater vorhandene Reststrah-
lung vermieden würden,[64] hinterließ diese auf diversen Platten deutliche Spuren,
was in dem entsprechenden *Life*-Artikel sogar dokumentiert wurde.[65] Zum anderen
wurde die Explosionswolke des in New Mexico abgehaltenen Tests bis nach Indiana getrieben, wo ihr radioaktiver Niederschlag im Wabash River niederging. Mit

26 Durch den Fallout des Atomtests
Trinity verschleierter Röntgenfilm
von Eastman Kodak

von dort stammendem Wasser wurde wiederum Stroh gewaschen, das dann in Rochester von Eastman Kodak als Verpackungsmaterial für Röntgenfilme benutzt wurde, die umso stärker durch den Fallout affiziert wurden, als sich die Wellenlängenbereiche von Röntgen- und Gammastrahlung, wie oben angemerkt, überlappen (Abb. 26).[66]

Die Verschleierungen stellten zunächst Beschädigungen des Materials dar. Da diese im Fall der bei den Atomtests selbst eingesetzten Filme die mit diesen verbundenen wissenschaftlichen Zielsetzungen durchkreuzten, ergriff man hier auch gegen sie diverse Schutzmaßnahmen: Erstens brachte man Farbfilmmaterial nur auf Entfernungen von 1200 m an das Epizentrum heran.[67] Zweitens wurden die Kameras mit Bleigehäusen umgeben, die je nach verwendetem Film und Abstand vom Explosionszentrum zwischen 6 und 25 cm stark waren;[68] und bei thermonuklearen Explosionen, deren radioaktive Emissionen besonders intensiv ausfielen, brachte man sogar vor den Linsen dickes Bleiglas an.[69] Drittens wurden die Kameras häufig nicht direkt auf die Explosionen, sondern auf Spiegel gerichtet, die das

66 Vgl. Paul Boyer: *By the Bomb's Early Light. American Thought and Culture at the Dawn of the Atomic Age*, Chapel Hill/London (University of North Carolina Press) 1994, 316; Rachel Fermi/Esther Samra: *Picturing the Bomb. Photographs from the Secret World of the Manhattan Project*, New York (Harry N. Abrams) 1995, 160; Kuran, *Bomb*, 18.
67 Vgl. Kuran, *Bomb*, 69.

68 Vgl. Dukes/Greer, *Upshot-Knothole*, 16 ff.; Kuran, *Bomb*, 64 f., 68 f.
69 Vgl. Kuran, Bomb, 77.
70 Vgl. Dukes/Greer, *Upshot-Knothole*, 19; Kuran, *Bomb*, 77.
71 Vgl. Dukes/Greer, *Upshot-Knothole*, 16; Kuran, *Bomb*, 57, 68 f.
72 Vgl. Hoddeson/Henriksen/Meade/ Westfall: *Assembly*, 354.

von diesen ausgehende Licht in sie umlenkten.[70] Viertens schließlich entwickelte Charles Wyckoff von EG&G zusammen mit Mitarbeitern von Eastman Kodak einen speziellen Schwarz-Weiß-Film, dessen Empfindlichkeit für Gammastrahlung um den Faktor 400 verringert war.[71]

Aber wenn die Verschleierungen nicht anders als die Nebelkammerspuren auf die Wirkung radioaktiver Strahlen zurückgingen, konnten sie wie jene Spuren auch zur Visualisierung dieser Strahlung verwendet werden. Tatsächlich kamen beispielsweise schon beim *Trinity*-Test auch in Lochkameras platzierte Fotoplatten zum Einsatz, die keinen anderen Zweck erfüllten, als durch ihren Schwärzungsgrad die Intensität der durch die Detonation freigesetzten Gammastrahlung zu messen.[72] Folglich fotografierte man bei den amerikanischen Nukleartests nicht nur mit den Pilzwolken einen Effekt der Atomexplosionen, der die von diesen produzierte Radioaktivität enthielt, sondern auch letztere selbst. Und auch in diesem Fall zeigten die Fotografien Wolken.

Literaturverzeichnis

Anonym: A-Bomb Test in Color. In: *Life*, Nr. 9, 30. Jg., 26. Februar 1951, 48–50.

Anonym: Biggest Atomic Explosions. In: *Life*, Nr. 11, 27. Jg., 12. September 1949, 74–75.

Anonym: Color Photographs Add Vivid Reality to Nation's Concept of H-Bomb. In: *Life*, Nr. 16, 36. Jg., 19. April 1954, 21–25.

Anonym: New Mexico's Atomic Bomb Crater. In: *Life*, Nr. 13, 19. Jg., 24. September 1945, 27–31.

Anonym: *Operation Redwing. Radiological Safety*, o. O. 1956. National Nuclear Security Administration/Nevada Site Office, Nr. NV0410902.

Bachelard, Gaston: *Die Bildung des wissenschaftlichen Geistes. Beitrag zu einer Psychoanalyse der objektiven Erkenntnis*, Frankfurt am Main (Suhrkamp) 1987.

Bexte, Peter: Wolken über Las Vegas. In: *Archiv für Mediengeschichte*, Nr. 5, 2005, 131–137.

Boyer, Paul: *By the Bomb's Early Light. American Thought and Culture at the Dawn of the Atomic Age*, Chapel Hill/London (University of North Carolina Press) 1994.

Dukes, Ernest/Greer, William: *Operation Upshot-Knothole. Project 9.1. Technical Photography. Report to the Test Director*, Washington 1954. National Nuclear Security Administration/Nevada Site Office, Nr. NV0049296.

EG&G: *Operation Castle – Project 9.1. Report to the Scientific Director. Cloud Photography*, Boston o. J. National Nuclear Security Administration/Nevada Site Office, Nr. NV0011576.

Engell, Lorenz/Siegert, Bernhard/Vogl, Joseph: Editorial. In: *Archiv für Mediengeschichte*, Nr. 5, 2005, 5–8.

Engels, Wolfgang: Die Nebelkammeraufnahme – das automatisch generierte Laborbuch? In: Heßler, Martina (Hg.): *Konstruierte Sichtbarkeiten. Wissenschafts- und Technikbilder seit der Frühen Neuzeit*, München (Fink) 2006, 57–74.

Estes, Howell: *Operation Castle. Final Report. Task Group 7.4*, o. O. 1954. National Nuclear Security Administration/Nevada Site Office, Nr. NV0076918.

Evans, Joyce: *Celluloid Mushroom Clouds. Hollywood and the Atomic Bomb*, Boulder/Oxford (Westview) 1998.

Fermi, Rachel/Samra, Esther: *Picturing the Bomb. Photographs from the Secret World of the Manhattan Project*, New York (Harry N. Abrams) 1995.

Fuller, Peter: Lighting for Cine and High Speed Photography. In: Ray, Sidney (Hg.): *High Speed Photography and Photonics*, Oxford (Focal Press) 1997, 29–47.

Galison, Peter: *Image and Logic. A Material Culture of Microphysics*, Chicago (University of Chicago Press) 1997.

Gilbert, H. K.: *Operation Knothole. Project Summaries. Nevada Proving Grounds. Spring 1953*, o. O. 1952. National Nuclear Security Administration/Nevada Site Office, Nr. NV0767937.

Graves, Alvin/Clarkson, Percy: *Memo for Record. Subject: Bravo Event, Operation Castle*, San Francisco 1954. National Nuclear Security Administration/Nevada Site Office, Nr. NV0410804.

Grier, Herbert: *Operation Buster-Jangle. Nevada Proving Grounds. October – November 1951. Project 10.3. Technical Photography*, Boston 1952. National Nuclear Security Administration/Nevada Site Office, Nr. NV0339465.

Grier, Herbert: *Report to the Test Director. Technical Photography. Operation Tumbler-Snapper*, Boston 1954. National Nuclear Security Administration/Nevada Site Office, Nr. NV0069126.

Hales, Peter: The Atomic Sublime. In: *American Studies*, Nr. 1, 32. Jg., Frühling 1991, 5–31.

Hoddeson, Lillian/Henriksen, Paul/Meade, Roger/Westfall, Catherine: *Critical Assembly. A Technical History of Los Alamos During the Oppenheimer Years, 1943–45*, Cambridge (Cambridge University Press) 1993.

Kirsch, Scott: Watching the Bombs Go Off. Photography, Nuclear Landscapes, and Spectator Democracy. In: *Antipode*, Nr. 3, 29. Jg., Juli 1997, 227–255.

Krehl, Peter: *History of Shock Waves, Explosions and Impact. A Chronological and Biographical Reference*, Berlin (Springer) 2009.

Kuran, Peter: *How to Photograph an Atomic Bomb*, Santa Clarita (VCE) 2006.

Leo, Vincent: The Mushroom Cloud Photograph. From Fact to Symbol. In: *Afterimage*, Nr. 1–2, 13. Jg., Sommer 1985, 6–12.

Leonhard, Karin: Wolken modellieren. In: *Archiv für Mediengeschichte*, Nr. 5, 2005, 95–105.

Mach, Ludwig: Ueber das Princip der Zeitverkürzung in der Serienphotographie. In: *Photographische Rundschau*, Nr. 4, 7. Jg., April 1893, 121–128.

Mack, Julian: *Semi-Popular Motion-Picture Record of the Trinity Explosion*, Oak Ridge (Technical Information Division, Oak Ridge Directed Operations) 1946.

Martin, Edwin/Rowland, Richard: *Castle Series 1954*, Santa Barbara 1982. National Nuclear Security Administration/Nevada Site Office, Nr. NV0410858.

Neesen, Friedrich: Photographie fliegender Geschosse. In: *Umschau*, Nr. 23, 19. Jg., 5. Juni 1915, 448–452.

Nowak, Lars: Strahlende Landschaften. Zur materiellen und photographischen Öffentlichkeit der amerikanischen Atombombentests. In: Hoof, Florian/Jung, Eva-Maria/Salaschek, Ulrich (Hg.): *Jenseits des Labors. Transformationen von Wissen zwischen Entstehungs- und Anwendungskontext*, Bielefeld (transcript) 2011, 279–318.

O'Brian, John: Editing Armageddon. In: Cheetham, Mark/Legge, Elizabeth/Sousslaff, Catherine (Hg.): *Editing the Image. Strategies in the Production and Reception of the Visual*, Toronto (University of Toronto Press) 2008, 127–152.

Rheinberger, Hans-Jörg: *Experiment, Differenz, Schrift. Zur Geschichte epistemischer Dinge*, Marburg an der Lahn (Basilisken-Presse) 1992.

Rheinberger, Hans-Jörg: Objekt und Repräsentation. In: Heintz, Bettina/Huber, Jörg (Hg.): *Mit dem Auge denken. Strategien der Sichtbarmachung in wissenschaftlichen und virtuellen Welten*, Zürich/Wien/New York (Edition Voldemeer/Springer) 2001, 55–61.

Szasz, Ferenc: *Larger Than Life. New Mexico in the Twentieth Century*, Albuquerque (University of New Mexico Press) 2006.

Titus, A. Costandina: The Mushroom Cloud as Kitsch. In: Zeman, Scott/Amundson, Michael (Hg.): *Atomic Culture. How We Learned to Stop Worrying and Love the Bomb*, Boulder (University of Colorado Press) 2004, 103–123.

Vanderbilt, Tom: *Survival City. Adventures Among the Ruins of Atomic America*, New York (Princeton Architectural Press) 2002.

Filme

The Day the World Ended, USA 1955, Golden State Productions, Regie: Roger Corman.

Five, USA 1951, Arch Oboler Productions/Columbia Pictures Corporation/Lobo Productions, Regie: Arch Oboler.

The Incredible Shrinking Man, USA 1957, Universal International Pictures, Regie: Jack Arnold.

Photography of Nuclear Detonations, USA o. J., EG&G, Regie: Anonym.

Time-Lapse Color Motion Pictures of the Whole Sky, USA o. J., MIT, Regie: Harold Edgerton.

Studio NAND

The Known Unknowns

> There are known knowns; there are things we know that we know. There are known unknowns; that is to say, there are things that we now know we don't know. But there are also unknown unknowns – there are things we do not know we don't know.
>
> US-Verteidigungsminister a. D.
> Donald Rumsfeld zur Lage
> im Irak am 12. Februar 2002

Vorwort

In dem folgenden Beitrag wird das im Jahr 2011 entstandene Projekt *The Known Unknowns* im erweiterten Kontext vorgestellt. Mittels spekulativer Apparaturen wird unser Verhältnis zum Zufall und der Wahrscheinlichkeit diskutiert.

Einleitung

Der Zufall spielt eine entscheidende, oft unterschätzte Rolle in unserem Leben: In einem Zeitalter, in dem wir besessen davon sind, durch Tagesplaner, Projektmanagement-Software und To-do-Listen Ordnung in unser Leben zu bringen, verstehen wir Wahrscheinlichkeit als etwas, das es zu berechnen gilt. Um eben diese Wahrscheinlichkeit so weit wie möglich eingrenzen zu können, soll ein etwaiges Risiko weitestgehend minimiert werden. Dabei hilft die menschliche Angewohnheit, Zusammenhänge und wiederkehrende Muster zu schaffen, auch dort, wo keine existieren mögen, indem wir z.B. Ereignisse im Nachhinein als absolut vorhersehbar deklarieren. Zahlen und Daten bestimmen die Basis der meisten Entscheidungsprozesse.

Betrachtet man die Disziplinen der Kryptografie, der Finanzwelt, des Risikomanagements und der Forschung, spielen auch hier der Zufall und im Konkreten Zufallszahlen eine eklatante Rolle. Ihnen wird eine besondere Aufmerksamkeit zuteil, wenn es Wahrscheinlichkeiten zu kalkulieren gilt. Mittels Simulationen und Näherungsverfahren werden alternative Realisierungspfade (*sample paths*) erzeugt, um mögliche Ereignisse im Zeitverlauf zu untersuchen. In den Worten Nassim Talebs: „Wir wollen nicht einfach nur wissen, wo sich ein Vogel morgen Abend befinden könnte, sondern interessieren uns vielmehr für die verschiedenen Orte, die er bis zu diesem Zeitpunkt unter Umständen besuchen könnte."[1]

---

1 Nassim Nicholas Taleb: *Narren des Zufalls. Die unterschätzte Rolle des Zufalls in unserem Leben*, München (btb Verlag) 2013, 89.

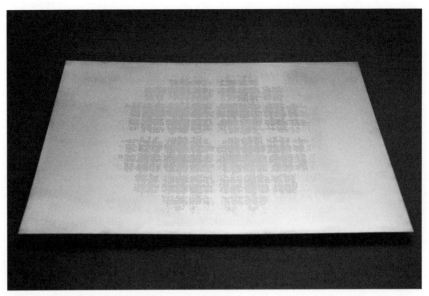

1 Studio NAND: Verteilung von Pseudozufallszahlen,
Ätzung in Aluminium, 60 x 40 cm

Das Projekt *The Known Unknowns* thematisiert diesen Drang zur Kalkulation und zum Verifizieren („to quantify is to verify"), indem es drei unterschiedliche Zufallszahlengeneratoren für den heimischen Gebrauch propagiert. Neben einer Sensibilisierung für das Thema geht es um die Fragestellung, wie die Erzeugung von alternativen Realisierungspfaden im Alltäglichen unser Denken und Handeln beeinflussen würde.

Vom Zufall und der Wahrscheinlichkeit

In einem kurzen Abriss sollen zwei unterschiedliche philosophische Betrachtungsweisen in Bezug auf den ‚Zufall' angesprochen werden. Zum einen wird der kausale Ansatz und die damit verbundene Negation des Zufalls bei Hume thematisiert und zum anderen der radikale Ansatz Meillassoux', in dem alles dem Zufall überlassen wird.

David Hume bezieht den Begriff des Zufalls auf das mangelnde Wissen über die Hintergründe eines Ereignisses und damit auf das Fehlen einer Ursache in Bezug auf dieses Ereignis. Absolute Zufälle werden ausgeschlossen: „Obgleich es in der Welt nichts der Art wie Zufall gibt, so hat doch unsere Unkenntnis der wirklichen Ursache eines Ereignisses denselben Einfluss auf den Verstand und erzeugt eine gleiche Art von Glauben oder Meinung."[2]

Der Zufall im erweiterten Kontext bedeutet für Quentin Meillassoux als Vertreter des Spekulativen Realismus, dass alles, was ist, auch anders sein könnte, einschließlich der physikalischen Naturgesetze: „Wir werden nach und nach entdecken, dass das nicht-kausale Universum genauso kohärent ist wie das kausale Universum, genauso in der Lage wie letzteres, über unsere gegenwärtigen Erfahrungen Rechenschaft abzulegen."[3] Wenn sich die Menschen dieser Erkenntnis stellen und von einem kausalen zu einem nichtkausalen Universum übergehen, werden sie, Meillassoux' Meinung nach, nichts verlieren – nichts außer Rätsel.

Das Projekt *The Known Unknowns* bezieht sich weder auf Hume noch auf Meillassoux, sondern befindet sich im Spannungsfeld zwischen selbigen. Um dies zu erläutern, soll zunächst im Konkreten auf die Generierung von Zufallszahlen nach deterministischen und nichtdeterministischen Prinzipien eingegangen werden.

A Million Random Digits

Die im Jahr 1946 gegründete amerikanische Forschungseinheit RAND Corporation befasste sich im Rahmen von Zukunftsprognosen mit unterschiedlichsten experimentellen Wahrscheinlichkeitssimulationen. Um diese Simulationen durchführen zu können, bedurfte es einer großen Menge an hochqualitativen Zufallszahlen, die mittels einer Art elektronischen Roulettes generiert wurden. Das Buch *A Million Random Digits With 100,000 Normal Deviates*,[4] das im Jahr 1955 veröffentlicht wurde, stellte lange die Standardreferenz dar und enthielt auf über 500 Seiten nichts als Zufallszahlen, die für Simulationen in der Ökonomie und Wissenschaft genutzt wurden. Die Publikation wurde als größte Ressource an veröffentlichten Zufallszahlen von Statistikern, Physikern, Analysten und Lotterieadministratoren genutzt.

Nach der Einführung des Computers wurden Algorithmen zur Generierung von Zufallszahlen verwendet. Bei diesen Zahlen handelte es sich allerdings um Pseudozufallszahlen (Abb. 1). Pseudozufallszahlen sind scheinbar zufällige Zahlen, die nach einem deterministischen reproduzierbaren Verfahren erzeugt werden und sich im Prinzip in der Welt der klassischen Physik vorhersagen lassen. Sie gelten als minderqualitativ. Echte, hochqualitative Zufallszahlen hingegen werden mithilfe der Quantenphysik, d. h. nichtdeterministisch, generiert. Mit einer bestimmten

2 David Hume: *Untersuchung in Betreff des menschlichen Verstandes. Abteilung VI. Über die Wahrscheinlichkeit.* Übersetzt, erläutert und mit einer Lebensbeschreibung versehen von Julius von Kirchmann, Berlin (Heimann) 1869, 1.

3 Quentin Meillassoux: *Nach der Endlichkeit. Versuch über die Notwendigkeit der Kontingenz,* Zürich (diaphanes) 2006, 126.

4 RAND Corporation: *A Million Random Digits With 100,000 Normal Deviates,* Glencoe, Illinois (The Free Press) 1955.

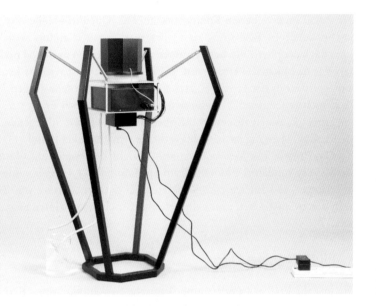

Wahrscheinlichkeit hält sich ein Quantenteilchen mal an diesem, mal an jenem Ort auf und bewegt sich mit einer unvorhersehbaren Geschwindigkeit. Aufgrund mangelnden Wissens können die Möglichkeiten nicht berechnet werden und erscheinen wahrhaft zufällig für uns. Es bedarf also einer hohen Qualität von Chaos, um zu präzisen Simulationsergebnissen zu gelangen.

Monte Carlo und der Vogel

Die *Monte-Carlo-Methode* ist eine signifikante Methode zur Simulation möglicher Ereignisse, mittels welcher die verschiedenen Aufenthaltsorte des oben von Nassim Taleb angesprochenen Vogels bestimmt werden können: Algorithmen generieren eine Unzahl an unterschiedlichen Szenarien, die sowohl in der Zukunft als auch in der Vergangenheit liegen können. Dazu werden Zufallsexperimente, die auf Zufallszahlen basieren, in einer hohen Frequenz durchgeführt.

In seinem Buch *Narren des Zufalls. Die unterschätzte Rolle des Zufalls in unserem Leben* beschreibt Taleb die Monte-Carlo-Methode als ein für ihn essenzielles Werkzeug, um nicht nur zukünftige Ereignisse, sondern auch sogenannte alternative Historien[5] zu simulieren, d. h., ein bestimmter Sachverhalt wird nicht ausschließlich durch sein Eintreffen bestimmt, sondern durch das Einbeziehen möglicher Alternativen: „Für die unsichtbaren Historien gibt es einen wissenschaftlichen Namen: Man spricht von alternativen Realisierungspfaden (sample paths) – ein Begriff aus dem Bereich der Wahrscheinlichkeitstheorie, der gemeinhin unter der

2 *Cosmic Ray Chamber*, lackiertes Eisengestell, Nebelkammer,
  MDF, radioaktive Nadelquelle, Elektronik, 110 x 55 x 55 cm
3 *Cosmic Ray Chamber*, Draufsicht

Bezeichnung ‚Stochastische Prozesse' bekannt ist. [...] Monte-Carlo-Simulationen haben mehr Ähnlichkeit mit einem Spielzeug als alles andere, was mir in meinem Erwachsenenleben bisher untergekommen ist. Man kann Tausende, vielleicht sogar Millionen von Zufallspfaden generieren und besonders häufig auftretende Eigenschaften einiger ihrer Attribute unter die Lupe nehmen. [...] Ohne mathematische Vorkenntnisse können wir eine Monte-Carlo-Simulation für einen 18-jährigen libanesischen Christen laufen lassen, der für einen bestimmten Geldbetrag immer wieder russisches Roulette spielt, und feststellen, wie viele dieser Versuche ihn zu einem reichen Mann machen [...]."[6]

The Known Unknowns

Die Serie *The Known Unknowns* besteht aus der *Cosmic Ray Chamber* (Abb. 2 und 3), dem *Random Event Harvester* (Abb. 4) und dem *Random Anemometer* (Abb. 5). Alle drei prototypischen Apparaturen erzeugen Zufallszahlen für alltägliche und private Entscheidungsprozesse, sowie Prognosen, Finanzsimulationen und zur Risikoeindämmung.

5 Taleb, *Narren des Zufalls*, 63.
6 Taleb, *Narren des Zufalls*, 89.

4 *Random Event Harvester,* im 3-D-Druckverfahren
hergestellter Prototyp, Geigerzähler, GPS-Modul,
55 x 15 x 15 cm

Cosmic Ray Chamber:
Für die Wissenschaftsgläubigen

Die *Cosmic Ray Chamber* (Abb. 2 und 3) generiert echte Zufallszahlen im Wohnzimmer mittels kosmischer Strahlung, einer hochenergetischen Teilchenstrahlung aus dem Weltall, von der nur eine geringe Menge Teilchen die Erdoberfläche erreicht.

In einer Nebelkammer werden die Spuren (Wölkchen) ionisierter Partikelbewegungen aufgezeichnet. Die Zeitabstände zwischen den Messungen können infolge der geringen Teilchenmenge bis zu zehn Minuten betragen. Erfordert die Dringlichkeit einer bestimmten Situation eine schnellere Messung, kann die Strahlung durch eine radioaktive Nadelquelle, die in der Mitte der Kammer platziert wird, verstärkt werden. So lässt sich eine mögliche wachsende Ungeduld vermeiden.

Random Event Harvester:
Für die Jäger und Sammler

Im Unterschied zu der *Cosmic Ray Chamber* ist der *Random Event Harvester* (Abb. 4) transportabel. Ausgestattet mit einem Geigerzähler und einem GPS-Modul sammelt das Gerät Zufallszahlen und deren Position in leicht strahlenden Umgebungen, wie etwa in der Nähe der zwei Kernkraftwerke im Naturschutzgebiet Dungeness in England.

5 *Random Anemometer*, 3-D-Druck, gelasertes
Aluminium, Elektronik, 60 x 25 x 40 cm

Random Anemometer:
Für Pseudozufallszahlen

Das tragbare Gerät (Abb. 5) richtet sich an Menschen, die den auf theoretischer
Basis berechenbaren Pseudozufall vorziehen. In jedem der vier Kegel der analogen
Apparatur befindet sich eine Windfahne. Trifft die Fahne die linke bzw. rechte Seite
des Kegels, wird ein Wert zwischen 0 und 1 erzeugt und digital gespeichert.

Credits und Danksagung
Fotos: Matthias Steffen
Schauspieler: Daniel Godward
Dank an: Anthony Dunne, James Auger,
Gunnar Green, Neil Usher, Tom Lynch,
Stefan Schwabe

1 The Astronauts

Agnes Meyer-Brandis

Moon Goose Colony

What happened to moon geese in the 21st century?
Does this very special species still exist?
Do they still know about their moon migration pattern
or have they been stranded?

Moon Goose Colony is a poetic-scientific investigation, weaving fact, imagination, storytelling and myth, past, present and future together.

The film is based on the book *The Man in the Moone*, written by the English bishop Francis Godwin in 1603, in which the protagonist flies to the moon in a chariot towed by 'moon geese'. Agnes Meyer-Brandis has realized this concept by raising eleven moon geese from birth, giving them astronauts' names,[1] imprinting them on herself as mother goose and teaching them to fly.

Meyer-Brandis develops the contested history of Godwin's original fiction – posthumously published under pseudonym as the genuine account of the travels of one Domingo Gonsales. She weaves a narrative that explores the observer's understanding of the fictitious and the factual, with a nod to notions of the believably absurd.

1 Neil, Svetlana, Gonzales, Valentina, Friede, Juri, Buzz, Kaguya-Anousheh, Irena, Rakesh, Konstantin-Hermann.

2 *Space Suit Testing*, Astronaut Training Method No. XIII

Academic William Poole[2] explains the importance of Godwin's work in his preface to the 2009 edition of *The Man in the Moone*: "First, it is a work of literary sophistication. It is narrated by a slightly implausible figure who does a number of very implausible things, not least fly to the moon and back. [...] [I]ts supposed time-frame further heightens readerly problems about who and what to trust in this text, and why. [And secondly:] its finely integrated discussion of various state-of-the-art ideas about astronomy and cosmology – magnetic attraction, diurnal rotation, and the possibility of interplanetary travel and extra-terrestrial life. The dramatization of these discussions in *The Man in the Moone* is at once a form of popular science and also a form of popular fiction. This is the age-old problem of fiction – the probable impossible intermingled with the possible improbable [...]."[3]

20:56 min., HD, by Agnes Meyer-Brandis, 2011/12

2 William Poole is John Galsworthy Fellow, New College, Oxford and author of *The World Makers: Scientists of the Restoration and the Search for the Origins of the Earth*, Bern / Frankfurt am Main (Peter Lang) 2010.

3 William Poole: Preface. In: Francis Godwin: *The Man in the Moone* [1638], ed. by William Poole, Peterborough (Broadview) 2009, 7 f.

3 *Lunar Bike*, Astronaut Training Method No. VII
4 *High Altitude Trainingscamp II*, Astronaut Training Method No. XI

Context

The film is part of a larger project called *Moon Goose Analogue: Lunar Migration Bird Facility* – a bio-poetic and long-term experiment the artist Agnes Meyer-Brandis began in early 2011 at *Pollinaria*, an ecological farm in Abruzzo, Italy. The idea was to imprint and raise moon geese, a mythic migration bird that travels between moon and earth. With a group of ornithologists, the artist decided to base the project on the heritage of another endangered species: the roman goose, attempting to support the survival of both: the fictitious and the real bird.

5 *Mobile Moon*, Astronaut Training Method No. V
6 Moon Geese with flight chariot

7 *Analogue Training*, Astronaut Training Method No. XVI

The project *Moon Goose Analogue: Lunar Migration Bird Facility (MGA)* consists of three main elements:

1. *Moon Goose Colony (MGC)*
Raising and imprinting eleven moon geese in Italy, ongoing since 2011 – 20 min. documentary

2. *The Moon Analogue*
A living space for geese –
installation in Italy closed to the public

3. *The Control Room*
A bio-poetic installation – in a public exhibition space

The Moon Goose Analogue: Lunar Migration Bird Facility was commissioned by *The Arts Catalyst* and *FACT Liverpool*, in partnership with Pollinaria and in co-production with Z33. Further info: www.ffur.de/mga

Illustrations: Video stills by Agnes Meyer-Brandis

Andrea Sick

Transparenz und Spuk im (Daten-)Wald

Inmitten der Bühne

Büschel, Laubwerk, Knäuel aus Zweigen, Bäume, dicht bewachsene Flächen kennzeichnen das, was wir ab einer (un-)bestimmten Anzahl und Flächengröße Wald nennen.

„… Wälder waren unumgänglich aus Bäumen gebildet, soweit schien alles selbstverständlich. Wieviele Bäume brauchte ich aber, um einen Wald als solchen zu bezeichnen? Eine Gruppe von Bäumen ist eine Ansammlung, ein Feldgehölz oder ein Wald. Was hat aber der Wald, was der einfache Baumbestand in meinem Anger nicht hat? – Entweder es regnet, oder es regnet nicht …"[1]

Der Autor Oswald Egger entfaltet in seinem Buch *Diskrete Stetigkeit. Poesie und Mathematik*, in dem „Topos wie Locus" der Überlegungen der Wald ist – den ich „hinter den Bäumen nicht sehe und [den ich nur] sehe […] vor lauter Bäumen"[2] – eine Geländesondierung. Der dichte und undurchdringliche Wald zeigt sich als Bühne für Selbstgespräche, die Fragen der Verortung ins Spiel bringen.

So ist es nicht verwunderlich, dass der Wald, folgt man der etymologischen Bedeutung des bloßen Wortes, Bezüge zur Wolle aufweist. Wald gilt in diesem Sinne als ein Wirkungsgefüge von sich gegenseitig beeinflussenden und oft voneinander abhängigen Bestandteilen. Kennzeichnend ist die „konkurrenzbedingte Vorherrschaft der Bäume". Dadurch entsteht ein sogenanntes *Waldbinnenklima*, das sich wesentlich von dem des Freilandes unterscheidet.[3]

Wird mit ‚Spuk' etwas wissenschaftlich Ungeklärtes sowie eine plötzlich auftauchende Erscheinung oder Wirkung bezeichnet, so ist der Wald mit seinem beschriebenen Waldbinnenklima, erzeugt durch die Vorherrschaft der Bäume und die Dichte des Gefüges, nicht nur prädestiniert für Selbstgespräche, sondern auch für solche ortsgebundenen Ereignisse, die die Wahrnehmung des Menschen beeinflussen. Denn als undurchschaubares, nicht einsehbares, ungeordnetes, vielflechtiges Gebiet vermag er – auch im übertragenen Sinne – Phänomenen eine Bühne inmitten des Waldes zu bieten, die unvorhersehbar sind und somit die menschliche Erfahrung an ihre Grenzen treiben – Phänomene, die auch als paranormale Gegebenheiten bezeichnet werden.

1 Oswald Egger: *Diskrete Stetigkeit, Poesie und Mathematik*, Frankfurt am Main (Suhrkamp) 2008, 11.

2 Egger, *Diskrete Stetigkeit*, 160.

3 Vgl. Reinhold Erbeck/Ilse Haseder/Gerhard Stinglwagner: *Das Kosmos Wald- und Forstlexikon*, Stuttgart (Kosmos) 2009, 9.

Im Folgenden möchte ich die sich gegenseitig bedingenden Verflechtungen von solch entgrenzenden Phänomenen und einem konstitutiven Undurchschaubaren – inmitten dessen wir uns befinden – zunächst anhand einer Lektüre von Kants *Träumen eines Geistersehers* entwickeln. Mit einigen experimentellen Boten eines Spuks sollen dann anschließend in einem zweiten Schritt die theoretischen Überlegungen zur Darstellung kommen. Anschließend werden diese Darstellungen, die versuchen, Unerforschtes, Paranormales und Hypothetisches durch Evaluationen zu beweisen und zu verorten, in ein Verhältnis zu Fragen der Transparenz des ‚Datenwalds' im aktuellen gesellschaftlichen Kontext gebracht.

Geister treten auf

Immanuel Kants *Träume eines Geistersehers* wurden 1766 anonym veröffentlicht, mit dem vielsagenden Untertitel versehen „erläutert durch Träume der Metaphysik"[4], was die Metaphysik als Akteurin auf die Bühne ruft. Diese Schrift ist das Resultat von Kants längerer Beschäftigung mit den Veröffentlichungen und Berichten des populären schwedischen Theologen, Naturwissenschaftlers und Visionärs Emanuel Swedenborg. Kant bezieht sich insbesondere auf diese als populärwissenschaftlich geltenden Veröffentlichungen, um im ersten Teil der Abhandlung zu erörtern, unter welchen Bedingungen die Frage, was ein Geist sei, beantwortet werden könne.

Die Abhandlung Kants traf im 18. Jahrhundert auf viel Unverständnis unter seinen philosophischen Kollegen. Im Vorbericht begründet Kant selbst sein Anliegen: „Welcher Philosoph hat nicht einmal, zwischen den Beteurungen eines vernünftigen und festüberredeten Augenzeugen und der inneren Gegenwehr eines

4 Immanuel Kant: *Träume eines Geistersehers, erläutert durch Träume der Metaphysik*. Hg.v. Rudolf Malter, Stuttgart (Reclam) 2002. [Original: Königsberg (Kanter) 1766, anonym erschienen.]
5 Kant, *Geisterseher*, 5

6 Die kantische Schreibweise ‚Schwedenberg' wird in einigen Textvarianten auch in ‚Swedenborg' korrigiert.
7 Kant, *Geisterseher*, 56.
8 Kant, *Geisterseher*, 58.

1–3

unüberwindlichen Zweifels, die einfältigste Figur gemacht, die man sich vorstellen kann? Soll er die Richtigkeit aller solcher Geistererscheinungen gänzlich ableugnen? Was kann er vor Gründe anführen, sie zu widerlegen?"[5]

Im Kontext meiner Themenstellung interessiert an dem umstrittenen Büchlein die Frage, warum und wie der Nachweis von Geistern geführt wird oder auch mit welchen Beweisen ihre Anwesenheit und Erscheinung geleugnet werden kann. Zusammenfassend kann man schon vorab sagen: Beweise werden entweder zur Widerlegung oder zur Bestätigung der Anwesenheit oder Nichtanwesenheit von Geistern getätigt.

Im zweiten Teil der Abhandlung Kants werden Berichte von den konkreten Erfahrungen des Geistersehers ‚Schwedenberg'[6] wiedergegeben: „Es lebt zu Stockholm ein gewisser Herr Schwedenberg, ohne Amt oder Bedienung, von seinem ziemlich ansehnlichen Vermögen. Seine ganze Beschäftigung besteht darin, daß er, wie er selbst sagt, schon seit mehr als zwanzig Jahren mit Geistern und abgeschiedenen Seelen im genauesten Umgange stehet, von ihnen Nachrichten aus der andern Welt einholet und ihnen dagegen welche aus der gegenwärtigen erteilet [...]."[7]

Kant zitiert verschiedene Begebenheiten, die ‚Herr Schwedenberg' in seinen Schriften berichte. Zum Beispiel gibt Kant wieder, wie Herr Schwedenberg von einer Madame Marteville aufgesucht wurde, der Witwe eines holländischen Envoyé am schwedischen Hof, die von einem Goldschmied um Begleichung eines Rückstands für ein vorgefertigtes Silberservice gebeten wurde. Die Frau war überzeugt, dass ihr verstorbener Gatte die Schuld rechtzeitig beglichen habe, aber sie fand keinen Beleg. Nun suchte sie Herrn Schwedenberg auf in der Absicht, ihn zu bitten, Kontakt mit ihrem Gatten aufzunehmen, um ihn zu fragen, wo die Belege abgeblieben seien. Herr Schwedenberg erstattete der Dame nach wenigen Tagen Bericht, dass sich in einem Schrank ein verborgenes Fach befinde, in dem der Beleg abgelegt sei. Man sah nach und konnte dem Goldschmied den Beleg vorweisen.[8]

Der Kontakt mit den Geistern wird hier bewiesen durch Benennung des zutreffenden Ortes, an dem sich der Beleg für den Goldschmied befindet. Problem dabei ist aber, dass letztendlich nicht bewiesen werden kann, ob hier tatsächlich der Geist zum Sprechen gebracht wurde oder Zufall waltete. Ein zum Sprechen gebrachter Geist wird im Beweis immer neu geglaubt. Auch Kant stellt heraus: Endgültig werden die Geister niemals bewiesen.[9]

Mit der Geschichte von Herrn Schwedenberg gibt Kant einen Anlass, das Verhältnis von Geistern und Körpern, von Seele und Materie im Kontext metaphysischer Lehre zu diskutieren. Die theoretischen Überlegungen führt er im ersten Teil der Abhandlung ein und dann weiter aus, bevor dem Leser und der Leserin die Geisterbegegnungen eines Herrn Schwedenberg als Erfahrungen berichtet werden, wovon hier im vorigen Absatz eine beispielhaft geschildert wurde. Das heißt: Kant antizipiert im ersten Teil ein Erscheinen, das als Erfahrung den Vernunftgründen zur Voraussetzung wird. Die Erfahrungen werden dann im zweiten Teil der Abhandlung durch die Geschichten von Herrn Schwedenberg konkretisiert.

Eine solche Exemplifizierung und Konkretisierung ist im Falle der Geisterforschung notwendig, um den geglaubten Geist zum Sprechen zu bringen und ihn in die Erfahrung zu holen. Man kann der Geister nur in einer solchen Erfahrung gewahr werden. Nur so sind die Geister zu wissen.

Geister sprechen (lassen)

Es gibt zahlreiche Methoden und Erklärungen, den Geist zum Sprechen zu bringen. Eine populäre Geschichte aus den 50er Jahren des vergangenen Jahrhunderts ist der vielfach lancierte Bericht um ‚Bridey Murphy‘.

Folgende Geschichte wird in diversen populären US-amerikanischen Magazinen[10] erzählt: Die Hausfrau Virginia Tighe, die sich 1954 in ihren acht Hypnosesitzungen bei dem US-amerikanischen Geschäftsmann und Hobby-Hypnotiseur Morey Bernstein detailreich an das Leben der Bridey Murphy, geb. 1798, erinnerte, soll selbst in einem früheren Leben diese gewesen sein. Das in der Hypnose von Frau Tighe erzählte Leben der Bridey Murphy wurde von Bernstein auf Tonband festgehalten. Diese Aufzeichnungen wurden in hoher Auflage als Buch verkauft.[11] Ein entsprechender Spielfilm wurde 1966 in den USA unter der Regie von Noel Langley gedreht: *The Search for Bridey Murphy*.[12]

Kant diskutiert den Zweifel an einem Kontakt mit den Geistern (im Jenseits). Die Grundlage seiner strukturellen Überlegungen bildet die Annahme, dass die Geister eben Grenzgänger seien, die einen möglichen Raum zwischen Realem und Fiktivem vorführen. Denn sie bleiben nicht rein geistig, da sich das Geistige auch körperlich darstellt und in die Erfahrung einschreibt. Denn nur so lässt sich die Frage, ob es sie gibt, erörtern.

4 *Fate Magazine*, Cover,
  November 1956
5 *The Search of Bridey
  Murphy*, Filmstill, 1956

Dennoch versucht Kant klar zwischen Geist und Materie zu unterscheiden: „Ihr werdet also den Begriff eines Geistes nur beibehalten können, wenn ihr euch Wesen gedenkt, die sogar in einem von Materie erfüllten Raume gegenwärtig sein können; Wesen also, welche die Eigenschaft der Undurchdringlichkeit nicht an sich haben, und deren so viele, als man auch will, vereinigt niemals ein solides Ganze ausmachen. Einfache Wesen von dieser Art werden immaterielle Wesen und, wenn sie Vernunft haben, Geister genannt werden. Einfache Substanzen aber, deren Zusammensetzung ein undurchdringliches und ausgedehntes Ganze gibt, werden materielle Einheiten, ihr Ganzes aber Materie heißen. Entweder der Name eines Geistes ist ein Wort ohne allen Sinn, oder seine Bedeutung ist die angezeigte."[13]

Die Geister wären aber, sofern sie als möglich in Betracht gezogen werden, dennoch nicht nur das Negativum zum Materiellen. Das zeigt sich mit der auch von Kant vollzogenen Erörterung des Begriffs anhand von Beispielen, die die Verortung

9 Vgl. Kant, *Geisterseher*, 52.
10 Zum Beispiel im *Empire Magazin*, dem Sonntagsmagazin der *Denver Post*, von William J. Barker, am 12., 19. und 26. September 1954. Später folgte ein Artikel über die Popularität dieser Hypnoseberichte im *Life Magazine*: Herbert Brean: Bridey Murphy Puts Nation Into a Hypnotizzy. In: *Life Magazine*, 19.3.1956.

11 Vgl. Morey Bernstein: *The Search for Bridey Murphy*, New York (Doubleday Publishing Group) 1989. [Engl. Original: 1956.]
12 *The Search for Bridey Murphy*, USA 1966, Paramount Pictures, Regie: Noel Langley, Darsteller: Louis Hayward, Teresa Wright.
13 Kant, *Geisterseher*, 10.

der Geister wiederum bedingen. Auch wenn die Geister also zunächst durch die Unterscheidung vom Materiellen konstituiert sein müssen, kann man sie nur erfahren in der Konkretisierung. Insofern auch als Vergegenwärtigung vor Ort, was wiederum aufgrund der ‚Durchdringlichkeit‘ des Geistes eigentlich undenkbar wäre.

In diesem Widerspruch verbirgt sich ein Domestizierungswunsch, der niemals gänzlich erfüllt sein wird. Denn, so Kant: „Daß der Geist des Menschen metaphysische Untersuchungen einmal gänzlich aufgeben werde, ist ebenso wenig zu erwarten, als daß wir, um nicht immer unreine Luft zu schöpfen, das Atemholen einmal lieber ganz und gar einstellen würden.“[14] Kant demonstriert den Versuch, die Verfassung der Geisterwelt nicht lediglich auf Begriffe von der geistigen Natur zu gründen, sondern auf die schon beschriebenen Beobachtungen. Hierfür konzipiert er den Traum als Bühne, auf der das vom Äußeren und das vom Inneren Empfundene nur schwer zu trennen wären.[15]

Man könnte den Traum, den Kant für die Metaphysik wie den Geisterseher als Bühne vorsieht, als den Raum bezeichnen, der die Möglichkeit bietet, sich immer wieder selbst neu zu erfinden. Metaphysik und Geisterseher werden in diesem Raum zu Akteuren. Gleichzeitig wird aber die Akteurin Metaphysik bemüht, die imaginäre Leinwand der Geisterseher zu begründen, was Kant mit dem Titel seiner Abhandlung vorab kennzeichnet: „Träume eines Geistersehers, erläutert durch Träume der Metaphysik“. Also alles Traum. Traum erklärt Traum. Die Träume der Metaphysik geben Anhaltspunkte für die Empfindungen des Geistersehers, die als Träume gekennzeichnet sind.

Traum und Vorstellungen des Geistersehers sind vergleichbar: Der Geisterseher erlebt im Wachen das, was der Träumer im Schlaf erlebt: einen Grenzzustand, den wir Bühne nennen können. Mit Kant gesprochen, ist die Bühne dadurch bestimmt, dass die ‚Seele‘ ein inneres Bild ins Äußere, unter die Gegenstände bringt, die sich ihrer wirklichen Empfindung darbieten. Kant ergänzt den Begriff der Erfahrung um den der Empfindung. Ohne die Empfindung wäre es, so Kant, nicht möglich, Dinge außer uns vorzustellen und auf die Bühne zu bringen.[16]

Das, was wir als Empfindung erkennen, ist für Kant nicht frei von Willkür und steht im Kontext einer Begriffswelt. Beispiel dafür kann der Zustand beim Aufwa-

14 Immanuel Kant: *Gesammelte Werke*, Band III. Hg. v. Wilhelm Weischedel, Wiesbaden / Frankfurt am Main (Insel) 1956 ff., 245, zitiert nach: Wilhelm Weischedel (Hg.): *Denken mit Kant. Ein philosophisches Lesebuch*, Frankfurt am Main (Insel) 2004, 26.
15 Vgl. Kant, *Geisterseher*, 41.
16 Vgl. Kant, *Geisterseher*, 40.
17 Vgl. Kant, *Geisterseher*, 46.
18 Kant, *Geisterseher*, 44 f.
19 Kant, *Geisterseher*, 45 f.

20 Vgl. Kant, *Geisterseher*, 42.
21 Vgl. Kant, *Geisterseher*, 52.
22 Kant, *Geisterseher*, 52.
23 Quintus Horatius Flaccus: *De arte poetica*, Vers 7, zitiert nach Kant, *Geisterseher*, 4. – Übersetzung Rudolf Malter: „wie Träume des Kranken werden eitle Gestalten erdichtet“, ebd.
24 Jacques Derrida: *Die unbedingte Universität*, Frankfurt am Main (Suhrkamp) 2001.

chen sein, bei dem man durch „die gebrochenen Augen die mancherlei Fäden der Bettvorhänge oder des Bezuges oder die kleinen Flecken einer nahen Wand ansieht"[17] und darin Figuren von Menschengesichtern wahrnimmt oder Gegenstände erkennt. Ein solches Blendwerk hört auf, sobald man will und die Aufmerksamkeit anstrengt. Anders zeigt sich dies nach Kant im ‚Wahnsinn' oder in der ‚Verrückung'[18]: „Das Eigentümliche dieser Krankheit bestehet darin, daß der verworrene Mensch bloße Gegenstände seiner Einbildung außer sich versetzt und als wirklich vor ihm gegenwärtige Dinge ansieht. [...], und das Bild, welches ein Werk der bloßen Einbildung ist, wird als ein Gegenstand vorgestellt, der den äußeren Sinnen gegenwärtig wäre."[19] Der Geisterseher oder der Mensch in ‚Verrückung' erlebt das, was der Träumer im Schlafen erlebt, im Wachen.[20]

Folglich wird eine bestimmte Konstellation oder Empfindung benötigt, um Geister wahrnehmen zu können, um Spuk – erzeugt durch Halbdinge und Luftschlösser – zu erleben: Um diese erfahrbar zu machen, bedarf es bestimmter Materialien und Situationen, die ebenso wie der Traum als Bühne für die Gespenster fungieren. Es wirken aber auch erzieherische Begriffe und Vorurteile bei der Fähigkeit, Geister vorstellen zu können, mit – sei es nun im hellseherischen oder im halluzinatorischen Zustand. Der eingangs beschriebene undurchdringliche Wald kann als solche Konstellation gelten; andere Konstellationen wären Ruinen oder aber auch Maschinen (wozu diverse Technologien gehören können), deren Mechanismen in einer Blackbox verschwinden. All diese Konstellationen bieten eine Bühne für den Spuk, der sich dann ‚inmitten' zeigen kann und als etwas Unerklärliches und Durchdringliches erscheint, und doch können seine Figurationen aber erahnt, empfunden oder erst entdeckt, wenn nicht gar verifiziert werden.

Die Erfahrung, gekoppelt an die Empfindungen, steht immer schon im Kontext einer Begriffswelt. Grundlegend für diese Verbindung ist eine Unwissenheit oder ein Nichtwissen. Unter dieser theoretischen Prämisse kann man davon ausgehen, dass experimentelle Settings Geister zur Erscheinung bringen können.[21] Kant kann argumentieren: „Eben dieselbe Unwissenheit macht auch, daß ich mich nicht unterstehe, so gänzlich alle Wahrheit an den mancherlei Geistererzählungen abzuleugnen, doch mit dem gewöhnlichen, obgleich wunderlichen Vorbehalt, eine jede einzelne derselben in Zweifel zu ziehen, [...]. [Denn] die geistige Natur [...] [kann] niemals positiv [...] gedacht werden, weil keine Data hiezu in unseren gesamten Empfindungen anzutreffen [sind]."[22]

Seinem Büchlein zu dem Geisterseher stellt Kant ein Zitat von Horaz vorweg: „velut aegri somnia, vanae Finguntur species."[23] Man kann nur empfinden, ‚als ob' die Geister da wären. Der Wissenschaftstheoretiker und Philosoph Hans Vaihinger schreibt 130 Jahre nach Kants Erläuterungen in seinem Buch zur *Philosophie des Als Ob* – auf die sich später auch der Philosoph Jacques Derrida in seiner *Unbedingten Universität*[24] bezieht: „Man kann nur sagen, dass sich die objektiven Erscheinungen so betrachten lassen, als ob sie sich so verhielten; aber nimmermehr besteht ein Recht, hier dogmatisch aufzutreten und das ‚als ob' in ein ‚daß' zu verwandeln."[25]

Der Immunologe und Erkenntnistheoretiker Ludwik Fleck bezeichnet Wissen 1939 in seinem Buch zur *Entstehung und Entwicklung einer wissenschaftlichen Tatsache* grundsätzlich als „fixation of belief"[26] und betont, dass die jeweiligen Wirklichkeitsentwürfe nur innerhalb eines bestimmten ‚Denkstils' verhandelt werden können. Dieses theoretische Postulat wird heute in vielfältiger Weise in der Wissenschaftsforschung ausgeprägt: z. B. bei Bruno Latour, indem er zeigt, dass kein wissenschaftliches Faktum einfach gegeben ist, sondern jedes Faktum buchstäblich unter vereinten Anstrengungen einer Gemeinschaft gemacht wird.[27] Auch Gaston Bachelard charakterisierte, schon vor Latour, die neuzeitliche Wissensbildung dadurch, dass die begriffliche Dynamik der Einzelwissenschaften nicht mehr von den spezifischen und konkreten Gegenständen zu trennen sei. Hieraus ergibt sich auch in seiner Konzeption die Tatsache, dass das Beobachten, Abtasten und Erkennen des Erkenntnisgegenstands, somit des Konkreten, diesen auch umformt.[28]

Geister zu sehen und Geister zum Sprechen zu bringen, bedeutet somit auch die Erzeugung eines Forschungsgegenstandes, der als Spuk und somit als Unkalkulierbares benannt werden kann. Von ihm sagt Kant auch, „daß man davon vielleicht künftighin allerlei meinen, niemals aber mehr wissen könne".[29] Im Spuk artikulieren sich Positionen zwischen dem Virtuellen und Physischen, zwischen dem Geistigen und Materiellen. Zuweilen als Luftschloss, welches dann in Rauchwolken hervortritt bzw. verifiziert wird – „weil dabei die geistige Empfindung notwendig so genau in das Hirngespenst der Einbildung verwebt wird, daß es unmöglich sein muß, in derselben das Wahre von den groben Blendwerken, die es umgeben, zu unterscheiden."[30] Wenn mit Kant „geistige Empfindungen in das Bewußtsein über-

25 Hans Vaihinger: *Die Philosophie des Als Ob. Das System der theoretischen, praktischen und religiösen Fiktionen der Menschheit auf Grund eines idealistischen Positivismus.* 7./8. Auflage, Leipzig (Felix Meiner) 1922, 44. [Erstveröffentlichung 1911.]

26 Vgl. Charles Sanders Peirce: The Fixation of Beliefs, in: ders.: *Collected Papers of Charles Sanders Peirce*, Bd. 6, Cambridge/MA 1931–1935, 5, S. 358–387, zitiert nach: Ludwik Fleck: *Entstehung und Entwicklung einer wissenschaftlichen Tatsache. Einführung in die Lehre vom Denkstil und Denkkollektiv*, Frankfurt am Main (Suhrkamp) 1980, 10.

27 Vgl. u. a. Bruno Latour: *Die Hoffnung der Pandora. Untersuchungen zur Wirklichkeit der Wissenschaft*, Frankfurt am Main (Suhrkamp) 2002. [Originalausgabe: *Pandora's Hope: An Essay on the Reality of Science Studies*, 1999.]

28 Hans-Jörg Rheinberger: *Epistemologie des Konkreten*, Göttingen (Wallstein) 2001, 9.

29 Kant, *Geisterseher*, 52.

30 Kant, *Geisterseher*, 37.

31 Kant, *Geisterseher*, 36.

32 Vgl. Kant, *Geisterseher*, 38.

33 Vgl. Richard Wiseman: *Paranormalität. Warum wir Dinge sehen, die es nicht gibt.* Übersetzt aus dem Englischen von Jürgen Schröder, Frankfurt am Main (Fischer) 2012. [Englischer Titel: *Paranormality. Why We See What Isn't There.*]

34 Vgl. Christoph Driessen: Mitternachtstour in Edinburgh. Gänsehaut beim Geistertreff, *Spiegel Online*, 12.10.2010, www.spiegel.de/reise/europa/mitternachtstour-in-edinburgh-gaensehaut-beim-geistertreff-a-721377.html, zuletzt gesehen am 12.8.2013.

35 Vgl. Richard Wiseman: *Psychobabble*: www.edfringe.com/whats-on/spoken-word/richard-wiseman-psychobabble, zuletzt gesehen am 12.8.2013.

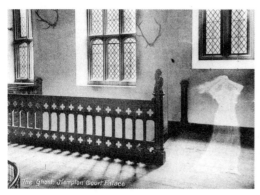

6 Hampton Court Palace
7 *Vaults* der South Bridge

gehen können,"[31] treten also Hirngespenster in das Bewusstsein bzw. sind den Sinnen untergemengt, aufgrund von sogenannten geistigen Einflüssen, die von ihnen selbst herrühren.[32]

Es soll nun im Weiteren um einige Beispiele experimenteller Konkretisierung gehen. Die von mir ausgewählten und zitierten Beweisführungen intendieren meines Erachtens, Unerklärliches und Unkalkulierbares an einem definierten Ort beweisbar zu machen. Bei den unterschiedlichen Projekten wird insbesondere mittels Bildbelegen und Simulationen versucht, ein Nichtwissen einzuholen und somit die produzierte Vorstellungswelt (den Traum) allererst zu begrenzen.

Geister dokumentieren. In Gruften und Gewölben

Richard Wiseman, Parapsychologe an der Universität Hertfordshire in England,[33] leitete 2001 zwei Versuchsreihen: eine im Hampton Court Palace, einem Schloss aus dem 14. Jahrhundert im Südwesten von London, und eine bei den *Vaults* (Gruften) der South Bridge in Edinburgh, Schottland, aus dem 18. Jahrhundert. Letztere haben eine lange Tradition der Gruselevents und des Gruseltourismus. Es finden dort mitunter sogenannte *Ghost Walks* statt.[34]

Forschungsziel der experimentellen Settings von Wiseman ist es, mehr darüber zu erfahren, warum die Menschen an den untersuchten Orten Geister sehen. Er will zeigen, dass die Erlebnisse lokal eingrenzbar sind. Wiseman ist in England äußerst populär und publizierte zahlreiche Videos und Fernsehauftritte. Dokumentiert werden Gespräche und Aktionen, die geisterhafte Effekte aufweisen und aufgrund einer skeptischen Haltung auch ihre eigene Konstruktion zu sehen geben. 2010 hat Wiseman z.B. einen Podcast auf dem Edinburgh Festival Fringe organisiert, zu welchem er zahlreiche von ihm favorisierte Zauberer, Psychologen und Skeptiker eingeladen hatte, was wiederum seine populäre Wirksamkeit in diesem Feld belegen kann.[35]

In den beiden genannten Versuchsreihen von 2001 waren jeweils ca. 200 Testpersonen mit Videokamera und Thermoscannern in den verschiedenen Gewölben und Gruften auf ihre Reaktionen überprüft worden. Die Hälfte der Personen berichtete von unerklärbaren Phänomenen und Erscheinungen wie Angstzuständen und Schwindel.

Im Edinburgher Experiment wurden auch Fragebögen ausgeteilt: Wiseman schreibt zu den Versuchsreihen u. a., dass er die Teilnehmenden fragte, ob sie schon von Freunden, in Publikationen oder in den Medien von außergewöhnlichen oder geisterhaften Phänomenen in den Gruften gehört hätten. Erst anschließend wurden sie darum gebeten, ihre eigenen Gedanken und Erfahrungen in den Gewölben zu dokumentieren (ungewöhnliche Temperatur, ungewöhnlicher Geruch, Erscheinungen). Daraufhin wurden sie aufgefordert, festzuhalten, ob sie die Phänomene mit einem Geist in Verbindung gebracht hätten. Als Antwortmöglichkeiten standen jeweils zur Verfügung: ‚ja‘, ‚ich bin nicht sicher‘, ‚vielleicht ja‘, ‚vielleicht nein‘, ‚definitiv nein‘.[36]

Die Fragebögen aus Edinburgh ebenso wie die Berichte vom Hampton Court Palace ergaben nichts Unerwartetes: Einige Versuchspersonen sahen Erscheinungen, andere glaubten gar, von Geisterhand angefasst zu werden, und manche dementierten. Die Erscheinungen wurden später in Grundrisspläne eingezeichnet und markiert. Es entstand eine nicht publizierte Karte des Spuks, so wird von Wiseman berichtet.[37] Später griffen zahlreiche Zeitungen diese Forschungsergebnisse immer wieder auf, u. a. auch die *Süddeutsche Zeitung* in der Rubrik Wissenschaft im Jahr 2010.[38]

Waren sie – die Geister – nun vorhanden oder nicht? Welche Gründe können für ihr Erscheinen herangezogen werden? Temperaturstürze, elektromagnetische Felder oder das Vorwissen der Probanden? Mit Sicherheit ließen sich die Ergebnisse von Wiseman – so stellt er selbst auch heraus – nicht auswerten. Sie können Aufschluss geben über die vielfältige Konstruktion von Geistern und ihre Wirkkraft, aber sie können weder den Spuk verifizieren und ihm seine Rechtfertigung entziehen, noch den Glauben daran auflösen.

---

36 Vgl. u. a. Wiseman: *Paranormalität*, aber auch ders.: *Quirkologie. Die wissenschaftliche Erforschung unseres Alltags*, Frankfurt am Main (Fischer) 2011.

37 Vgl. Richard Wiseman: Hampton Court Investigation, www.richardwiseman.com/resources/hampton.pdf, zuletzt gesehen am 12.8.2013, auch publiziert in: *Journal of Parapsychology*, 66 (4), 387–408; sowie Richard Wiseman/Caroline Watt et al.: An Investigation into Alleged ‚Hauntings‘. In: *British Journal of Psychology*, 94, 2003, 195–211.

38 Michael Brendler: Spuk, Geister und Infraschall, *Süddeutsche Zeitung*, 31.10.2003, www.sueddeutsche.de/panorama/wissenschaft-spuk-geister-und-infraschall-1.923947, zuletzt gesehen am 12.8.2013.

39 Artur P. Schmidt: *Marsexpedition 2025*, 1.11.2012, www.heise.de/tp/artikel/37/37883/1.html, zuletzt gesehen am 12.8.2013.

8/9   Vier Ansichten aus vier Epochen der Marserkundung

Geister dokumentieren. Auf dem Mars

Begeistert präsentiert die NASA erste Farbbilder vom Mars, die der Anfang August 2012 dort gelandete Rover Curiosity zur Erde funkt. Aber es wird nicht erst seit August 2012 auf dem Mars fotografiert. Daten von dort werden schon seit geraumer Zeit gesammelt. Aktuell gilt der Mars als der einzige Planet außer der Erde, der für eine Mission in Frage kommt. Als Begründung wird die substanzielle Ähnlichkeit des Planeten mit der Erde herangezogen. Aufgrund der Aufzeichnungen vom Mars geht man folglich davon aus, dass es dort vier Jahreszeiten und der Erde ähnliche Oberflächenstrukturen gibt: mit Ebenen, Gebirgen und Grabennetzen, die Flüsse vor rund vier Milliarden Jahren in den Marsboden gegraben haben, als dort noch ein feuchtwarmes Klima herrschte. Im Vergleich zur Erde hat man errechnet, dass ein Mars-Jahr 687 Tage dauert und ein Tag auf dem Mars 24,5 Stunden hat. Die Marsatmosphäre besteht hierbei zu 95,3 Prozent aus Kohlenstoffdioxid und die Oberflächentemperaturen von +22 bis –70 °C lassen tendenziell eine Besiedelung des Mars zu. Als problematisch gilt, dass es auf dem Mars Sandstürme gibt, die bis zu 400 Stundenkilometer erreichen können.[39]

Um diese Hypothesen aufstellen zu können, wurden unterschiedliche aufwendige Expeditionen zum Mars mit Robotern und anderen Fahrzeugen unternommen. Nach ein paar Fehlschlägen, bei denen sowjetische Sonden auf dem Weg zum Mars oder auf dessen Oberfläche verloren gingen, legte im Jahr 1976 das revolutionäre US-Landegerät Viking 1 die erste weiche Landung auf dem roten Planeten hin. Geliefert wurden Farbbilder und am Boden gesammelte Daten. Die ersten Sonden waren für 90 Tage ausgelegt, hielten aber viel länger als beabsichtigt durch. 2004 wurden zwei Rover zusammen ausgesetzt und einer davon legte 34,6 Kilometer im Sand auf dem Mars zurück. Der aktuellste Rover Curiosity hat ein komplettes geochemisches Labor mit an Bord, mit dem er im Marsgestein nach Voraussetzungen für Leben suchen soll, unter der Regie des von der NASA zum Chefwissenschaftler des Mars Science Laboratory ernannten John Grotzinger, der hofft, die gewonnenen Mars-Sedimentgesteine mit dem irdischen Kambrium vergleichen zu können. Die Problematik, Proben zu erkennen und zu gewinnen, zeigt eine Aufnahme der

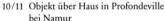

10/11 Objekt über Haus in Profondeville
bei Namur

Mast Camera (MastCam) des Mars-Rovers Curiosity. Ein Objekt, mit dem die NASA-Forscher nicht gerechnet haben, wird zunächst gesichtet. Erst nach genauerer (Bild-)Analyse stellt man dann fest, dass es sich vermutlich um ein Plastikteil vom Rover selbst handelt.[40]

Neben tatsächlich von Robotern bewerkstelligten Marsexpeditionen wurden auch Simulationsstudien durchgeführt, die insbesondere auch die psychischen Auswirkungen einer Reise zum Mars für die Astronauten erproben sollten.[41]

Die *Süddeutsche Zeitung* publizierte 2012 ein Rätsel, in dem die Leser_innen angesichts von vier Abbildungen vom Mars (aufgenommen zwischen 1970 und 2012 bei zahlreichen Expeditionen) entscheiden sollten, welches Bild von welchem Rover bzw. aus welchem Jahr stammte.[42] Absicht der Zeitung mag es dabei gewesen sein, mit dem Rätsel vorzuführen, dass es unmöglich sei, hier mit dem bloßen Auge eine deutliche nachhaltige Entwicklung in den Bilddaten zu erkennen, die beweiskräftige Ansichten des Mars zeigen kann. Ohne Auskunft darüber, welche Daten hier wie und mit welchem Setting gesendet werden, lässt sich schwerlich ein Vergleich ziehen. Denn mit dem bloßen Auge kann man eben keine Entwicklung in der Bildgebung z. B. von der Nahaufnahme zum Panoramablick verzeichnen. Vor

40 Vgl. Anonym: „Curiosity" entdeckt Plastik-schnipsel, *Süddeutsche Zeitung*, 10.10.2012, www.sueddeutsche.de/wissen/mars-mission-curiosity-entdeckt-plastikschnipsel-1.1491890, zuletzt gesehen 20.8.2013. Weitere Bilder: „Curiosity auf dem Mars" – Selbstporträt, www.sueddeutsche.de/wissen/curiosity-auf-dem-mars-gelandet-milliardenschweres-gefaehrt-in-rotem-staub-1.1433068-3, zuletzt gesehen am 20.8.2013.

41 Als aufwendigste Expeditionssimulation – eine Studie auch zur psychischen Belastbarkeit der Astronauten – gilt die 1999 in Moskau durch-geführte *Simulation of Flight of International Crew on Space Station (SFINCSS)*, bei der eine

Stammmannschaft aus russischen Männern 240 Tage lang in Räumlichkeiten aus verbunde-nen Kammern eingeschlossen war, zu welcher sich nacheinander für jeweils 110 Tage zwei wei-tere Gruppen gesellten, von denen die eine multinational, die andere zudem noch multieth-nisch und gemischtgeschlechtlich zusammen-gesetzt war, wobei einiges schieflief und zuletzt ein Japaner die Station vorzeitig verließ. Vgl. Ulf von Rauchhaupt: Wenn der Kapselkoller droht, *FAZ*, 29.3.2009, www.faz.net/aktuell/wissen/weltraum/marsexpedition-wenn-der-kapselkoller-droht-1920902.html, zuletzt gesehen am 12.8.2013.

42 *Süddeutsche Zeitung* 11./12.8.2012, Nr. 185, 20.

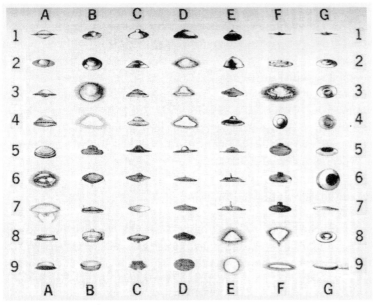

12 Verschiedene Ufo-Formen

dem Hintergrund, dass die Antworten auf derlei Rätselfragen grundsätzlich nur spekulativ und in Abhängigkeit vom jeweiligen Setting entwickelt werden können, stellt sich auch die Frage, für was die Bilder nun als Beweise dienen sollten. Sie entsteht in Abhängigkeit von den ausgesetzten Apparaten und ihrer Hard- und Software, die den Mars dokumentieren sollen. Dabei sind die Bildgebungs- wie Bildleseverfahren eingebunden in Diskurse und Vorurteile über außerirdisches Leben auf dem Mars, gesteuert durch formulierte Forschungsanliegen. So vermögen auch diese Ansichten, als Dokumentationen vom Mars, in einem Netzwerk der Bedeutungen zwischen Faktischem und Imaginärem zu changieren.

Die Beweis- und Bildgebungsverfahren der Weltraumforschung bzw. der Marsexpeditionen weisen Anschlüsse zu der sehr viel stärker populärwissenschaftlich konnotierten Ufo-Forschung und ihren Bildgebungsverfahren insbesondere der 90er Jahre des vorigen Jahrhunderts auf, die sicherlich so gut wie keine Anerkennung in der als seriös bezeichneten Wissenschaft finden.

In der Ufo-Forschung – die nach wie vor diverse Publikationen hervorbringt – werden sogenannte Flugobjekte, die auf ‚außerirdisches Leben' hinweisen könnten oder sollten, zunächst als nicht identifizierbar und nicht materiell bezeichnet. Diese Flugobjekte werden dann aber aufgrund von Zeugenaussagen, Fotografien, Zeichnungen und Radaraufnahmen kartografiert, klassifiziert und somit doch sichtbar.

Meist werden ‚Ufo-Sichtungen' in sogenannten Sichtungswellen, die sich auf ein begrenztes Gebiet, zum Beispiel auf Belgien oder Hudson Valley (USA) oder Knittelfeld in Österreich beziehen, zusammengefasst. Unerklärliche Erscheinungen (Ufos bzw. Geister) werden, indem man sie aufzeichnet, beschreibbar und topografierbar und somit vermittelbar.

Als Dokumente des Virtuellen wie Physischen markieren die Aufnahmen der Marsexpeditionen wie die Aufzeichnungen von Ufos eine Naht. An dieser Naht, die als Zwischenbereich zu bezeichnen ist, geschieht eine Öffnung für Spuk und Halbdinge – hier konstituiert sich die Bühne, die Kant als die des Traums kennzeichnet und die auch die Geisterseher befördert.

Geister dokumentieren. Im (Klima-)Modell

Etwas anders vollzieht sich die Öffnung in der Klimaforschung. Heute wird von Politik, Wirtschaft und Gesellschaft gefordert, möglichst treffende globale Prognosen zukünftiger Klimaentwicklungen zu geben. Diese Prognosen sind nicht aufgrund von Kontaktaufnahmen mit dem ‚Jenseits' – wie im Falle des Geistersehers –, sondern zumeist auf Basis von Computermodellen zu erstellen, die aus Datenerhebungen hervorgehen. Hierzu ist eine zunehmende internationale Koordinierung solcher Erhebungen notwendig. Denn Klima muss immer global erforscht und gedacht werden. Die so geforderte Synchronisierung von wissenschaftlich-technologischen Erhebungen, Forschungen und Publikationen macht eine Standardisierung der Modelle in einem international konzertierten Rhythmus notwendig, um eine internetbasierte Oberfläche zu schaffen, die Zugang zu Supercomputern, Simulationen und Messinstrumenten gibt. Ohne dass die Forscherin ihr Büro verlassen muss, kann sie umfangreiche Experimentalsysteme je nach Fragestellung zusammenstellen und damit Experimente durchführen. Voraussetzung für eine Klimaprognostik im globalen Stil sind also einerseits kompatible und effiziente, gridfähige ‚Modell-Koppler', aber auch vereinheitlichte Datenformate und Standard-Interfaces für den Datenaustausch.[43]

Da aber Klimastationen auf der Erdoberfläche unregelmäßig verteilt sind und insofern auch unregelmäßig verteilt Daten liefern, müssen Simulationen in einer gleichmäßigen Gitterstruktur die Lücken überbrücken und den Datenhaufen in eine gleichmäßige Datenstruktur überführen. Solche Computerexperimente, wie sie in der Klimaforschung eingesetzt werden, benötigen aufgrund ihres rein semiotischen Status andere Evaluierungsstrategien als Laborexperimente. Denn sie können nur geringfügig auf das Korrektiv der materialen Widerständigkeit hoffen.[44]

Letztendlich passiert wenig Unerwartetes. Das heißt zugespitzt: Das Modell modelliert sein erwartetes Ergebnis. Die in der Klimaforschung vorherrschende (technologische) Anschlussnotwendigkeit und Kompatibilität von Software, Hardware und Modellen sorgt für Transparenz, aber auch für Standardisierungsprozesse und prognostiziertes Wissen. Solche Standardisierungsprozesse tragen einerseits dazu bei, dass es nicht spukt. Dass nicht Unvorhergesehenes passiert. Die Ereignisse bleiben steuerbar. Sie passen aber auch das ganze System an Standards an und formen empirische Daten, setzen diese – die geformten Daten – in Modellen ein, die wiederum Prognosen oder Möglichkeiten als Wahrscheinlichkeiten bilden, die dann im Zuge ihrer Formung ihrerseits als Spuk bezeichnet werden könnten – als (virtuelle) Geister. Das heißt, der Spuk mit seinen Geistern wird von genau den Prozessen erzeugt, die eigentlich Kontrolle über sie erzielen wollen. Der so hervorgerufene Spuk – das Undurchschaubare – wird im Forschungsprozess aber wieder anschlussfähig und erkennbar.

Mit dieser sicherlich verkürzten, auf meine Theoriebildung bezogenen Skizze der Verfahren in der Klimaforschung möchte ich zeigen, inwiefern der Wunsch nach Beweisen, Nachweisen, Belegen und definitiven Fakten mit Standardisierung sowie Kompatibilitätsnotwendigkeiten verbunden ist. Es zeigt sich, inwiefern ein Bedürfnis nach Transparenz eingebunden ist in Anpassungs- und Normierungsvorgänge, in denen der Spuk zugleich verhindert und erzeugt wird.

(Um) Geister wissen

Nicht nur die Weltraumexpeditionen und die Klimaforschung liefern unendliche Daten und damit die Potenziale für Evaluationen, Kontrolle und Prognosen. Auch all die Postings und Korrespondenzen im Web 2.0 sowie z.B. auch die Datensammlungen der Mikro- (oder Power-)Jobber für Kunden von Apps wie Streetspotr oder AppJobber fungieren hier als Lieferanten.[46] Es wird stetig ein großer, teilweise auch inkompatibler Datenhaufen, der gemeinhin als undurchsichtig und auch als unauswertbar gilt, produziert. Gleichzeitig wird dieser aber auch als unendlich auswertbares Potenzial für ökonomische Effekte eingesetzt und prognostiziert.

Der Datenhaufen hat spukhafte Auswirkungen. Er ist ebenso undurchschaubar, verzweigt und von autoritären Bäumen bestimmt wie der eingangs beschriebene physisch-biologische Wald. In diesem undurchschaubaren Gebiet kann sich eine

43 Vgl. den Beitrag von Birgit Schneider in diesem Buch sowie: Gabriele Gramelsberger: *Computerexperimente. Zum Wandel der Wissenschaft im Zeitalter des Computers*, Bielefeld (transcript) 2010; Vgl. auch BMBF Forschungsverbund an der FU Berlin „Verkörperte Informationen": www.geisteswissenschaften.fu-berlin.de/v/embodiedinformation, zuletzt gesehen am 17.8.2013.

44 Vgl. Gramelsberger, *Computerexperimente*, hier insbesondere 177–197.

45 Vgl. Arnd Zickgraf: „Klimamodelle spiegeln Umweltverhalten" – Gabriele Gramelsberger im Gespräch, Goethe Institut, Februar 2011: www.goethe.de/ges/umw/prj/kuk/the/kul/de7178220.htm zuletzt gesehen am 20.8.2013.

46 Vgl. Pia Ratzesberger: Jobs, die auf der Straße liegen, *Süddeutsche Zeitung*, 17.8.2013, www.sueddeutsche.de/geld/geld-verdienen-per-app-jobs-die-auf-der-strasse-liegen-1.1748335, zuletzt gesehen am 8.10.2013.

Überwachung und Kontrolle konstituieren, die als anwesend erlebt, aber nicht als gegeben und sichtbar verifiziert werden kann. Sie bleibt unsichtbar in ihrer allumfassenden Wirkung – wie die Geister der Schlösser und Gewölbe.

Um nutzbar zu sein – das zeigt exemplarisch die Klimaforschung –, müssen die Datenformate anschließbar und die Daten selbst überwacht sein, aber auch die datenproduzierenden Apparate kompatibel. Es ist nicht verwunderlich, dass heute die Forderung nach Transparenz und Durchsicht, gekoppelt mit dem Bedürfnis nach Kompatibilität, großgeschrieben wird. Auch, um dem Spuk zu entkommen und (Selbst-)Kontrolle zu behalten. Transparenz scheint notwendig, um zu wissen und zu verstehen, aber auch um zu normieren. Eine Struktur mit Historie.

So stellt Jean Starobinski in seiner Studie über das 18. Jahrhundert[47] oder auch Richard Sennett in seinem Buch zur *Tyrannei der Intimität*[48] heraus, unter welchen Umständen schon im 18. Jahrhundert im Anschluss an Rousseau'sche Theorien das Theater und die Bühne als Orte der Verstellung verworfen werden und die Transparenz zum gesellschaftlichen Konzept avancieren kann. Im Sinne eines moralischen und sozialen Imperativs.

Das Wort ‚Transparenz' (von lat. *transparens*, ‚durchscheinend' und ‚durchsichtig', abgeleitet) eröffnet aber durchaus unterschiedliche Bedeutungsfelder, die zwischen ‚unsichtbar' und ‚durchschaubar' changieren:[49] Im Zusammenhang mit der Computer- und Netzwerktechnik versteht man darunter – entgegen den allgemeinen Konnotationen –, dass ein bestimmter Teil eines Systems zwar vorhanden und in Betrieb, aber ansonsten ‚unsichtbar' ist und daher vom Benutzer nicht als vorhanden wahrgenommen wird, also in der Blackbox verschwindet.

So spricht man z. B. von einem *transparenten* Proxyserver, wenn dieser nicht explizit vom Benutzer angegeben werden muss, sondern ohne sein Zutun und somit ohne erkennbar zu sein, seinen Aufgaben nachkommt.[50] Mit Ortstransparenz wird gerne ein Verfahren bezeichnet, bei dem der Benutzer einer verteilten Anwendung den tatsächlichen Ort des angefragten Objekts oder der angefragten Ressource nicht kennen muss. Der Name eines Objekts enthält daher auch keine Informationen über dessen Ort. Also bedeutet Ortstransparenz gerade, den Ort nicht zu kennen bzw. zu wissen. Transparenz ist hier mit einem Nichtwissen verbunden.[51]

Wird nun aber Transparenz hingegen als eine optische Eigenschaft verstanden, sind beispielsweise die Reflektivität und das Absorptionsvermögen eines Materials entscheidend. Im Allgemeinen wird ein Material transparent oder durchsichtig genannt, wenn man dahinter Liegendes relativ klar erkennen kann, so das Fensterglas. Insofern kann mit ‚Transparenz' einerseits der Zustand des Verschwindens in der Blackbox, also die mit ihr einhergehende Unsichtbarkeit bezeichnet werden, wie aber auch andererseits etwas Durchschaubares. Gerade die zweite Bedeutungsebene des Wortes ‚Transparenz' wird im Zusammenhang mit Effekten und Prozeduren in der Informationsgesellschaft angerufen. Man könnte fast meinen, sie manifestiere sich heute als Zwang, der alle gesellschaftlichen, ökonomischen und politischen Prozesse erfasst und sie einer tief greifenden Veränderung unterwirft.

Der Medienwissenschaftler Byung-Chul Han schreibt provokant in seinem 2012 erschienenen Büchlein zur *Transparenzgesellschaft* im Anschluss an die Phänomene der Sichtbarkeit: „So manifestiert sich die Transparenzgesellschaft als Positivgesellschaft. Transparent werden die Dinge, wenn sie jede Negativität abstreifen, wenn sie geglättet und eingeebnet werden, wenn sie sich widerstandslos in glatte Ströme des Kapitals, der Kommunikation und Information einfügen. Transparent werden die Handlungen, wenn sie operational werden, wenn sie sich dem berechen-, steuer- und kontrollierbaren Prozess unterordnen. […] Die Transparenzgesellschaft ist eine Hölle des Gleichen."[52]

Diese zwingend einebnende Tendenz und Wirkung der Transparenz ist nicht verwunderlich, wenn man berücksichtigt, dass sich das Wort ‚Transparenz' aus den lateinischen Wörtern *trans* und *parere* zusammensetzt. *Parere* bedeutet: Auf jemandes Befehl hin erscheinen oder sichtbar sein. Wer ‚pariert', ist sichtbar, gehorcht ohne Widerspruch.[53] Schon von seinem etymologischen Ursprung her haftet dem Wort ‚Transparenz' also etwas Gewaltsames und Angepasstes an.

Die Besonderheit des digitalen Panoptikums – insbesondere, wenn man das Web 2.0 fokussiert – ist, dass seine Insassen selbst an seinem Bau und an seiner Unterhaltung aktiv mitarbeiten, indem sie sich zur Schau stellen und entblößen. Deshalb vollzieht sich heute die Überwachung nicht als *Angriff auf die Freiheit* (Juli Zeh / Ilija Trojanow)[54]. Vielmehr fallen Freiheit und Kontrolle in eins.[55] Und „an die Stelle der wegbrechenden moralischen Instanz tritt die Transparenz als neuer gesellschaftlicher Imperativ".[56]

Das heißt auch: Die Kommunikation erreicht dort ihre maximale Geschwindigkeit, wo das Gleiche auf das Gleiche antwortet, wo eine Kettenreaktion des Gleichen stattfindet. Die Negativität der Anders- und Fremdheit oder die Widerständig-

47 Vgl. Jean Starobinski: *Rousseau. Eine Welt von Widerständen*, Frankfurt am Main (Fischer) 2012.
48 Vgl. Richard Sennett: *Verfall und Ende des öffentlichen Lebens. Tyrannei der Intimität*, Berlin (Berlin Verlag Taschenbuch) 2008; sowie ders.: *Respekt im Zeitalter der Ungleichheit*, Berlin (Berlin Verlag Taschenbuch) 2007.
49 Vgl. Friedrich Kluge: *Etymologisches Wörterbuch der deutschen Sprache*. 24. Auflage, Berlin/ New York (Walter de Gruyter) 2002, 925. Und vgl. www.de.wikipedia.org/wiki/Transparenz, zuletzt gesehen am 15.8.2012.
50 Vgl. hierzu: Proxyserver – Infos und Links: www.proxyserver.sc/transparente-und-nicht-

transparente-proxyserver, zuletzt gesehen am 15.8.2013.
51 Vgl. Institut für Telematik der Universität Lübeck/Daniel Bimschas/Winfried Schöch: *Verteilte Systeme, Musterlösung 1*: www-old.itm.uni-luebeck.de/teaching/ws1011/ vs/Unterlagen/uebungsblatt1_loesung.pdf? lang=de, zuletzt gesehen am 1.9.2013.
52 Byung-Chul Han: *Transparenzgesellschaft*, Berlin (Matthes & Seitz) 2012, 5 f.
53 Vgl. Kluge, *Etymologisches Wörterbuch*, 925.
54 Juli Zeh / Ilija Trojanow: *Angriff auf die Freiheit*, Berlin (Hanser) 2009.
55 Han, *Transparenzgesellschaft*, 82.
56 Han, *Transparenzgesellschaft*, 79.

keit des Anderen stört und verzögert die glatte Kommunikation des Gleichen. Die Transparenz stabilisiert und beschleunigt das System dadurch, dass sie, indem sie glättet und anpasst, das Andere oder das Abweichende angleicht und kompatibel macht.

Spontanität und Ereignishaftigkeit als Eigenschaften eines plötzlichen Stattfindens lassen insofern keine Transparenz – im Sinne eines Durchschaubaren – zu. Denn für sie ist das Nichtwissen konstitutiv. Die Idee, eine totale Preisgabe bzw. Transparenz zu erlangen, scheint allerdings unmöglich realisierbar. Es zeigt sich hierdurch ein fundamentaler Riss im Bewusstsein als Ort der Intransparenz. Die (Selbst-)Transparenz ist nur als eine fortwährende Illusion denkbar.

Der Riss kann als Ort des Spuks und des Nichtwissens bezeichnet werden. Die Transparenz ist da, wo das Verstehen und das Wissen aufscheint. Sie bleibt aber angewiesen auf ein Nichtwissen. Dieses wirkt konstitutiv.

Man kann sagen: Wenn die Wucherungen im ‚Wald‘ eine Datenflut betreffen, die sich einer totalen Steuerung zu entziehen vermag, werden Wünsche nach Transparenz formuliert, die auch Effekte von Nivellierung und Standardisierung hervorrufen. So lässt sich heute ein Setting beobachten, in dem die Illusion gedeihen kann, dass eine grundsätzliche Transparenz tatsächlich möglich sei. Gleichzeitig bilden sich Taktiken der Ablenkung und Täuschung heraus, um eben die erlangte Transparenz wieder zu verschleiern und dem Nichtwissen, dem Spuk und somit auch dem Unkontrollierbaren eine Möglichkeit zu eröffnen.

Das Transparente verdeckt ein Verborgenes, indem es gleichzeitig ein anderes preisgibt. Es verhindert einen Spuk, der an anderer Stelle auftaucht. Ein Gespenst (als Vergegenwärtigung der Geister) geht inmitten des Waldes um. Es wird sich wohl auch nicht mit einem Manifest austreiben und entgegentreten lassen.

Das Gespenst, verstanden als Möglichkeitsmodell, als Luftschloss, als Grenzding oder Halbding, kann die Potenziale eines Nichtwissens und eines Nichtverstehens als widerständigen Motor eröffnen, der einen Riss erzeugt, jenseits einer permanenten Ausstellungs- und Publikationswut, und kann auch als eine Durchkreuzung eines harmonisierenden ‚Togethers‘, was einer unendlichen Politik des Verstehens und der einvernehmlichen zufälligen Kooperation entspricht, fungieren.[57] Vielleicht als Luftschloss in und mit Rauchwolken inmitten des Waldes.

---

57 Vgl. hierzu auch ausführlicher Richard Sennett: *Together. The Rituals, Pleasures and Politics of Co-operation*, New Haven/London (Yale University Press) 2012. Richard Sennett erörtert in diesem Band, nach *The Craftsman*, auch historisch unterschiedliche Formen und Praktiken der Kooperation und appelliert daran, diese heute zu erforschen und zu entwickeln.

Literaturverzeichnis

Anonym: „Curiosity" entdeckt Plastikschnipsel, *Süddeutsche Zeitung*, 10.10.2012, www.sueddeutsche.de/wissen/mars-mission-curiosity-entdeckt-plastikschnipsel-1.1491890, zuletzt gesehen am 20.8.2013.

Bernstein, Morey: *The Search for Bridey Murphy*, New York (Doubleday Publishing Group) 1989. [Erstveröffentlichung: 1956.]

Brendler, Michael: Spuk, Geister und Infraschall, *Süddeutsche Zeitung*, 31.10.2003, www.sueddeutsche.de/wpanorama/wissenschaft-spuk-geister-und-infraschall-1.923947, zuletzt gesehen am 12.8.2013.

Derrida, Jacques: *Die unbedingte Universität*, Frankfurt am Main (Suhrkamp) 2001.

Driessen, Christoph: Mitternachtstour in Edinburgh: Gänsehaut beim Geistertreff, *Spiegel Online*, 12.10.2010, www.spiegel.de/reise/europa/mitternachtstour-in-edinburgh-gaensehaut-beim-geistertreff-a-721377.html, zuletzt gesehen am 12.8.2013.

Egger, Oswald: *Diskrete Stetigkeit. Poesie und Mathematik*, Frankfurt am Main (Suhrkamp) 2008.

Erlbeck, Reinhold/Haseder, Ilse/Stinglwagner, Gerhard: *Das Kosmos Wald- und Forstlexikon*, Stuttgart (Kosmos) 2009.

Fleck, Ludwig: *Entstehung und Entwicklung einer wissenschaftlichen Tatsache. Einführung in die Lehre vom Denkstil und Denkkollektiv*, Frankfurt am Main (Suhrkamp) 1980.

Gramelsberger, Gabriele: *Computerexperimente. Zum Wandel der Wissenschaft im Zeitalter des Computers*, Bielefeld (transcript) 2010.

Han, Byung-Chul: *Transparenzgesellschaft*, Berlin (Matthes & Seitz) 2012.

Institut für Telematik der Universität Lübeck/Bimschas, Daniel/Schöch, Winfried: *Verteilte Systeme, Musterlösung 1*: www-old.itm.uni-luebeck.de/teaching/ws1011/vs/Unterlagen/uebungsblatt1_loesung.pdf?lang=de, zuletzt gesehen am 1.9.2013.

Kant, Immanuel: *Träume eines Geistersehers, erläutert durch Träume der Metaphysik*. Hg. v. Malter, Rudolf, Stuttgart (Reclam) 2002. [Original: Königsberg (Kanter) 1766, anonym erschienen.]

Kluge, Friedrich: *Etymologisches Wörterbuch der deutschen Sprache*. 24. Auflage, Berlin/New York (Walter de Gruyter) 2002.

Latour, Bruno: *Die Hoffnung der Pandora. Untersuchungen zur Wirklichkeit der Wissenschaft*, Frankfurt am Main (Suhrkamp) 2002. [Engl. Erstveröffentlichung: *Pandora's Hope. An Essay on the Reality of Science Studies*, 1999.]

Lucadou, Walter von: *Dimensionen des PSI. Fakten zur Parapsychologie*, Leipzig (List) 2003.

Ratzesberger, Pia: Jobs, die auf der Straße liegen, *Süddeutsche Zeitung*, 17.8.2013, www.sueddeutsche.de/geld/geld-verdienen-per-app-jobs-die-auf-der-strasse-liegen-1.1748335, zuletzt gesehen am 8.10.2013.

Rauchhaupt, Ulf von: Wenn der Kapselkoller droht, *FAZ*, 29.3.2009, www.faz.net/aktuell/wissen/weltraum/marsexpedition-wenn-der-kapselkoller-droht-1920902.html, zuletzt gesehen am 12.8.2013.

Rheinberger, Hans-Jörg: *Epistemologie des Konkreten*, Göttingen (Wallstein) 2001.

Schmidt, Artur P.: *Marsexpedition 2025*, 1.11.2012, www.heise.de/tp/artikel/37/37883/1.html, zuletzt gesehen am 12.8.2013.

Sennett, Richard: *Respekt im Zeitalter der Ungleichheit*, Berlin (Berlin Verlag Taschenbuch) 2007.

Sennett, Richard: *Together. The Rituals, Pleasures and Politics of Co-operation*, New Haven/London (Yale University Press) 2012.

Sennett, Richard: *Verfall und Ende des öffentlichen Lebens. Tyrannei der Intimität*, Berlin (Berlin Verlag Taschenbuch) 2008.

Starobinski, Jean: *Rousseau. Eine Welt von Widerständen*, Frankfurt am Main (Fischer) 2012.

Vaihinger, Hans: *Die Philosophie des Als Ob. System der theoretischen, praktischen und religiösen Fiktionen der Menschheit auf Grund eines idealistischen Positivismus*. 7./8. Auflage, Leipzig (Felix Meiner) 1922. [Erstveröffentlichung: 1911.]

Weischedel, Wilhelm (Hg.): *Denken mit Kant. Ein philosophisches Lesebuch*, Frankfurt am Main (Insel) 2004.

Wiseman, Richard/Watt, Caroline et al.: An investigation into alleged ‚hauntings'. In: *British Journal of Psychology*, 94, 2003, 195–211.

Wiseman, Richard: Hampton Court Investigation, www.richardwiseman.com/resources/hampton.pdf, zuletzt gesehen am 12.8.2013, auch publiziert in: *Journal of Parapsychology*, 66 (4), 387–408.

Wiseman, Richard: *Paranormalität. Warum wir Dinge sehen, die es nicht gibt*. Übersetzt aus dem Englischen von Schröder, Jürgen, Frankfurt am Main (Fischer) 2012. [Engl. Originaltitel: *Paranormality. Why We See What Isn't There*.]

Wiseman, Richard: Psychobabble, www.edfringe.com/whats-on/spoken-word/richard-wiseman-psychobabble, zuletzt gesehen am 12.8.2013.

Wiseman, Richard: *Quirkologie. Die wissenschaftliche Erforschung unseres Alltags*, Frankfurt am Main (Fischer) 2011.

Zeh, Juli/Trojanow, Ilija: *Angriff auf die Freiheit*, Berlin (Hanser) 2009.

Zickgraf, Arnd: „Klimamodelle spiegeln Umweltverhalten" – Gabriele Gramelsberger im Gespräch, Goethe Institut, Februar 2011: www.goethe.de/ges/umw/prj/kuk/the/kul/de7178220.htm, zuletzt gesehen am 20.8.2013.

Film

The Search for Bridey Murphy, USA 1956, Paramount Pictures, Regie: Noel Langley, Darsteller: Louis Hayward, Teresa Wright.

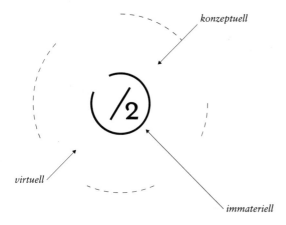

konzeptuell

virtuell

immateriell

Dennis Paul

Halbdinge

Wir leben und gestalten mit neuen Technologien. Sie begegnen uns in Form von Dingen, die Berechnungen durchführen, simulieren, Daten darstellen und erfassen, Dingen, die wissen, wo sie sind, Dingen mit Interfaces, Dingen mit Bildschirmen, Laptops, Gadgets und Gizmos, Robotern, Messinstrumenten, die vernetzt sind durch Wi-Fi, Bluetooth und GPRS, Mobiltelefonen, Dingen, die kommunizieren, aber auch Blogs und Websites. Geräten, Maschinen, Programmen.

Neue Technologien finden immer in zwei Welten zugleich statt: der physischen Welt, beschrieben durch das Material und das Dingliche, und auf der anderen Seite der nicht physischen, körperlosen Welt, virtuell, immateriell oder konzeptuell, beschrieben durch Daten, durch Strahlungen oder als Konzepte. Ich bin fasziniert von der Beziehung zwischen diesen beiden Welten, die oft als Gegensätze dargestellt werden. Die Dinge aus den neuen Technologien sind nun Verbindungen oder Wanderer zwischen diesen beiden Welten.

Die Unterscheidung zwischen Material und Idee ist so alt wie die Menschheit. Doch ist zu beobachten, dass die neuen Technologien, praktisch aus ihrem Wesen heraus, an dieser Schnittstelle stattfinden. Und da, wo Quantität eine neue Qualität produziert, wird deutlich, dass aus einer ordentlichen Schnittstelle und einem sauberen Gegensatz ein unordentliches, wildes, mehrdimensionales Feld wird, das deutlich und laut neue Fragen an uns stellt. An dieser Stelle wird eine Schnittstelle zum Ort von Überlagerungen. Nun will ich ein Konzept als Container vorschlagen, das dieser – vielleicht gestalterischen – Perspektive einen Ort in Form eines Begriffs gibt: *Halbding.*

1 Schaubild *Halbdinge*
2–5 Dennis Siegel: *Electromagnetic Harvester*,
2012. Ein Gerät, mit dem sich elektromagnetische Strahlung ‚ernten' und in
einer Batterie speichern lässt.
Siehe auch den Beitrag ab S. 152 in
diesem Band

Das Konzept des *Halbdings* ist eine Bestandsaufnahme, ein Aggregationspunkt, eine Collage von Fragmenten, ein Tumblr-Feed, ein *theory object*, ein *tag* oder eben eine Wolke, womöglich ein Luftschloss. Unsere Zeit ist durchsetzt von Überlagerungen aus Virtuellem und Physischem. Halbdinge sind nun Sedimente, aber auch Katalysatoren dieses Überlagerungsprozesses.

Sie sind Grenzobjekte. Sie operieren im Physischen, aber auch im Immateriellen, Virtuellen und Konzeptuellen. Sie operieren jenseits unserer Wahrnehmung. Sie sind veränderlich, instabil, volatil und ätherisch. Sie sind Möglichkeitsräume. Sie sind *digitally affected*. Sie werfen ein digitales Echo zurück in unseren Alltag.

Im Folgenden werden ebendiese Facetten der Halbdinge beleuchtet. Halbdinge sind eine spezielle Art von Dingen, meist, aber nicht immer elektronisch oder digital. Ihr geteiltes Wesen ist durch eine Reihe von Einflüssen geprägt, die sich anhand von verschiedenartigen Räumen betrachten lassen.

1   Anthony Dunne: *Hertzian Tales. Electronic
   Products, Aesthetic Experience, and Critical Design*,
   Cambridge, Mass. (MIT Press) 2006, 101 ff.

6–8 David Friedrich: *Electromagnetic Field Sniffer*, 2010. Ein autonomes Vehikel, das sensorisch gesteuert die elektromagnetischen Potenziale eines Ortes als Bodenzeichnung kartografiert

Immaterial Space:
Formen in der elektromagnetischen Strahlung

Am Anfang steht die Beobachtung, dass die Geräte elektromagnetisch strahlen. Mobiltelefone, Rechner, Staubsauger, nahezu jedes elektronische Gerät; ob als Nebenprodukt einer Berechnung, in einem elektronischen Schaltkreis oder vorsätzlich, zur Kommunikation mit anderen. Das allein ist trivial, doch akzeptieren wir einmal, dass diese elektronischen Dinge eine elektromagnetische Aura mit sich tragen, die weit über die Grenzen ihres Materials hinausgeht, dann lässt sich behaupten, dass sich die Grenzen des Geräts auflösen und es ein geheimes Leben im elektromagnetischen Raum führt.

Anthony Dunne nennt diesen extrasensorischen Raum „Hertzian space"[1] und spricht davon, diesen verstehbar und dann bewohnbar zu machen. Diese Parallelwelt aus elektromagnetischen Wellen, diese elektromagnetische Landschaft entzieht sich unseren Sensorien. Jenseits unserer Wahrnehmung ist sie eine fremdartig-chaotische und wilde Welt. Die Halbdinge existieren also gleichermaßen in der materiellen und in der immateriellen Welt. So transzendieren sie unsere wahrnehmbare Welt, bleiben aber räumlich an sie gebunden.

Wir bauen Messinstrumente, um unsere Sensorien zu erweitern und neue Räume zu erschließen. Die Messinstrumente erzeugen Fiktionen und Geschichten um das Gemessene. Wir bauen Messinstrumente, um an dem extrasensorischen Raum teilhaben zu können. Messinstrumente verwandeln Dinge und deren Zustände in Werte, Zahlen und Daten. Diese leben zwar in einer anderen Welt, losgelöst, in Datenbanken, im virtuellen Raum, und doch gehören sie zu den ursprünglichen (im Sinne von zuerst da gewesenen) Dingen und ihren Zuständen.

Virtual Space:
Datenobjekte im Möglichkeitsraum

Daten werden zu Teilen des Dings. Doch egal, ob als Ergebnis einer Messung oder als erdichteter, virtueller Aspekt eines Dings: Sobald eine Verbindung zwischen dem physischen Ding und seinen Daten hergestellt ist, hat das Ding zwei Seiten. Eine physische und eine virtuelle: ein Halbding. Sobald Menschen Daten sammeln, aber auch, wenn Erfahrungen und Meinungen über so ein Ding zusammengetragen werden, wächst dieser zweite Aspekt im Virtuellen heran.

    Was Bruce Sterling als *spimes*[2] bezeichnet, entwickelt aus der Idee des *blobjects*[3] und von Julian Bleecker später geschickt in *blogjects*[4] erweitert (also Objekte, die selbstständig Daten über sich sammeln, über sich selber bloggen), ist in seiner einfachsten Form beispielsweise eine Weinflasche, auf deren Etikett eine URL auf eine Website verweist, die Genaueres über diesen speziellen Wein verrät. Ein gerichteter Verweis aus der physischen Welt in die virtuelle. Etwas weitgreifender sind dann

META LEVEL BREMEN.01

9–11   Jonas Otto: *Metalevel-Scanner*, 2012.
Ein Messinstrument, welches die virtuelle
Aktivität (von Wikipedia, Twitter und
Flickr) an einem Ort misst und in Form
eines einzigen Wertes speichert, sodass
nach und nach eine alternative Topografie
entsteht. Siehe auch den Beitrag ab S. 156
in diesem Band

diejenigen elektronischen Dinge, die aktiv mithilfe von Sensoren (oder passiv durch *tags*) Daten über sich und ihre Umwelt sammeln und so fortlaufend an einer Spur und einer Geschichte über sich selbst schreiben.

Objekte aus Daten erscheinen im Material. Digitale Fabrikation (z. B. mittels Laser-Cutter, CNC-Fräse, 3-D-Drucker etc.) schreibt Daten in Materialien ein. Durch die digitale Fabrikation schließt sich ein Kreis, und die Frage nach dem Ursprung eines Dings wird vollends in eine ‚zirkuläre Referenz‘ verwandelt. Der Handschuh, der nur kurzzeitig für die Dauer des Bedarfs physisch existiert, gescannt, prozessiert, ausgedruckt, getragen, dann geschreddert und online kommentiert, wartet als Programm und Idee im Virtuellen. Das Produzierte ist dann nicht mehr als eine temporäre physische Instanz eines parametrisierten Programms, eines Möglichkeitsraums. Das Ding pendelt zwischen physischem Raum und Datenraum.

2 Bruce Sterling: *Shaping Things*, Cambridge, Mass. (MIT Press) 2005.

3 Bruce Sterling: *When Blobjects Rule the Earth*. Rede zur SIGGRAPH 2004, www.siggraph.org/ s2004/media/releases/release6.php?pageID= media, erstellt am 29.4.2004, zuletzt gesehen am 25.10.2013.

4 Julian Bleecker: *Why Things Matter or A Manifesto for Networked Objects – Cohabiting with Pigeons, Arphids and Aibos in the Internet of Things*, www.nearfuturelaboratory.com/files/ WhyThingsMatter.pdf, erstellt am 26.2.2006, zuletzt gesehen am 25.10.2013.

12 Marcel Helmer: *Prospects of a Chair*, 2012. Ausschnitt aus
    dem Möglichkeitsraum einer Stuhlkonstruktion, basierend
    auf 12 bis 13 statischen Raumpunkten

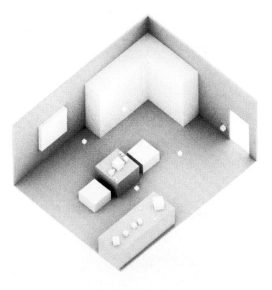

13 Benjamin Skirlo: ⊆ {A ... Z, a ... z, ' '},
2012. Entwurf zu den Implikationen digitaler
Fabrikation: Wenn Alltagsgegenstände
im Prinzip jede Form annehmen können,
brauchen wir eine Art Nullzustand der
Dinge, um sie und ihre Formen neu denken
zu können

Conceptual Space:
Interaktion als Aufführung

Als Gestalter von elektronischen und digitalen Dingen befassen wir uns mit der Interaktivität, also der Interaktion von Mensch mit Mensch, Mensch mit Maschine etc. Doch dadurch entsteht eine neue Situation, denn kaum hatten wir uns damit angefreundet, dass ein Musikstück erst existiert, wenn es aufgeführt wird, und bis dahin Konzept, Notation oder Programm bleibt, kommt nun mit dem Konzept der Interaktion die Behauptung ins Spiel, die Partizipation, das Machen und Erfahren seien das zentrale Moment und das Interaktive vorher nicht verwirklicht. Das Unfertige und das Instabile werden so zur Grundvoraussetzung einer Interaktivität, die sich erst in ihrer Aufführung realisiert.

Auch wenn die Interaktion die Dinge zeitweise verfestigt, so macht doch die Möglichkeit zur Interaktion die Dinge in ihrem Wesen instabil. Was für ein Zuwachs an Komplexität, beim Ausdenken, aber auch in der Rezeption. Die Interaktion mit einem Halbding wird zur Aufführung eines Ausschnitts aus einem Möglichkeitsraum, dessen Grenzen, wenn überhaupt, nur in idealisierten Szenarien erkennbar sind. Einer von vielen möglichen Durchläufen durch ein Regelwerk. Eine massive Verschiebung in Richtung des Möglichen, des Virtuellen und schließlich des Konzeptuellen.

14–18 Peter Buczkowski: *Smells Like*, 2012.
Ein tragbares stromfreies Aufnahme-
und Abspielgerät für Geruchskom-
positionen.
15 – *Grundschule: Haferflocken und
Milch*; 16 – *Nachbar: Salbei-Bonbon und
Erdnüsse*; 17 – *Fußball: Gras und Erde*;
18 – *Hafen: Caviar und Erde*

19–22 Henrik Nieratschker: *Unstable Products*, 2012.
Eine Objektserie, welche die Instabilität des Digitalen
in Produkte aus physischen Materialien übersetzt

Digitally affected

Die Halbdinge finden also in den Überlagerungen zwischen Konzeptuellem, Virtuellem, Immateriellem und Physischem statt. Dabei weisen sie eine Reihe von Eigenschaften auf, die sie zwar nicht exklusiv für sich beanspruchen können, da diese auch anderen Dingen zu eigen sind, doch gewinnen diese Eigenschaften in ihnen eine besondere Deutlichkeit und Intensität. Sie sind: mnemonisch, prozedural, parametrisch, repetitiv, präzise, emergent, veränderlich, responsiv, interaktiv.

So besitzen Halbdinge beispielsweise einen Speicher. Sie können sich Zustände, Ereignisse und Eigenschaften merken. Zwar werden auf einem Stück Holz auch Spuren gespeichert, doch kaum in der Größenordnung und Schärfe, in der dies in dem Speicherblock eines elektronischen Bauteils geschieht. Halbdinge werden in Teilen durch Prozeduren oder Programme beschrieben, die, wenn sie dann parametrisiert sind, unglaubliche Mengen (z. B. an Formvariationen oder Zuständen) produzieren können. Die Halbdinge sind veränderlich, instabil und befinden sich stetig im Übergang, was die Grundvoraussetzung dafür ist, dass sie antworten.

Für gewöhnlich schreiben wir diese Eigenschaften dem Digitalen zu. Schließlich waren es ja auch die digitalen Dinge (und ihre ‚Antizipatoren‘), die uns mit diesen Eigenschaften bekannt machten. In einem Maße, dass wir nun anfangen, sie auch in ausdrücklich nicht digitalen Zusammenhängen auszumachen. In Kunst

23–25 Dennis Siegel: *Photoreductive Pixel*, 2012.
Eine Gruppe von identischen Modulen übersetzt
die Lichtverhältnisse in einem Raum in diskrete
Einheiten und erzeugt so eine Art digitaler Membran
im physischen Raum

und Gestaltung ist es gewissermaßen zu einer Art Genre geworden, digitale Prozesse ausdrücklich ohne digitales Gerät nachzubauen. Diese Gestaltungen sind *digitally affected* (digital geprägt). Auch wenn dieses Genre charmant und mitunter – erstaunlicherweise – auch humoristisch daherkommt, so ist das eigentlich Bemerkenswerte doch, dass das Digitale auf diese Weise schon deutliche Spuren am Wesen des physischen Dings hinterlassen hat. Doch auf das Kommentieren und Nachempfinden digitaler Prozesse bleibt der Dialog nicht beschränkt.

Ein Widerhall in der Wolke

Seit Kurzem passiert nun etwas Interessantes, oder es passiert schon länger und wir horchen erst jetzt auf. Die Halbdinge sprechen zu uns. Sie antworten. Mag auch die Anthropomorphisierung albern sein, so ist doch das, was hier passiert, weniger albern als vielmehr großartig und verwirrend. Denn betrachteten wir bisher das Digitale, dann war es doch im Prinzip immer so, dass wir die Erlebnisse, Erkenntnisse und Erscheinungen aus unserer materiellen Welt nutzten, um die virtuelle zu kartografieren und begreiflich zu machen. Doch auf einmal dringt ein Echo aus der digitalen Welt zurück in unsere physische. James Bridle gibt der Beobachtung einen Namen und nennt sie „New Aesthetic".[5]

Dieses Echo aus dem Digitalen beginnt zunächst mit dem Auftauchen von Pixeln und QR-Codes hier und da, zum Beispiel auf Klamotten und in Hotelzimmern. Es geht weiter mit dem Spaß an der Form der Algorithmen, mit der Low-Poly-Gestalt im Entwurf von Gebäuden, später dann mit geschminkten Mustern auf Gesichtern, welche verhindern, dass Computer-Vision-Algorithmen die letzteren identifizieren können. An dieser Stelle entsteht eine neue Qualität. Denn jetzt wird auf einmal nicht mehr nur nachempfunden, sondern es beginnt ein Dialog zwischen den Algorithmen und uns. Aber es geht noch tiefer und weiter. Wir bauen die *New Aesthetic* so weit in unser Leben und unseren Alltag ein, dass wir Erwartungen an das Physische, an das Material stellen, die wir ursprünglich im Digitalen entwickelt haben.

Challenging the Normal

Auf einmal stellt sich die Frage: Was ist das Normale? Nicht um damit das Urteil zu verbinden, das eine sei normal und deshalb gut, während der Rest absonderlich und schlecht sei, sondern einfach nur, um zu fragen, wo sich der Ausgangspunkt, wo sich das Zuhause befindet. Aus dem Wesen der Halbdinge, das ja u. a. Komplexität, Spur und Erinnerung beinhaltet, entwickelt sich eine eigene Sprache. *The machines are trying to tell us something.* „The New Aesthetic concerns itself with ‚an eruption of the digital into the physical.‘ That eruption was inevitable",[6] schreibt Bruce Sterling.

Doch viel interessanter als die Suche nach den Ursachen für die Eruption des Digitalen ist es, sich der „shocked society" zuzuwenden, wie Kyle Chayka uns in dem Aufsatz *The New Aesthetic: Going Native* nennt,[7] und zu schauen, wie wir mit dieser Eruption umgehen und sie in einen Alltag zu fassen versuchen. Der *phantom ring* als charmanter Wink aus dem Digitalen.

Wilde Technologie

Der Umgang mit den Halbdingen fordert das Normale heraus. Fragen nach Ursprünglichkeit und Zuhause drängen sich auf. Wir verweben uns und unseren Alltag auf das Komplizierteste mit den neuen Technologien, die ihrerseits aus sich heraus Komplexität erzeugen.

Nun könnte man ja, inspiriert durch unsere Technologie-Bildwelten, meinen, dass Technologie im Allgemeinen und die neuen Technologien im Speziellen Sauberkeit, Klarheit und Kontrolle ermöglichten; dass sie zu einer Art Agenten im Kampf gegen die chaotische Wildheit der Natur würden. Dies war möglicherweise auch bis vor Kurzem noch eine der erwünschten Hauptrollen der Technologie. Doch was sich uns zur Zeit präsentiert, ist eine wunderbar aus der Kontrolle geratene technologische Welt voller Zoomorphismen, Anthropomorphisierungen,

5 James Bridle: *#sxaesthetic*, www.booktwo.org/notebook/sxaesthetic, erstellt am 15.3.2012, zuletzt gesehen am 26.10.2013
6 Bruce Sterling: *An Essay on the New Aesthetic*, www.wired.com/beyond_the_beyond/2012/04/an-essay-on-the-new-aesthetic, erstellt am 2.4.2012, zuletzt gesehen am 25.10.2013.
7 Kyle Chayka: *The New Aesthetic. Going Native*, http://thecreatorsproject.vice.com/blog/in-response-to-bruce-sterlings-essay-on-the-new-aesthetic, erstellt am 6.4.2012, zuletzt gesehen am 25.10.2013.

26/27 Jonas Otto: *Circadia*, 2011. Ein Wecker, dessen
Weckzeit von der photosynthetischen
Aktivität der Pflanze im Inneren abhängig ist

Verhaltensweisen und Geister in Maschinen. Eine unsaubere, uneindeutige und unreine Welt, in der uns die Komplexität und die Ubiquität der elektronischen Geräte mit ihren Emergenzen schockieren.

„Nature is not being saved in a technological bubble; rather, technology is going wild":[8] In der Einleitung zu dem Buch *The Politics of the Impure* sieht Joke Brouwer das digitale Ornament als deutlichstes Zeichen für einen „return of the impure", die Rückkehr des Unreinen in die Technologie. Auch wenn das Ornament durchaus als Verunreinigung einer ehemals sauberen Technologie gelesen werden kann, sind die Anzeichen für eine Verunreinigung doch wesentlich deutlicher in der unkontrollierbaren Ambiguität zu erkennen, in der uns die Geräte zunehmend erscheinen.

Wenngleich mein Großvater mit gut 80 Jahren seine Anklage gegen seinen Windows-Rechner vielleicht noch etwas holprig formulierte, dass dieser ihn, sobald etwas schieflief, so herablassend ansprach, als sei alles die Schuld meines Großvaters, so deutet diese Unterstellung doch schon eine neue Lesart und einen Kontroll-

8 Joke Brouwer/Arjun Mulder/Lars Spuybroek (Hg.): *The Politics of the Impure*, Rotterdam (V2_Publishing) 2010, 12.

9 Zum Begriff der ‚poetic precision' im Gegensatz zur wissenschaftlichen Präzision siehe Yasushi Tanaka-Gutiez: Poetic Precision. In: *Shoppinghour Magazine*, Nr. 8, 2012: The Critique of Science, 4–7.

verlust im Umgang mit unseren Geräten an. Wie in diesem Beispiel deutlich wird, versuchen wir uns der Komplexität im Umgang mit unseren Geräten dadurch zu nähern, dass wir ihnen z. B. ein Verhalten zuschreiben oder sie anthropomorphisieren. Interaktion wird so eher zu einem Aushandeln, einem Dialog, und dieser erinnert eher an den Umgang mit einem Haustier als mit einem Präzisionswerkzeug.

Gerade durch diesen erneuten – vermeintlichen – Kontrollverlust können wir uns jedoch zu der optimistischen Vermutung hinreißen lassen, dass etwas hinter unserem Rücken an einer Versöhnung von Natur und Technologie (und schließlich auch Kultur) arbeitet, die dann, noch immer optimistisch vermutet, auch noch mit uns leben wollen.

Poetische Präzision

Der Begriff ‚Halbdinge‘ stellt für mich ein technophilosophisches Konzept dar, das im Wesentlichen elektronische, digitale Dinge adressiert. Ebendie, mit denen ich mich so viel beschäftige und die mich so viel beschäftigen. Der Begriff ist ein Versuch, der Faszination auf den Grund zu kommen, die von ihrer unstetigen und hybriden Natur ausgeht. Der Begriff ist eine Collage, ein Work in progress und von Natur aus im Wandel. Er steht aber auch für den Appell an einen gestalterisch-künstlerischen Forschergeist, an den Orten zu arbeiten, die sich uns erst einmal entziehen. Vor allem aber dient mir der Begriff als eine Art Hinweis an mich selbst, dass die neuen Technologien unkontrollierbar sind, in so vielen Beziehungen einfach kompliziert, unsichtbar und wild, dass sie hervorragend in einem nicht technokratischen, poetisch-präzisen [9] gestalterischen Kontext aufgehoben sind.

Literaturverzeichnis

Bleecker, Julian: *Why Things Matter or A Manifesto for Networked Objects – Cohabiting with Pigeons, Arphids and Aibos in the Internet of Things*, www.nearfuturelaboratory.com/files/WhyThingsMatter.pdf, erstellt am 26.2.2006, zuletzt gesehen am 25.10.2013.

Bridle, James: *#sxaesthetic*, www.booktwo.org/notebook/sxaesthetic, erstellt am 15.3.2012, zuletzt gesehen am 26.10.2013.

Brouwer, Joke/Mulder, Arjun/Spuybroek, Lars (Hg.): *The Politics of the Impure*, Rotterdam (V2_Publishing) 2010.

Chayka, Kyle: *The New Aesthetic. Going Native*, http://thecreatorsproject.vice.com/blog/in-response-to-bruce-sterlings-essay-on-the-new-aesthetic, erstellt am 6.4.2012, zuletzt gesehen am 25.10.2013.

Dunne, Anthony: *Hertzian Tales. Electronic Products, Aesthetic Experience, and Critical Design*, Cambridge, Mass. (MIT Press) 2006.

Sterling, Bruce: *An Essay on the New Aesthetic*, www.wired.com/beyond_the_beyond/2012/04/an-essay-on-the-new-aesthetic, erstellt am 2.4.2012, zuletzt gesehen am 25.10.2013.

Sterling, Bruce: *Shaping Things*, Cambridge, Mass. (MIT Press) 2005.

Sterling, Bruce: *When Blobjects Rule the Earth*. Rede zur SIGGRAPH 2004, www.siggraph.org/s2004/media/releases/release6.php?pageID=media, erstellt am 29.4.2004, zuletzt gesehen am 25.10.2013.

Tanaka-Gutiez, Yasushi: Poetic Precision. In: *Shoppinghour Magazine*, Nr. 8, 2012: The Critique of Science, 4–7.

Laura Popplow

Digitally affected?

Das Digitale scheint uns mehr und mehr anzugehen und zu beeinflussen: Wir alle sind ‚digitally affected'. Dieses Eingreifen des Digitalen in Welt, Ästhetik, Denken und Handeln könnte als ein Mehr an Fiktionalem, an Überschneidungsmomenten von ‚Imaginärem und Aktualem' gedeutet werden. In diesem Essay soll deshalb die Frage nach den Gemeinsamkeiten und Unterschieden von fiktionalen, digitalen und aktualen Wirklichkeiten gestellt werden. Während es sich bei diesen auf den ersten Blick um so etwas wie ein Kontinuum zu handeln scheint, soll gezeigt werden, dass es sich tatsächlich um Teile eines Ganzen handelt, die sich ständig gegenseitig bedingen. Dabei spielt das Teilen (mit anderen) eine wichtige Rolle: *Shareability* bedingt die Aktualität. Wir sind es, die entscheiden, welchen Luftschlössern wir Dauer verleihen und welche flüchtig bleiben.

Digitale Luftschlösser?

Das Luftschloss als Symbol des Fiktionalen ist zunächst eine ziemlich einsame, oft auch bewusst egoistische Sache. Schließlich soll es unseren ureigensten, oft auch geheimsten Vorstellungen entsprechen, ja, es besteht eigentlich nur aus dem flüchtigsten und doch wirkungsmächtigsten Material überhaupt: unseren Vorstellungen, Visionen, Träumen.

Wenn man versucht, seine luftigen Visionen mitzuteilen, stößt man nicht selten auf reines Unverständnis. Denn schließlich sind alle diese wunderbaren Räume ja nur in unserem Kopf und also nicht wirklich existent – oder? Wenn man nicht gar für verrückt erklärt werden will, dann muss man als Luftschloss-Erbauer einige Mühe verwenden, seine Luftschlösser in eine Form zu bringen, die für andere wenn schon nicht greifbar, so doch *be*-greifbar ist. Für manche reicht es, die Bauten zu beschreiben und damit das Gegenüber bereits weitgehend zu bezaubern. Für manch anderen sind Skizzen, Bilder oder gar Anschauungen nötig, um das Gegenüber zu überzeugen. Schriftsteller, Poeten, Künstler, Musiker waren und sind zunächst Luftschloss-Erbauer, wie auch Seefahrer und Architekten. Das Theater zehrt genauso von den Luftschlossarchitekten, wie auch manche Erfindungen (wie etwa der Film) ohne sie nicht möglich gewesen wären.

Immerhin haben es die Luftschlossarchitekten inzwischen etwas einfacher, sie haben ein Werkzeug an der Hand, das es einfacher und schneller gemacht hat, den eigenen Luftschlössern eine vermittelbare Form zu geben. Die Verbreitung der digitalen Entwurfsmittel etwa seit den 1960er Jahren[1] macht es möglich, Entwürfe nicht nur zu skizzieren, sondern auch direkt zu publizieren: Das Digitale ist Werkzeug und Medium in einem.

Von fliegenden Geschossen zu fliegenden Schlössern

Vielleicht kommt es nicht ganz von ungefähr, dass die Entwicklung dieser digitalen Entwurfsmittel zunächst auf die Berechnung von Geschossflugbahnen zurückgeht oder zumindest wegen dieser Rechenproblematiken zu einer Entwicklung geführt hat, die erst den Einsatz des Digitalen als universales Entwurfs- wie auch Präsentationsmittel und letztendlich eigenes ‚Bau-Material‘ möglich machte.[2] Auch die Transistoren, die erst die modernen Mikroprozessoren ermöglichten, waren zunächst zur Verstärkung vor allem in der Funk-Kommunikation bestimmt. *Quite airy things.* Das Streben nach Bewegung und Kommunikation durch die Luft motivierte also die Entwicklung dessen, was wir heute als ‚das Digitale‘ bezeichnen. Nicht zuletzt bleibt der Traum von der Teleportation, der entstofflichten Bewegung durch den Raum, wie er in Star Treks *Holodeck* seine Manifestation fand, einer der großen Träume unserer nach Geschwindigkeit und Entmaterialisierung strebenden Gesellschaft. Ist die Entwicklung der digitalen Technologie also die konsequente Weiterentwicklung der Luftschlossarchitektur?

Von Science-Fiction zu Science-Facts

Schaut man sich im Rückblick die Entwicklung des Computers an, dann ist häufig Fiktion nicht von Wissenschaft zu trennen. Besonders in der Interface-Entwicklung zeigt sich von Anfang an die Beeinflussung der Ingenieure durch Visionen einer zukünftigen, durch Maschinen verbesserten Welt, wie sie in Science-Fiction-Literatur und -Filmen bereits entworfen war. Dabei ist dieser Orientierung an der Vision nicht einmal Naivität vorzuwerfen: Es ging vielmehr darum, vor allem nach den Erfahrungen des Zweiten Weltkriegs, die Technik zu friedvolleren Zwecken einzusetzen. Der Erfinder unseres inzwischen altbewährten Interface-Sets des PCs – Maus, Keyboard und grafisch manipulierbare Bildschirmeingabe –, Douglas Engel-

1 Hier sei v.a. auf Sketchpad von Ivan Sutherland verwiesen, das als erstes Zeichenprogramm am Computer und Vorläufer aller modernen CAD-Programme gelten kann. Ivan Edward Sutherland: Sketchpad. A man-machine graphical communication system. In: *Proceedings of the Spring Joint Computer Conference 1963*. AFIPS Conference Proceedings, Bd. 23, 329–345.

2 Die ersten, im Laufe des Zweiten Weltkriegs gebauten Großrechner wurden vor allem für die Berechnung ballistischer Gleichungen eingesetzt. Siehe beispielsweise den ENIAC: www.en.wikipedia.org/wiki/ENIAC, zuletzt gesehen am 11.3.2013.

3 Martin Heidegger: *Sein und Zeit*, Tübingen (Niemeyer) 2006, 52 ff.

bart, hatte damit vor allem eins im Sinn: die Erweiterung des menschlichen Intellekts durch eine intelligente Verbindung von Mensch und digitalem Rechner. Seine Vision des *Augmenting Human Intellect* und damit des friedlichen Einsatzes von ehemaliger Militärtechnologie im Dienste der Menschheit war ein Geistesblitz, ein Luftschloss, das zunächst in einem Forschungsprojekt prototypisch entwickelt und dann von seinen Schülern bis zur Entwicklung des ersten PCs weitergetragen wurde. Einerseits wäre die Entwicklung digitaler Technologien ohne Visionen wie die Engelbarts nicht möglich gewesen, andererseits entwickelte sich das Werkzeug des Computers damit seit den 1950er Jahren immer mehr selbst zu einem Medium. War das Schreiben von Computercodes anfangs vor allem eine Möglichkeit, komplexe Rechenoperationen durch die Maschine lösen zu lassen, so wurde seit den 1960er Jahren der Rechner immer mehr auch zum künstlerischen, kreativen Ausdrucksmedium. Künstler wie Frieder Nake, die den Rechner als Zeichenmedium nutzten, zeichneten einen Weg vor, den heute Projekte wie *Processing* weitergehen: den Computercode als Gestaltungsmedium zu verstehen.

Rational und empirisch, digital und analog

Die Frage bleibt, wie das Verhältnis des Digitalen zum Fiktionalen und Aktualen zu denken ist. Durch die Übersetzung in diskrete Werte wird die Welt einerseits immer reduziert, andererseits werden hierdurch Simulationen möglich, welche die Grenze zwischen erlebtem und erdachtem Raum durchbrechen. Der Grundkonflikt zwischen Rationalismus und Empirismus, der der Entwicklung der rechnenden Maschinen zugrunde liegt, zeigt sich hier in einer neuen Qualität: Was ist rational erfassbar, was nur durch Erfahrung? Wie unterscheiden sich Erfahrungen in einer ,reinen' Gedankenwelt, die durch digitale Verfahren simuliert und theoretisch immer kontrollierbar ist, von denen in einer körperlich erfahrenen, durch Zufälle und nicht diskrete Werte geprägten Welt? Was unterscheidet diese beiden Weisen des *In-der-Welt-seins*[3], wie Heidegger den Grundzustand der menschlichen Existenz genannt hat?

Ist die Auseinandersetzung mit den Bildschirmen und Projektionen des Digitalen nur ein Modus unter anderen, sich mit Welt auf einer gedanklichen Ebene auseinanderzusetzen, so wie schon immer Beschreibungen, Erzählungen, Bilder und Filme uns in erdachte alternative Welten entführt haben, also in die Wolkenarchitekturen, die es auf die eine oder andere Weise schon immer gibt? Oder haben wir es hier mit einer Auseinandersetzung mit Welt zu tun, die über das Fiktionale bisheriger Luftschlösser hinausgeht? Sind die digitalen Medien – denn von einem einheitlichen Medium lässt sich in der Unterschiedlichkeit der Formen nur schwer reden – eine eigenständige Daseinsform zwischen der fiktionalen Welt der Luftschlösser und der ,harten' Realität?

Cyberspace: Raum als Feedbackprozess

Vielleicht ist hier der Begriff des Cyberspace (William Gibson: „some kind of actual space behind the screen"[4]) ein nützlicher, der hilft, zu verstehen, warum wir die digital geschaffenen Räume nicht mit Luftschlössern gleichsetzen sollten. Anders als der Begriff des Virtuellen, der gerne dem Begriff der Realität gegenübergestellt wird, verweist der Begriff des Cyberspace auf die Kybernetik und damit auch auf die Vorstellung von einem steuerbaren, regulierbaren Raum. Liest man den Begriff im Sinne von ‚Navigationsfähigkeit', dem griechischen Wortstamm von ‚Kybernetik', dann weckt dies durchaus stimmige Assoziationen zur Egoperspektive virtueller Spielewelten und dem Gefühl, in diesen Welten alles selbst kontrollieren zu können. Auf den ersten Blick entspricht das der Grundvorstellung von einem Luftschloss, in dem alles nur nach unseren Vorstellungen abläuft, da wir alleine die Schöpfer und Zerstörer dieser Welten sind.

Während unsere Luftschlösser aber genau dem Fakt unterliegen, dass sie oft gar nicht dazu bestimmt sind, realisiert zu werden, sondern in ihrer Potenzialität bestehen, sind simulierte, digital geschaffene Räume durchaus realisierte Räume. Und das bedeutet, dass sie Feedbackprozessen unterliegen, dass sie unterschiedlichen Raumvorstellungen entspringen und ständiger Veränderung durch verschiedenste Faktoren ausgesetzt sind. Cyberspaces sind Feedback-Loops zwischen Screen und User, und sie sind – das zeigt sich spätestens in der Vernetzung mit anderen Menschen und Computern – nur schwer kontrollierbar. Nicht die Kontrolle, sondern das Feedback ist also das Erbe der Kybernetik, das sich in den Cyberspaces zeigt.

Digitally affected

Feedback ist immer schon ein Prozess auch zwischen aktualer und digitaler Welt, und er zeigt sich auch in der Beeinflussung unseres Denkens und Handelns durch die digitalen Technologien. *Digitally affected* bedeutet auch, dass unsere erlebte Welt inzwischen durch das digitale Codieren geprägt ist; nicht nur, dass wir unser Verhalten an angelernte Verhaltensmuster aus dem Digitalen anpassen, sondern auch, dass sich Wahrnehmungsmuster oder gar Ästhetiken des Digitalen herausgebildet haben, die sich nicht erst seit James Bridles Ausruf der *New Aesthetic*[5] etwa in Übertragungen von Pixelbildern in dreidimensionale Objekte zeigen. Es sind vor allem die sozialen Praktiken, die erst durch die schnelle und billige Vernetzung der digitalen Welt möglich wurden, die unser Denken und Handeln nachhaltig beeinflussen. So sind etwa die Grundgedanken der Open-Source-Bewegung, wie überhaupt die Grundgedanken eines weltweiten Computernetzwerks und der Teilung von Informationen mittels des WWW, Auslöser nicht nur einer Revolution der Informationsdistribution, sondern auch der Veränderung von Produktions- und selbst Finanzierungsmodellen, die nicht nur eine Kommunikation über Inhalte abseits bisheriger gesellschaftlicher Grenzen, sondern auch ganz neue Produktionsweisen erst ermöglicht haben. Von Crowdsourcing bis hin zu Crowdfunding zeigen sich Wege, wie die Distributionskanäle des WWW genutzt werden können, um Produktionsprozesse zu verändern und an die Bedürfnisse der User anzupassen.

Shareability

So, wie der Raum schon immer vor allem auch durch soziale Beziehungen geprägt war, so ist das Netz vor allem da konsistent, wo sich die Interessen der User kumulieren und ihren Weg in den gelebten Alltag auch jenseits der Oberflächen der Bildschirme finden. So, wie ein Luftschloss schon immer nur dann Bestand haben konnte, wenn es von mehreren Köpfen geteilt werden konnte und deshalb seinen Weg aus der Vorstellung des Luftschlossarchitekten in Worte, Farben und Klänge fand, so ist auch heute ein Luftschloss von seiner Teilbarkeit abhängig. So, wie ganz konkret die Datenübertragung zwischen Rechnern vom *packet switching*, also einer Teilung der Daten zwecks Übertragung, abhängig ist, so müssen auch Luftschlösser im Digitalen eine Form haben, die geteilt bzw. verteilt werden kann. Das Aufteilen der Daten in Pakete ist also die Voraussetzung für das soziale Teilen der Daten. „Verteilen statt speichern" heißt die Devise, die das Netz möglich und letztendlich groß gemacht hat.[6] Und, das zeigen nicht zuletzt die Social Media: Je mehr etwas geteilt wird, umso aktueller ist es. Statt *Virtuality* und *Reality* geht es um *Shareability*.

Digitally affected ist also vor allem unser Umgang mit der Welt und den anderen. Verändert hat sich, wie wir unsere Luftschlösser versuchen mit anderen zu teilen und damit auch einen Teil derselben ‚realisieren'. Publizieren ist einfacher geworden, Gesellschaften zu verändern bleibt schwer. Auf dem Weg vom Luftschloss zum ‚echten' Schloss zeigt sich nach wie vor die Reibung mit dem, was wir immer noch gerne den ‚Boden der Tatsachen' nennen. Die Gefahr besteht, dass wir uns letztendlich doch wieder ins Digitale flüchten, einfach, weil wir hier einen idealen Ort für unsere Luftschlösser zwischen Hirngespinst und gebauter Wirklichkeit gefunden haben. Hier erscheint uns alles immer noch weitestgehend kontrollierbar oder zumindest navigierbar – auch wenn wir diese Idee vielleicht zugunsten einer Idee der eigenständig gewordenen, wilden Technologie, die schon immer und immer mehr fehlerhaft, unkontrollierbar ein Eigenleben führt, aufgeben sollten.

4 Larry McCaffery: An Interview with William Gibson. In: ders. (Hg.): *Storming the Reality Studio. A Casebook of Cyberpunk and Postmodern Science Fiction*, Durham, NC (Duke University Press) 1991, 263–285, hier 272.

5 James Bridles Website: www.shorttermmemoryloss.com/portfolio/

project/the-new-aesthetic; siehe auch: Bruce Sterling: *An Essay on the New Aesthetic*, www.wired.com/beyond_the_beyond/2012/ 04/an-essay-on-the-new-aesthetic, zuletzt gesehen am 11.3.2013.

6 Siehe Mercedes Bunz: *Vom Speicher zum Verteiler. Die Geschichte des Internet*, Berlin (Kadmos) 2008.

Indem wir diesem Ökosystem von Daten, Geräten, Menschen und zunehmend durch Sensoren eingebundenen Teilen der physikalischen Welt unsere Luftschlösser überlassen, müssen wir uns bewusst sein, dass auch sie ein Eigenleben führen werden, von dem wir wenig ahnen. Aber vielleicht war das auch mit den Luftschlössern vor der digitalen Technologie bereits so, nur dass wir weniger Feedbackmöglichkeiten hatten, zu erfahren, welchen Weg unsere Luftschlösser in den Köpfen anderer und in der materiellen Welt nahmen.

Technologie als Ökologie

Der zeitgenössische Luftschlossarchitekt, der seine Entwürfe im Material des Digitalen zur Anschauung bringen will, muss also nicht nur seinen Entwurf im Blick haben, sondern auch, wie er mit den Feedbackschleifen umgeht, die zwischen digitaler und aktualer Welt, zwischen Menschen und Technik bestehen. Wenn wir die Funktion der Fiktion also als ein Wissen um die Variablen und die Veränderbarkeit der Welt begreifen, dann müssen wir uns inmitten dieser relativ neuen, immer auch technischen Ökologie, in diesem *In-der-Welt-sein*, die Dinge zuhanden machen, die wir als wertvoll erkennen. Das erfordert höchste (und, da wird es inzwischen schwierig: ungeteilte) Aufmerksamkeit, wie es auch Italo Calvino am Ende der *Unsichtbaren Städte* formuliert: „Die Hölle der Lebenden ist nicht etwas, das erst noch kommen wird. Wenn es eine gibt, ist es die, die schon da ist, die Hölle, in der wir jeden Tag leben, die wir durch unser Zusammensein bilden. Es gibt zwei Arten, nicht unter ihr zu leiden. Die erste fällt vielen leicht: die Hölle zu akzeptieren und so sehr Teil von ihr zu werden, dass man sie nicht mehr sieht. Die zweite ist riskant und verlangt ständige Aufmerksamkeit und Lernbereitschaft: zu suchen und erkennen zu lernen, wer und was inmitten der Hölle nicht Hölle ist, und ihm Dauer und Raum zu geben."[7]

7 Italo Calvino: *Die unsichtbaren Städte*, München (Hanser) 2007, 174.

Literaturverzeichnis

Bunz, Mercedes: *Vom Speicher zum Verteiler. Die Geschichte des Internets*, Berlin (Kadmos) 2008.

Calvino, Italo: *Die unsichtbaren Städte*, München (Hanser) 2007.

Heidegger, Martin: *Sein und Zeit*, Tübingen (Niemeyer) 2006.

McCaffery, Larry: An Interview with William Gibson. In: ders. (Hg.): *Storming the Reality Studio. A Casebook of Cyberpunk and Postmodern Science Fiction*, Durham, NC (Duke University Press) 1991, 263–285.

Sterling, Bruce: *An Essay on the New Aesthetic*, www.wired.com/beyond_the_beyond/ 2012/04/an-essay-on-the-new-aesthetic, zuletzt gesehen am 11.3.2013.

Sutherland, Ivan Edward: Sketchpad. A man-machine graphical communication system. In: *Proceedings of the Spring Joint Computer Conference 1963*. AFIPS Conference Proceedings, Bd. 23, 329–345.

Regine Buschauer

Wenn der Wind weht. Andere Lufträume[1]

Entgegen einer Vorstellung von Lufträumen als quasiterritorialen Hoheitsgebieten oder (von Flugschneisen durchzogenen) dreidimensionalen Behälterräumen soll es im Folgenden um andere Räume der Luft, um Rauchwolken und Wind und um Medien der Kommunikation in ihrer Beziehung zum Raum gehen. Hiervon ausgehend interessieren mich Lufträume im Hinblick auf Ansätze, das Verhältnis von Kommunikation und Raum über eingewohnte Oppositionen (real/virtuell, Raum/Enträumlichung) hinauszudenken und Räume vielmehr als plurale, variable und instabile zu beschreiben.

Kommunikationsmedien haben nach John Durham Peters immer schon mit Luft und mit einem „speaking into the air" zu tun. Dieses Titelzitat von Peters' 1999 erschienener Publikation folgt dem Paulus-Wort „Ihr werdet in den Wind reden" („Ye shall speak into the air") und verweist auf das grundlegend Unfixierte der Kommunikation, die immer ein Wagnis ist – „without guarantees. Any kind of effort to make linkage via signs is a gamble."[2] Herkömmlich sind Medien der Kommunikation als Raumüberwindung imaginiert, verbunden mit der Vorstellung des Raums als etwas Statischem, zu Durchquerenden oder als beharrende Distanz und der Vorstellung von Kommunikation als dem, was diesen (Zwischen-)Raum – durch Austausch, Übertragung und Verständigung – zugunsten einer distanzlosen Kopräsenz zum Verschwinden bringt. Peters zufolge markieren dagegen Kommunikationsmedien nicht ein Verschwinden von Zwischenraum, sondern generieren vielmehr prekäre mediale Spiel- und Zwischenräume im ‚gamble' der Kommunikation, die, so gesehen, immer auch Fernkommunikation eines Sprechens ‚in die Luft' ist. Technische Fernkommunikation wiederum beginnt historisch mit dem Schreiben flüchtiger Zeichen in die Luft, mit Signaltönen, -feuern und mit Rauchwolken.

Abb. 1 zeigt einen Ausschnitt aus der ältesten erhaltenen Instruktion zum Hochwachtensystem der Alten Eidgenossenschaft – einem mittelalterlichen Signalisierungssystem von Höhenfeuern entlang der Bergketten. Zugleich handelt der 1448 verfasste Text bezeichnenderweise von einem kommunikativen Missverständnis: So sollten mit den Feuern „Wortzeichen" entzündet werden, worauf man „jederman zuo samen züchen" sollte; das „Geläuf" aber in Bern, von dem im Text die Rede ist, war Folge eines Scheunenbrands, dessen Rauch der Wächter auf dem

---

1 Gewidmet Carl († 1961) und seinem Radioempfänger.

2 John Durham Peters: *Speaking into the Air. A History of the Idea of Communication*, Chicago/London (The University of Chicago Press) 1999, 267; vgl. 1 Kor. 14,9.

Text: und wen semlich wortzeichen von den füren entzündet werden
so sol man allenthalben jederman zuo samen züchen als üwer
gnad daz verordnet hat [...]

Gnedigen herren als den ein gelöiff under üch ze Bern geschechen ist
Von eines röches wegen so under uns geschechen ist daz ist mir leid
und wüssen als ich nu ze nechst von üwer gnaden von Bern von üch
scheid und ich kam gan Löppen ob die vesti
do sach ich daz die selben schür angesteket hatt und gebrunnen
hatt by einer halben stund da von der röch komen ist
den üwer wechter uff üwrem turn gesechen hatt [...]

1 Wachtordnung für die Hochwachten
von Laupen, um 1448 (Auszüge)

Turm sah und als Signal interpretierte. Thema ist also ein Fehlalarm, womit das Rauchen, das als kommunikatives Zeichen den Zwischenraum überwinden sollte, hier zum kommunikativen Rauschen wurde (und nun Metakommunikation provoziert).

Wenn die Wolke grundsätzlich ein Phänomen ist, das dem Distinkten der Unterscheidung als ein Schleierhaftes und Unfixiertes zweifelhafter Objekthaftigkeit gegenübertritt,[3] so ist sie als Rauchwolke ein wenig verlässliches kommunikatives Zeichen, das einen in doppelter Weise prekären medialen Raum eröffnet: in ihrer mobilen Flüchtigkeit wie in ihrem unklaren Status zwischen Index und Symbol. Rauchzeichen sind damit kaum ein Beispiel für die historische Konstanz bewährter ‚alter‘ Kommunikationsmedien, wie dies 1913 Wolfgang Riepl sah, der sie als Beispiel für seine als *Riepl'sches Gesetz* bekannte These anführte;[4] vielmehr sind sie paradigmatisch für eine prinzipielle Unschärfe der Kommunikation und ihren uneindeutigen und unfixierten Spiel- und Zwischenraum eines Sprechens ‚into the air‘.

Um diese Unschärfe zu verringern, wurden im 17. Jahrhundert auf den Hochwachten „Absichtsdünchel" (siehe Abb. 2) eingeführt: einfache Instrumente, um die Herkunft der Rauchwolken möglichst genau zu lokalisieren. In Prinzip und Begriff von der Zieleinrichtung der Schusswaffen übernommen, verfügten sie über ein (linsenloses) Zielrohr mit Fadenkreuz und eine Scheibe mit Kerben, welche die Richtung der umliegenden Hochwachten anzeigte.

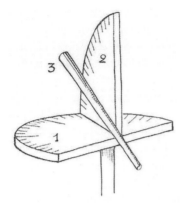

2 Absichtsdünchel

Der Versuch, Kommunikation über Distanz als raumüberwindende Verständigung durch symbolische „Wortzeichen" herzustellen, generiert, wie das Beispiel zeigt, ein räumliches und dingliches ‚Zwischen' und eine technisch hergestellte Ordnung der Orte und der Dinge. So spannt sich in den Bergen ein medialer Raum der Fernkommunikation auf, der zugleich ein relationaler Raum insofern ist, als die Orte durch das Zwischen der Kommunikation erst erzeugt werden. Die Hochwacht existiert als Ort nicht aus oder für sich selbst, sondern ist Teil des Relationalen einer Fernkommunikation, die sie, samt Feuerstelle, Wachthaus und Absichtsdünchel, hervorbringt.

Damit ist – hier medienhistorisch zurückgewandt – ein relationales Raumdenken in Anschlag gebracht, wie es sich grundsätzlich als Gemeinsamkeit der jüngeren räumlichen *turns* in den Kultur- und Sozialwissenschaften herausgebildet hat. Im Gegensatz zum homogen vorausgesetzten Raum als etwas Beharrendem und zu Überwindenden rückt diese theoretische Wende Räume als relationale Gefüge, als sich überlagernde Räume oder als ein netzartiges In- und Auseinander heterogener „Platzierungen"[5] in den Blick. Sie werden beschreibbar als plurale räumliche Beziehungsensembles – und dies korrespondiert mit einer heute offensichtlichen Pluralität räumlicher Topologien und heterogener Alltagswelten.

Zugleich sind Raumkonzepte dynamisch geworden, indem sie in unterschiedlicher Weise Räume des Veränderlichen oder Fluiden zu beschreiben suchen. Eine

3 Vgl. Lorenz Engell et al.: Editorial. In: *Wolken. Archiv für Mediengeschichte 5*, Weimar (Verlag der Bauhaus-Universität) 2005, 5–8.

4 Riepls These, wonach mediale Formen historisch nicht verschwinden, sondern neue Aufgaben übernehmen, wird von ihm explizit auf Rauchzeichen bezogen, deren Aktualität zu seiner Zeit er im Blick auf Flugzeuge und Luftschiffe hervorhebt, denen Rauchsignale z.B. im Gebirge als Wegweiser und Orientierungsmarken dienen. Vgl. Wolfgang Riepl: *Das Nachrichtenwesen des Altertums mit besonderer Rücksicht auf die Römer*, Leipzig/Berlin (Teubner) 1913, 5, Anm.1.

5 Michel Foucault: Andere Räume [Orig.: Des espaces autres, Vortrag 1967]. In: Martin Wentz (Hg.): *Stadt-Räume*, Frankfurt am Main/New York (Campus) 1991, 65–72, hier 67.

„Unruhe" über den Raum konstatiert Michel Foucault bereits 1967. Sein ursprünglich als Vortrag gehaltener Text entwirft ein nicht-statisches Denken „anderer Räume", die Foucault als relationale Ensembles begreift – ohne die Annahme eines primär gegebenen leeren Raums, ‚in' dem Dinge oder Relationen stattfinden – wie auch als historisch variable Momente einer Geschichte des Wissens. So betreibt Foucault im oftmals wenig beachteten ersten Teil seines Texts eine grundsätzliche Historisierung und Pluralisierung des Raums, die auch für seinen Ansatz gilt und ihn überhaupt erst ermöglicht. Raum wird verzeitlicht und ‚heterogenisiert': Wir erfahren, so Foucault, Raum als eine Gemengelage variabler Beziehungen, die nicht aufeinander zurückführbare Platzierungen definieren.[6]

In anderem Zusammenhang seiner Theorie der Netzwerkgesellschaft der 1990er Jahre steht Manuel Castells' ebenso relationaler und dynamischer Raumbegriff eines *space of flows*.[7] Der Raum der Ströme ist ein makrosoziologischer Versuch, die globale Vernetzung als eine räumliche Logik oder Topologie ihrer Verkehrsflüsse zu denken. So sind es die globalen Ströme – der Daten, des Kapitals –, die *global cities* als Knotenpunkte des Netzes definieren. Castells' relationaler Ansatz lässt sich damit einerseits als Gegenmodell zu einem Cyberspace-Denken der 1990er Jahre sehen, das bei allem Fluiden des Surfens ‚im' Internet dieses selbst als eine Art statischen dreidimensionalen Behälter vorstellte. Das Konzept des *Cyberspace* holte so gleichsam das Destabilisierende der Kommunikation wieder ein im Bild eines verdoppelten und zugleich idealen, leeren Behälterraums, der – wie ein Luftraum – seiner Durchquerung kaum Widerstand leistet. In William Gibsons *Neuromancer* sind es, in oft überlesener Ironie, Hacker-Cowboys, die diesen leeren virtuellen Raum erobern.[8] Andererseits folgt Castells' ‚space of flows' einem Modell des Netzwerks, das seinerseits mit einer schematischen Opposition von statischem Raum und dynamischem Fluss operiert: Die globale Vernetzung wird dem lokalen Ort gegenübergestellt, und sie ist selbst in einer Opposition begriffen von Netz und *flow* oder, wie mit Bezug auf Castells auch formuliert wurde, Struktur und Prozess.[9]

Es war innerhalb der Soziologie Norbert Elias, der solche Oppositionen grundlegend thematisiert und als eine reduzierte Denkweise beschrieben hat: Das Denken in Begriffen wie ‚Struktur' oder ‚Funktion', so Elias, verfährt nach dem Prinzip einer ‚Zustandsreduktion', die bewegte Phänomene als ruhende und isolierte Objekte vorstellt. Elias führt dieses Denken auf die europäische Kultur und Sprache zurück, die uns dazu bringt, zwischen primärem statischem Objekt – Substantiv – und sekundärer Bewegung – Verb – zu trennen. So sagen wir: „Der Wind weht – als ob [...] es auch einen Wind geben könne, der nicht weht."[10] Dem setzt Elias ein anderes Denken der *Figuration* entgegen: An die Stelle der Opposition von Struktur und Prozess treten bewegliche Relationen, verdeutlicht bei Elias etwa am Beispiel eines Fußballspiels.

3 Videostill Andros Zins-Browne:
The Host, USA/B 2010

In eine ähnliche Richtung zielt der Ansatz von Castells et al., 2007, einer „mobilen Netzwerkgesellschaft": Das Kennzeichnende des „mobilen Netzes" ist hierbei nicht eine Dynamik der Mobilisierung im Gegensatz zum Unbewegten, sondern eine mobile *connectivity*, die diesen Gegensatz – und die Opposition von Netz und *flow* – unterläuft.[11] Damit verliert ein Modell des Netzes an Gültigkeit, das seit dem Aufkommen des Netzbegriffs im frühen 19. Jahrhundert von dieser Opposition geprägt war, und dies ganz technisch-anschaulich in der Unterscheidbarkeit von (räumlich fixierter) Netz-Infrastruktur und (raumüberwindendem) *flow* – Schienennetz und Wagen, Drähte und Depeschen, Telefonnetz und Töne usw. Demgegenüber präsentiert sich heute eine Konnektivität der *wirelessness* (Adrian Mackenzie)[12] und eine heterogene Alltagswelt, für welche diese Unterscheidung ebenso wenig greift wie die zwischen lokalem Ort und globalem Netz. So stehen wir nach wie vor in einer Konjunktur von Netzbegriffen, während zugleich „Netz-

6 Foucault, Andere Räume, 67.

7 Vgl. Manuel Castells: *The Rise of the Network Society* [= The Information Age, Bd. 1], Malden, Mass./Oxford (Blackwell Publishers) 1996.

8 Vgl. William Gibson: *Neuromancer*, New York (Ace Books) 1984.

9 Vgl. Andreas Hepp: Konnektivität, Netzwerk und Fluss: Perspektiven einer an den Cultural Studies orientierten Medien- und Kommunikationsforschung. In: ders./Rainer Winter (Hg.): *Kultur – Medien – Macht. Cultural Studies und Medienanalyse*, Wiesbaden (VS, Verlag für Sozialwissenschaften) 2006, 155–174.

10 Norbert Elias: *Was ist Soziologie?* München (Juventa Verlag) 1970, 119.

11 Manuel Castells et al.: *Mobile Communication and Society. A Global Perspective*, Cambridge, Mass. (MIT Press) 2007, 248 ff.

12 Adrian Mackenzie: *Wirelessness. Radical Empiricism in Network Cultures*, Cambridge, Mass. (MIT Press) 2010.

werke", wie Dieter Mersch formuliert hat, „eine derart unüberschaubare Ausbreitung gefunden [haben], dass für sie schlechterdings kein Bild, keine Figur oder Beschreibung taugt". Allenfalls anzusetzen wären Begriffe, „die die Eigenart besitzen, ein *Drittes* zwischen Ordnung und Chaos zu markieren, das sich einfacher Theoretisierung widersetzt". ‚Raum' gleicht heute einem unscharfen Objekt, „einer Variable, einer veränderlichen Multiplizität oder losen Reihung von Gebieten mit porösen Rändern, Verwerfungen und instabilen Zonen [...]".[13]

Dies heißt nicht, dass eine Heterogenität prekärer und variabler, temporärer Räume prinzipiell als historisch neu anzuschreiben wäre. Gerade dies kann heute deutlich werden – z. B. im Blick auf ein mittelalterliches Hochwachtensystem aus der Sicht der heutigen Schwierigkeit, räumliche Relationen eines In- und Auseinanders „beweglicher Topologien"[14] theoretisch zu fassen.

Es sind die Künste, denen hierzu spezifische und vielleicht präzisere Möglichkeiten offenstehen, wie diejenigen, die exemplarisch eine Choreographie von Andros Zins-Browne umsetzt (siehe Abb. 3): Die Arbeit *The Host* (2010)[15] stellt gleichsam die Frage: Was, wenn nicht die Wände – etwa der Luftschlösser – aus Luft sind, sondern (auch) der Boden? Die Bühne, sonst statischer Behälter, ‚in' dem das Geschehen als Prozess stattfindet, wird hier selbst zum Variablen, der Boden als zunehmend gefülltes Luftkissen zu etwas, das keine Bodenhaftung mehr bietet, der Raum zu etwas, das sich nicht als leerer Container erobern lässt. Wie, so Zins-Browne, gehen wir mit der Vorstellung von etwas stabil Gedachtem um, „if that one is dynamic or if it's unpredictable"?[16]

„Spatial disorientation", so heißt es in Gibsons *Neuromancer*, „held a peculiar horror for cowboys."[17] Der Luft-Raum in *The Host* setzt die zentrale Frage ins Bild, wie dem anders zu begegnen ist als in der Art von Cowboys.

13 Dieter Mersch: Fraktale Räume und multiple Aktionen. Überlegungen zur Orientierung in komplexen medialen Umgebungen. In: Gertrud Lehnert (Hg.): *Raum und Gefühl. Der Spatial Turn und die neue Emotionsforschung*, Bielefeld (transcript) 2011, 49–62, hier 50, 57.
14 Mersch: Fraktale Räume, 59.
15 Andros Zins-Browne: *The Host*, USA/B 2010. Den Hinweis auf die Arbeit verdanke ich

Annemarie Matzke. Trailer (Festival Impulse 2011): www.youtube.com/watch?v=txU1tK1YylE, zuletzt gesehen am 28.2.2013.
16 Video/Interview: Andros Zins-Browne: *The Host*, Bouge B 2011, deSingel, www.youtube.com/watch?v=ln6zUmIXpU4, zuletzt gesehen am 28.2.2013.
17 Gibson, *Neuromancer*, 249.

Literaturverzeichnis

Castells, Manuel: *The Rise of the Network Society* [= The Information Age, Bd. 1], Malden, Mass./ Oxford (Blackwell Publishers) 1996.

Castells, Manuel et al.: *Mobile Communication and Society. A Global Perspective*, Cambridge, Mass. (MIT Press) 2007.

Elias, Norbert: *Was ist Soziologie?* München (Juventa Verlag) 1970.

Engell, Lorenz et al.: Editorial. In: *Wolken. Archiv für Mediengeschichte 5*, Weimar (Verlag der Bauhaus-Universität) 2005.

Foucault, Michel: Andere Räume [Orig.: Des espaces autres, Vortrag 1967]. In: Martin Wentz (Hg.): *Stadt-Räume*, Frankfurt am Main/New York (Campus) 1991.

Generaldirektion PTT (Hg.): *Hundert Jahre elektrisches Nachrichtenwesen in der Schweiz*, Bd. 1, Bern, 1952.

Gibson, William: *Neuromancer*, New York (Ace Books) 1984.

Hepp, Andreas: Konnektivität, Netzwerk und Fluss: Perspektiven einer an den Cultural Studies orientierten Medien- und Kommunikationsforschung. In: ders./Rainer Winter (Hg.): *Kultur – Medien – Macht. Cultural Studies und Medienanalyse*, Wiesbaden (VS, Verlag für Sozialwissenschaften) 2006.

Mackenzie, Adrian: *Wirelessness. Radical Empiricism in Network Cultures*, Cambridge, Mass. (MIT Press) 2010.

Mersch, Dieter: Fraktale Räume und multiple Aktionen. Überlegungen zur Orientierung in komplexen medialen Umgebungen. In: Gertrud Lehnert (Hg.): *Raum und Gefühl. Der Spatial Turn und die neue Emotionsforschung*, Bielefeld (transcript) 2011.

Peters, John Durham: *Speaking into the Air. A History of the Idea of Communication*, Chicago/ London (The University of Chicago Press) 1999.

Riepl, Wolfgang: *Das Nachrichtenwesen des Altertums mit besonderer Rücksicht auf die Römer*, Leipzig/ Berlin (Teubner) 1913.

Videoquellen

Andros Zins-Browne: *The Host*, USA/B 2010. Aufnahme: Festival Impulse 2011. Trailer: www.youtube.com/watch?v=txU1tK1YylE, zuletzt gesehen am 28.2.2013.

Andros Zins-Browne, *The Host*, Video/Interview, Bouge B 2011, deSingel: www.youtube.com/ watch?v=ln6zUmIXpU4, zuletzt gesehen am 28.2.2013.

Hannes Hoelzl

gone.
Ein Geistesblitzableiter

Wir verpassen fast immer fast alles.
Julian Rohrhuber

Seit Jahren beschäftigt mich die Frage, wie ich die Unzahl der Erscheinungen in der Welt mit meinem beschränkten Verstand verarbeiten kann. In horrender Weise faszinieren mich immense Mengen von Menschen und Tieren, Dingen und Daten. Italo Calvino hat das letzte Kapitel seines letzten Werks *Six Memos for the Next Millennium*[1] dieser Vielheit gewidmet: *molteplicità/multiplicity*. Und dieses Buch ist praktisch das einzige, in dem er nicht ,fiction' schreibt, sondern sechs Themen abhandelt, die seiner Ansicht nach das künstlerische Schaffen des folgenden Jahrtausends determinieren würden. Vielheit ist das fünfte dieser sechs Themen, das letzte konnte er nicht mehr zu Ende schreiben.

Ich erinnere mich an eine Begebenheit vor einigen Jahren, als ich im Sommer in den Alpen in einer Gegend wanderte, die bis zum vorangegangenen Winter vergletschert gewesen war. Wir liefen über Kare von Geröll und Gestein, die merkwürdig nackt und neu wirkten, weil sie nicht die übliche Patina von Flechten und Witterung hatten. Der Klimawandel hatte sie aus der Eiskruste geholt; seit zehntausend oder hunderttausend Jahren waren sie nicht an der Oberfläche gewesen. Einige Steine trugen wunderschöne Erosionsspuren, die die Eleganz gefrorener Wasserwellen hatten. Ich zückte meine Kamera; für Souvenirs waren sie definitiv zu schwer. Aber dann der Blick auf die andere Talseite: Kare, so weit das Auge reichte. Wie viele ebenso schöne Steine würden sich dort finden?

Keine Antwort; mein Leben ist zu kurz, um das herauszufinden. Genauer: Es würde meine gesamte Lebenszeit oder mehr beanspruchen, dieser Frage auf den Grund zu gehen.

Im Sozialen verhält es sich ähnlich: Mit einem einzigen Mitmenschen kann ich ein Leben verbringen und mich endlos inspiriert austauschen. In direkter Kommunikation kann ich mich mit einigen Dutzend Menschen verbinden; in meinem Adressbuch kann ich ein paar hundert Kontakte verwalten. In die Lebensgeschich-

---

1 Italo Calvino: *Six Memos for the Next Millennium*,
Cambridge (Harvard University Press) 1988.
[Ital. Orig.: *Lezioni americane. Sei proposte per
il prossimo millennio*, 1988.]

ten meiner unmittelbaren Wohnungsnachbarn habe ich kaum Einblick; mein Häuserblock zählt schon so viele Mitmenschen, dass ich partout passen muss (der furchtlose Schriftsteller Georges Perec hat das Experiment gewagt: In *Das Leben Gebrauchsanweisung*[2] nimmt er sich ein Pariser Wohnhaus vor und dekliniert die sozialen Verflechtungen aller Einwohner durch: Für die fünf Etagen des Hauses sind das fast 1000 Seiten und neun Jahre Schreibarbeit). Was ist mit der Million in meiner Stadt, den sechs Milliarden? Wie weiß ich, ob ich meinen Seelenzwilling nicht in Australien habe, in Mali, in Zehlendorf?

Mathematiker, Wissenschaftler und Ingenieure haben sich Wege erfunden, das Immense, das Unüberschaubare und Unzählbare so weit in die Knie zu zwingen, dass man wenigstens damit rechnen kann. Die Infinitesimalrechnung von Leibniz, Cantors Operationen mit unendlichen Mengen, die daraus entwickelten Fraktale[3], von Foersters logarithmische Zeitachsen[4] oder die *fuzzy logic*[5] wären einige Beispiele solcher Verfahren. Eine paradoxe Leistung der Moderne, aber für meine Erfahrungswelt bleibt das Dilemma. Wie viel von der Realität kann ich erfassen? Wie gehe ich damit um, dass ich die Faszination durch das Erlebte immer direkt einer unverhältnismäßig größeren Anzahl von Dingen gegenübergestellt sehe, die mir garantiert entgehen?

Die Frage beschäftigte mich wieder und wieder. Mit George Berkeleys „Esse est percipi"[6] stieß ich erst kürzlich auf eine elegante Antwort: Nur, was wahrgenommen/erkannt wird, existiert. Eine Lösung in drei Worten für das Problem der Millionen, formuliert vor dreihundert Jahren. Die anderen Steine existieren gar nicht,

2 Georges Perec: *Das Leben Gebrauchsanweisung*, Frankfurt am Main (Zweitausendeins) 1982. [Orig.: *La vie mode d'emploi*, 1978].

3 Benoît B. Mandelbrot: *Die fraktale Geometrie der Natur*, Basel/Boston (Birkhäuser) 1991.

4 Heinz von Foerster/Ernst von Glasersfeld: *Wie wir uns erfinden. Eine Autobiographie des radikalen Konstruktivismus*, Heidelberg (Carl Auer) 1999.

5 Lotfi A. Zadeh: Fuzzy Sets. In: *Journal for Information and Control*, Nr. 8, 1965, 338–353.

6 George Berkeley: *The Works of George Berkeley, Bishop of Cloyne*. Hg. v. A. A. Luce, T. E. Jessop, London (Thomas Nelson and Sons) 1948–1957.

1　Objet trouvé 1
2　Objet trouvé 2
3　Detail 1
4　Detail 2

solange sich nicht ein Betrachter ihnen widmet. Die Subjektivierung scheint auch plausibel: Für mich existiert nur, was ich wahrgenommen habe. Obwohl ein augenscheinlicher Philosophismus, der bei materiellen Dingen gut vertretbar, aber im Sozialen unhaltbar ist (ich kann den Milliarden Menschen nicht ihre Existenz absprechen, nur weil ich sie nicht kenne) – ich fand es ziemlich tröstlich: Probleme bereitet mir nur, was ich aus der Ferne, aus dem Augenwinkel, zu ungenau wahrgenommen habe; die Halde auf dem hinteren Bergrücken bereitet mir keine Sorgen, selbst wenn sich dort die Bergkristalle befänden.

„The grass is always greener on the other side."

Was mich zur Arbeit an *gone* motiviert hat, war die gleiche Faszination. Diesmal waren es nicht Steine, der Inbegriff der Hardware, sondern reine Software im Gewand einer Festplatte randvoll mit 30 Gigabyte Daten. 47 Stunden Audioaufnahmen, Carte blanche, ‚etwas damit zu machen'. Ein kalter Schauder beim Realisieren der Unmöglichkeit, mich durch diese Massen von Material durchzuarbeiten.

Der erste Teil von *Rauchwolken und Luftschlösser*, der Workshop im Februar 2012, beinhaltete als integralen Bestandteil Spaziergänge, bei denen die 27 Teilnehmer_innen paarweise durch den Bremer Stadtteil Walle und das angrenzende Hafenviertel spazierten und sich zu vorgegebenen Fragen / Themen unterhielten. Alle Gespräche der 13 Paare wurden mit 13 mobilen Audiorekordern aufgezeichnet. Das aus diesen digitalen Aufzeichnungen entstandene Material war der Inhalt der besagten Festplatte.

So entstand die Klanginstallation *gone*, die in der *Rauchwolken und Luftschlösser*-Ausstellung Anfang 2013 gezeigt wurde, als eine Art Auftragsarbeit aus diesen Aufzeichnungen. Obwohl die Vorgaben der Kurator_innen / Organisator_innen viel Freiraum ließen, kam nach einiger Überlegung nur eine Art der Präsentation infrage. Den Hergang dieser Überlegung möchte ich kurz beleuchten.

Die 27 geladenen Gesprächspartner_innen waren allesamt helle Köpfe, daher war die Chance sehr groß, dass es in den ausgewürfelten Paarkombinationen zu sehr interessanten Gesprächen kommen würde und zu zahlreichen Geistesblitzen. Allein, die mehr als 47 Stunden Aufnahmen durchzuhören, um die besten Stücke daraus auszusortieren, konnte ich mir nicht zutrauen, das waren zwei volle Tage und Nächte ‚Rohmaterial'.

Auch wenn die digitalen Musikbibliotheken auf unseren Computern viel größere Mengen von Klangdaten anzeigen – Musik zu ‚konsumieren' ist unvergleichlich weniger anstrengend als die redaktionelle Arbeit an Gesprächsaufnahmen. Ich stellte fest, dass meine Konzentration bereits in der ersten Stunde des Zuhörens deutlich sank und mir Dinge entgingen, die ich beim Wiederhören für interessant hielt. Wenn das gesprochene Wort sprichwörtlich flüchtig ist, dann ist es bei technisch aufgenommener und wiedergegebener (akusmatischer) Sprache durch die Entkörperung noch viel leichter, Details zu überhören und den Faden zu verlieren. Mladen Dolar hat das Phänomen sehr ausführlich in seiner Monografie über die Stimme[7] beschrieben.

Die Idee, die Aufgabe der Selektion an eine Maschine zu delegieren, war wohl auch nicht realistisch: Eine gut trainierte Maschine könnte zwar die Sprache vom Hintergrundgeräusch trennen, vielleicht die Sprache erkennen und deren Inhalt wiedergeben, aber Sinn von Unsinn zu trennen, Geistesblitze aus dem Gewölk von gewöhnlichen Dialogen herauszufiltern, das überfordert wohl den höchstgezüchteten Supercomputer. Ferner wollte ich es nicht einer einzelnen Instanz überlassen, zu entscheiden, was ein echter Geistesblitz war, was dem Publikum, der Nachwelt erhalten werden sollte; weder meinem noch dem imaginierten Supercomputer-Gehirn. Wenn dem einen recht/billig ist, was dem anderen billig/recht ist, sollte das gesamte Material dem Publikum zugänglich gemacht werden. Das klingt nicht

---

7 Siehe hierzu insbesondere das dritte Kapitel „The Physics of the Voice" in: Mladen Dolar: *A Voice and Nothing More*, Cambridge, Mass. (MIT Press) 2006, 58–81.

5 Halde 1
6 Halde 2
7 Halde 3
8 Halde 4

nur fair gegenüber den Autoren, es steigert auch die Chance, Geistesblitze zu entdecken, proportional zur Zahl der Zuhörer: *Massively Parallel Processing* wäre der ent-
sprechende Begriff der Menschen, die Supercomputer züchten. Zudem würde die
Flüchtigkeit des Sprachflusses auch für das Publikum deutlicher erlebbar werden,
als wenn sie nur vorgefiltertes Material präsentiert bekämen.

Da für die Installation die Möglichkeit, die Geistesblitze im Aufnahmematerial nachvollziehen und gegebenenfalls protokollieren zu können, mithin die
Sprachverständlichkeit Priorität hatte, verboten sich sämtliche Optionen der Manipulation am Aufnahmematerial. Ich wollte kein einziges Wort verloren, keinen
Zusammenhang zerstört haben. Die Aufgabe des Zuhörens ist schwierig genug:
Wer Geistesblitze auffangen, wer Gewitterblitze fotografieren, wer Sternschnuppen
sehen will, darf keine Sekunde die Aufmerksamkeit verschenken.

So wurde die Installation in ihrer aufgeführten Form ein sehr einfacher Apparat: ein Abspielgerät, ähnlich einer Tonbandmaschine, das alle 13 Spuren gleichzeitig parallel abspielt, im Originaltempo ohne jegliche Veränderung. Von den 13 Spuren sind zu jeder Zeit acht in der Galerie hörbar, die restlichen fünf bleiben im
Hintergrund; ab und zu werden Vorder- und Hintergrundstimmen getauscht. Die
acht Dialoge erklingen an acht benachbarten Stellen im Raum; es sind zu Lautsprechern umfunktionierte Fenster der Galerie in der Weserburg, die den Blick freige-
ben auf den Fluss. Die Besucher können einer dieser acht Stimmen lauschen oder,
je nach Position, auch dem Ensemble mehrerer oder aller Stimmen zugleich, einem
Stimmengewirr. Einzig ein roter Knopf ist da, der es erlaubt, im Zeitstrom einen
Augenblick zurückzuspringen, für den Fall, dass jemand etwas Interessantes gehört
hat und nachhören möchte: ein kleiner technischer Luxus, den wir im echten
Leben nicht haben.

9 Artefakt Hardware 1
10 Artefakt Hardware 2

Literaturverzeichnis

Berkeley, George: *The Works of George Berkeley, Bishop of Cloyne.* Hg. v. A. A. Luce and T. E. Jessop, 9 Bde., London (Thomas Nelson & Sons) 1948–1957.

Calvino, Italo: *Six Memos for the Next Millennium,* Cambridge (Harvard University Press), 1988. [Ital. Orig.: *Lezioni americane. Sei proposte per il prossimo millennio*, 1988.]

Dolar, Mladen: *A Voice and Nothing More,* Cambridge, Mass. (MIT Press) 2006.

Foerster, Heinz von / Glasersfeld, Ernst von: *Wie wir uns erfinden. Eine Autobiographie des radikalen Konstruktivismus,* Heidelberg (Carl Auer) 1999.

Mandelbrot, Benoît B.: *Die fraktale Geometrie der Natur,* Basel (Birkhäuser) 1991.

Perec, George: *Das Leben Gebrauchsanweisung,* Frankfurt am Main (Zweitausendeins) 1982 [Franz. Orig.: *La vie mode d'emploi,* 1978].

Zadeh, Lotfi A.: Fuzzy Sets. In: *Journal for Information and Control,* Nr. 8, 1965, 338–353.

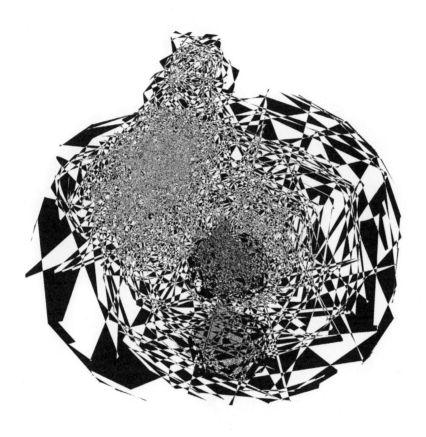

11 Artefakt Software 1

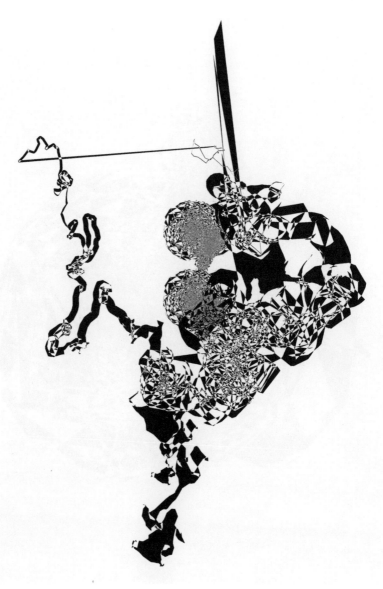

12 Artefakt Software 2

Julijonas Urbonas

Design Choreography.
A Case Study of the Wire

Things have the power to choreograph us, set us in motion (or into stasis). The invention of pavement, for example, had introduced the pedestrian traffic, shoes prolonged the step, while buildings had given possibility to the emergence of parkour or buildering.

In this article, I am introducing the unique creative approach of design choreography that I coined in my PhD thesis.[1] The approach focuses on the choreographic power of things to affect our movements and make our bodies dance. Shifting the creative attention from conventional design goals such as usability, visual appearance, semantics, economy, ecology and safety to the conditions and effects of design choreography, I propose an alternative and dancing-experience-oriented design approach. Design here, in essence, is turning its attention to *kinaesthetic*[2] and whole-body-engaging dimensions of things. It encourages to set bodies into motion, instead of images or words.

Moreover, design choreography does not deal merely with the organization of gesticulating and dangling human bodies and their parts; rather, it is concerned with the experiences these movements produce, and not only those sensual ones such as the pleasures of climbing a spiralling staircase or bouncing on a trampoline, but also the specific psychological and social circumstances the choreographies generate. As a quick example might serve Jonathan Miller's poetic analysis of the staircase which in his words is a unique choreographic "engine, in which the moving parts happen to be the person who uses it", but also often serves as a space allowing people "to stage their preoccupations, choreograph their politics, and dramatize their religions".[3]

---

1 Julijonas Urbonas: The Invention of the Pedestrian. In: Karolina Jakaitė (Ed.): *Texts on Design. Lithuanian and International Contexts*, Vilnius (Acta Academiae Artium Vilnensis) 2011, 155–167.

2 Proprioception, especially when connected with movement, is sometimes called ‚kinaesthesia‘. This term also emphasises muscle memory and hand-eye coordination. Closely connected with these two systems is the vestibular system, a remarkable sensory organ near the auditory sensory complex that carries out a wide range of coordinated activities. It is connected to the eyes and ears, whose neurons respond to vesti-

bular stimulation; it receives important input from the hands and fingers as well as the soles of the feet; it activates facial and jaw muscles; and it affects heart rates and blood pressure, muscle tone, the positioning of our limbs, respiration, and even immune responses. All of this is done to allow us to stand vertically and move through space with a rhythmic sense of balance. See Harry Francis Mallgrave: *Architect's Brain. Neuroscience, Creativity and Architecture*, New York (Wiley-Blackwell) 2010, 201.

3 Jonathan Miller: *Steps and Stairs*, Hartford (United Technologies Corporation) 1989, 8.

Such examples abound, ranging from architectural to implantable scale, from entertainment to military uses, having episodic to long-term choreographic effects, etc. However, in the following text only one type of choreographic device will be reviewed: the wire, that is, various harnesses, ropes and pulleys used for suspending people. It has been chosen for several reasons. First, because such contraptions cannot be easily classified or fall into several categories at once. They are wearable, but also architectural, that is, they function only attached to an architectural body, either ready-made or specially built. Thus they lie somewhere between clothing and building. Another reason is the wide usage and spread of wire devices across different creative areas such as architecture, scenography, cinematic special effects, magic trickery design, and of course aerial dance. This allows bringing these disciplines together on the basis of commonly applicable choreographic design principles.

The strategies and methods of design choreography will be briefly and loosely introduced by analyzing various versions of the wire and invoking phenomenological insights. Special attention will be given to the changing relationships with gravity, which will be considered as one of the major forces that affect bodily movement, but also and more importantly as a key element in the organization of perception.

In identifying creative areas where design choreography does or might play an important and enriching role, I will provide a series of insights on how such an approach could extend the choreographic potentials of creative practices. This text does not strive to be an extensive introduction of design choreography, but to provide a fragmentary sense of the probable new discipline. Therefore, there won't be a conclusive ending, so as to give readers some space for their own interpretation, but also to signal that this approach is just in the process of taking shape.

The text is based on my recent performative talk on design choreography, delivered on the façade of the National Art Gallery. This hybrid of lecture and fairground ride reconstructed the piece *Walking on the Wall* (1971) by famous American choreographer Trisha Brown. Unlike similar reconstructions, this re-enactment was performed not just by the author but by the audience as well – the public was given a chance to take a stroll on the wall.

The Invention of the Wire:
a Non-human Choreographer

Dance historians credit the French ballet master Charles-Louis Didelot as having introduced seeming weightlessness into ballet. He might have been influenced by his performances as a boy marionette in the late eighteenth century Theatre Audinot in Paris, where sometimes puppets were exchanged for real children. Or he

1 Julijonas Urbonas: *Walking on the Wall.*
A Lecture on Design Choreography, 2012

might just have been inspired by this imagery of his childhood. In any case, Didelot invented an adult version of the wire and harness machinery, which lifted dancers upward, allowing them to stand on their toes before leaving the ground.[4] The choreographer noticed and developed the lightness and ethereal quality the 'flying machine' gave to dance, and the audience was captivated. That is where pointe, the on-the-tip classical ballet technique, emerged. Thus it could be said that the vocabulary of ballet was designed as much as choreographed.

Changing Relationship with Gravity: Altered Perception

Between 1968 and 1972, the American dancer and choreographer Trisha Brown – an aerial dance pioneer – had been using various custom made harness devices as well as ready-made mountain climbing equipment for her performance series *Equipment Dances* which studied choreographic transformations of the body's relationship to gravity. Brown focused on ordinary movements like standing, walking or dressing up to demonstrate how they were intrinsically governed by earthly downward pull. One of her first performance pieces, *Floor of the Forest* (1970), was about getting dressing horizontally. It was as much about dancing as it was the

4 Carol Lee: *Ballet in Western Culture. A History
of Its Origins and Evolution*, London (Routledge)
2002, 189.

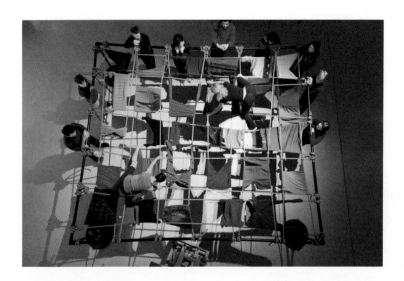

effects of a choreographic prop: a 4 by 5 meter frame made from pipes with ropes tied across. Unto these lines clothes had been hung tightly together with sleeves attached beneath pant legs, forming a solid rectangular surface. The audience was free to move around the periphery of this wearable architecture as the performers dressed and undressed their way through the structure. Watching a video documentation of the performance, it is hard to not take notice of the dramatized power of gravity – even well trained dancers struggle with the quotidian and normally vertical activity.

Other dance pieces involved dancers performing on surfaces perpendicular to the ground. In *Man Walking Down the Side of a Building*, Trisha Brown sent her dancer down the façade from the rooftop of her SoHo loft, a seven-storey building. The dancer, strapped into a mountaineering harness, simply walked down the side of the building with arms held tightly to the sides of his body. The quotidian pedestrian activity turned perpendicular is no longer recognizable, challenging body knowledge in such a way that even the well trained choreographer Elizabeth Streb walked like Frankenstein's monster, as she struggled to keep herself fully upright and her arms – that must have felt very heavy – on her side while moving forward and downward during a historical recreation of the piece.[5]

5 Gia Kourlas: Elizabeth Streb. In: *Timeout* [online], 12/5/2011. Available: www.timeout.com/ newyork/art/elizabeth-streb?pageNumber=2, last accessed 11/20/2012.

6 Chris Salter: *Entangled. Technology and the Transformation of Performance*, Cambridge, Mass. (MIT Press) 2010, 245.

7 Francis Smith: Simulators For Manned Space Research. In: *Spaceflight Revolution*, NASA SP-4308, March 21–25, IEEE International Convention, New York (NASA) 1966.

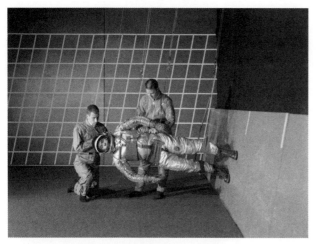

2 Trisha Brown: Rehearsals of *Floor of the Forest*, 1970
3 *Reduced Gravity Walking Simulator*, 1967

In Brown's *Walking on the Wall*, which was performed at the Whitney Museum of Art, harnessed dancers were perpendicularly hung and could walk, run or remain still at varying heights on two right-angled walls with the aid of climbing ropes and extended tracks that curved around the room.[6] The performers were walking 'horizontally' as if they were taking a casual stroll in the street, stepping around corners, meeting and parting and never looking down, where the spectators were actually situated. But which way is down?

Much like in a weightless atmosphere, it is up to the spectator to decide. The only difference is that this question is posed not up there, in outer space, but down here where gravity pulls us incessantly and irresistibly. Therefore, it should come as no surprise that almost an identical performance had been staged a decade earlier by NASA in preparation of the Apollo 11 mission with a device called *Reduced Gravity Walking Simulator*. This was also based on ropes and harnesses, used to evaluate the effects of lunar gravity (one-sixth of that of the Earth) on man's walking and running capabilities. An astronaut weighing 80 kilograms perpendicularly hung against an almost right-angled wall and 'standing' on it would have exerted a force of only 15 kilograms – the same as if he was standing upright on the lunar surface.[7]

These examples are unique yet limited to professionals and specific audiences. It might seem that only performers could actively immerse themselves in the wire-enabled new sensual realms, but in fact even spectators' eyeballs could be set into dancing motion. This is the creative domain where empathy manifests itself at its best. And it could be choreographed by design.

The Empathy. Conjuring Dances

In their practice, Trisha Brown as well as other aerial dancers have not been disguising the means of suspension, because their creative attention has been devoted to the bodily movements the devices allowed, not the hardware itself. However, the display of the equipment is a part of the spectacle hard to ignore. The performers experience severe tension in their muscles, pressure of the harnesses and spatial re-orientation, whereas the spectators are left to imagine such experiences by empathizing with the performers. The latter may try to disguise their effort, yet the tension of the ropes provides a hint on what is it like to challenge gravity, what is it like to become such a wire-led being. Such an effect has been creatively employed by choreographer Elizabeth Streb for her gravity-defying-or-defining dance performances that fuse extreme sports, modern dance, stunt work, acrobatics and circus. An important element of her dance work is machinery, which provides the possibility to explore "what it could do for the body that the body could not do for itself",[8] but also strengthens the sensual connection with the audience. Streb likes to amplify the physical aspects of her pieces – such as the thuds of her performer's high landings and the clank and clatter of the stage equipment – either mechanically or audio electronically.[9]

This approach is employed differently in cinema, particularly when it comes to special effects. Cinema is a lot about visual trickery and illusionism, and therefore it does not usually expose the methods behind the tricks such as the wire systems of the superman flight or the technical means of producing rotating gravity effects to the audience (recall the famous jogging scene under artificial gravity in the spaceship Discovery of Stanley Kubrick's *2001: A Space Odyssey*).[10] Since the suspending devices discussed previously create certain conditions that emulate weightlessness, they have also been used for numerous scenes in films from supernatural fights to sex in outer space. For example, Fritz Lang's silent movie *Woman in the Moon* (1929)[11] demonstrated for the first time on screen the absence of weight in space three decades before anyone experienced it for real, that is, before the invention of the reduced gravity aircraft, aka "vomit comet."[12] In the rocket on its way to the moon, the passengers have to hold handrails and put their feet in special belt nooses attached on the floor to prevent themselves from floating away, much like it is done by astronauts today. In one scene, most likely employing rig and ropes, a boy performs a light jump to find that it would thrust him so high that only the ceiling of the rocket would stop him. Despite the lack of the motion fluidity, the encounter should have compellingly introduced the new realm of bodily motions in space, but also inspired future filmmakers such as George Pal in whose movie *Destination Moon* (1950)[13] a rocket's crew also experience weightlessness and use magnetic boots to attach themselves to the spacecraft's floor and walls. More

4 Behind the scenes of the movie
   Destination Moon, 1950

recently, the movie *Inception* (2010),[14] directed by Christopher Nolan, depicted unique scenes of altered states of gravity, where gravity's direction tilts or even spins around, and one of the proponents careens down hallways that shift and turn up-side down. In another scene he fights an array of armed men in zero gravity rooms, bouncing off walls and ceilings like a martial-artist-cum-astronaut. One zero gravity sequence shows the character taking five weightless sleeping bodies, wrapping a chord around them, and floating them down the hall into an elevator. The scenes

8 Michael Homes: Interview with Elizabeth Streb. In: *Bomb Magazine* [online], 7/2010. Available: www.bombsite.com/issues/112/articles/3525, last accessed 5/25/2012.

9 Nancy Reynolds/Malcolm McCormick: *No Fixed Points. Dance in the Twentieth Century*, New Haven (Yale University Press) 2003, 625.

10 *2001: A Space Odyssey*, USA 1968, 141 min., Metro-Goldwyn-Mayer (MGM), Stanley Kubrick Productions, directed by: Stanley Kubrick, screenplay: Stanley Kubrick, Arthur C. Clarke, cast: Keir Dullea, Gary Lockwood, William Sylvester et al., cinematography: Geoffrey Unsworth, film editing: Ray Lovejoy.

11 *Frau im Mond*, Germany 1929, 156 min., Fritz Lang-Film production, directed by: Fritz Lang, screenplay: Thea von Harbou, Fritz Lang, cast: Klaus Pohl, Willy Fritsch, Gustav von Wangenheim et al., cinematography: Curt Courant, Oskar Fischinger et al., music: Jon Mirsalis.

12 Mark Brake/Neil Hook: *Different Engines. How Science Drives Fiction and Fiction Drives Science*, London (Palgrave Macmillan) 2008, 81.

13 *Destination Moon*, USA 1950, 92 min., George Pal Productions, directed by: Irving Pichel, screenplay: Alford Van Ronkel, Robert A. Heinlein et al., cast: John Archer, Warner Anderson, Tom Powers et al., cinematography: Lionel Lindon, film editing: Duke Goldstone, music: Dave Torbett.

14 *Inception*, USA 2010, 148 min., Warner Bros. Pictures, directed by: Christopher Nolan, screenplay: Christopher Nolan, cast: Leonardo DiCaprio, Joseph Gordon-Levitt, Ellen Page et al., cinematography: Wally Pfister, film editing: Lee Smith, music: Hans Zimmer et al.

are noticeable for their extraterrestrial choreographic verisimilitude that was enabled by a unique combination of techniques, most of which were custom designed, such as wire structures and rigid poles like big Popsicle sticks for suspending actors midair, even custom moulded fibreglass supports built to fit their bodies. Such trickery is of course concealed to amplify the plausibility of the choreographic circumstances the contraptions allow to simulate, but also to enhance the cinema's empathetic link with the spectator.

The concealment of the trickery is even more important in stage magic and conjuring arts. More than cinematic special effects, magic tricks demand that the device itself is designed to make it hardly visible (or rather invisible). In cinema harnesses could be masked with the help of computer graphics or photomontage, whereas magic wire-based contrivances have to be created in such a way as to be undetectable to the human eye. This is usually achieved by hiding a harness beneath a costume and using very thin wires, and then enhancing the masking effects with special lighting. In addition to that, since the important part of magic tricks is mystery and wonder, trickery not only has to be undetectable but also should be immune to certain challenges and give 'testimony' to the absence of trickery. For example, passing a hula hoop around the body of the levitating performer 'proves' the authenticity of the magic or at least dramatizes wonder.

The magician David Copperfield's *Flying Illusion* (1992) is especially notable for such a design. During the trick, Copperfield flies acrobatically about the stage, even performing a backflip in midair, and then has spinning hoops passed around him to aid the deception.[15] He then floats down into an acrylic glass box, previously examined by audience members, and continues to float inside after the box is covered; an assistant walks over the top, and Copperfield walks upside down moving his feet under the assistant's feet. He then selects a female volunteer from his audience and flies holding her in front of him. In fact, the trick was created by the designer of magicians' equipment John Gaughan and patented in 1994. According to the patent, the performer is supported by two fan-shaped arrays of fine wires that remain invisible to the viewing audience.[16] The wires are about 0.25 mm thick, and support about 10 kilograms each; the arrays contain more than enough wires to support the performer's weight. The wire arrays are mounted at the hips, near the human centre of mass, to a harness worn under the clothing. This creates a balance point facilitating a wide range of movements while suspended. The wires are attached to a complex computer-controlled rig above the stage that maintains the tension in each wire, and keeps each array of wires perpendicular to the audience's

15 The Magic of Illusion: *David Copperfield –*
    Flying (Levitation), 12/6/2009. Available:
    www.youtube.com/watch?v=wChk5nY3Kzg,
    last accessed 2/13/2012.

16 John Gaughan: *Levitation Apparatus*,
    U.S. Pat. 5,354,238, 1994.

5 Elizabeth Streb: *Speed Angels*, 2012. The performers
   wear a custom designed harness by Hugh Herr

line of sight so that the wires never overlap one another, which might allow the audience to see them.[17] This contraption nicely exemplifies the successful meeting of invisible and debunking-proof design, which is amplified by a performative power it embodies. The performer's unencumbered appearance and the freedom of bodily movement in the air discourages the presumption of the use of wires, but also provide the performer a richer choreography to enact an ostensibly achieved weightlessness. Performativity – the capacity for expressive action – is another important aspect of magic design as well as of design choreography in general.

Performativity and Thingly Agency

Copperfield's equipment is unique indeed, and his dance is relatively graceful. The device's choreographic potentials, however, are yet to be explored. Copperfield is not much interested in this as he makes do with imitating movements such as those of swimming underwater. His levitation dance hardly goes beyond the level of just saying: "You see, I am not using any ropes". It does not invite aesthetic appreciation and interpretation but rather wonder about what makes him levitate. Unfortunately, the same issue applies to all magic levitation performances I have seen so far. The magicians David Blaine and Peter Marvey, also well known for their magic levitation performances, included. I cannot help but wonder what contemporary aerial dancers such as Trisha Brown or Elizabeth Streb would make of such devices as Gaughan's computer controlled wire machine.

Actually, among the choreographic machinery the STREB dance company uses – such as pneumatic human launching devices, a human-sized yo-yo and customized bungee structures –, there is a rotating harness very similar to Copperfield's. Designed by Hugh Herr, director of the Biomechatronics group at The MIT Media Lab, the harness was originally created for the show *Brave* (2009), during which performers executed aerial cartwheels and flipped off a vertical wall, frontally and sidewise, with occasional inverted free-falls stopping a foot before heads would have met the stage.[18] The device later featured in *Speed Angel* during the Cultural Olympia in front of the National Theatre as part of the 2012 London Olympics. In the performance, three transcendent bodies were attached to high-speed winches that rocketed up and down at various velocities, sometimes reaching the dizzying speed of eight meters per second. The speed made the dancers virtually disappear from their various spots in space as they mimed, in ever more intricate ways, body rising and falling from 30 meters above the earth to skimming the

17 Wikipedia contributors: David Copperfield's Flying Illusion. Available: www.en.wikipedia. org/wiki/David_Copperfield%27s_flying_ illusion, last accessed 5/3/2012.

18 Tiffany Chu: STREB Dancers Are Brave, Indeed. In: *The Tech*, vol. 129, no. 51, 2009, 9.

19 Michael Homes, Interview with Elizabetz Streb.

ground's surface. At that height and at that speed, the suspendees assumed extraordinary shapes and forms, turning where it seemed impossible, holding shape, ascending and descending together and apart to create muscular arcs in the air.

Having explored a hardware-derived choreographic performativity, and engineering such machinery by herself, Elizabeth Streb notices that the inventions not only enable new movements and orientations of the body, but also co-choreograph the dances on their own: "Even though I think I know what might happen with them [choreographic contraptions] once I get them in the space, never the twain shall meet. What I think I know about movement is constantly defied by what the machinery and the dancers reveal to me in practice and by the reality of space, time, and forces."[19]

This is nothing new or radical – creative people often find themselves being 'steered' by the things they develop. However, what could be unique is pushing such a material agency to its extreme, that is, designing an object with some sort of choreographic performativity and only then create choreography to specific purposes or formats such as stage dance, cinema or circus. A design choreographer designs a machine, which is later explored by a choreographer or dancer, or actor, or pedestrian, then by a creative director. Finally, an art piece – a dance composition or a theatrical performance or a film script – is conceived during such a free and loose submission to an object's implicit choreographic didactics and performative capacity. This experimental and open-ended approach may be difficult to direct and its outcome would be unpredictable, but such precedents as Charles-Louis Didelot's flying machine should encourage us to take up that challenge.

Films

2001: A Space Odyssey, USA 1968, 141 min., Metro-Goldwyn-Mayer (MGM), Stanley Kubrick Productions, directed by: Stanley Kubrick, screenplay: Stanley Kubrick, Arthur C. Clarke, cast: Keir Dullea, Gary Lockwood, William Sylvester et al., cinematography: Geoffrey Unsworth, film editing: Ray Lovejoy.

Destination Moon, USA 1950, 92 min., George Pal Productions, directed by: Irving Pichel, screenplay: Alford Van Ronkel, Robert A. Heinlein et al., cast: John Archer, Warner Anderson, Tom Powers et al., cinematography: Lionel Lindon, film editing: Duke Goldstone, music: Dave Torbett.

Frau im Mond, Germany 1929, 156 min., Fritz Lang-Film production, directed by: Fritz Lang, screenplay: Thea von Harbou, Fritz Lang, cast: Klaus Pohl, Willy Fritsch, Gustav von Wangenheim et al., cinematography: Curt Courant, Oskar Fischinger et al., music: Jon Mirsalis.

Inception, USA 2010, 148 min., Warner Bros. Pictures, directed by and screenplay: Christopher Nolan, cast: Leonardo DiCaprio, Joseph Gordon-Levitt, Ellen Page et al., cinematography: Wally Pfister, film editing: Lee Smith, music: Hans Zimmer et al.

Literature

Brake, Mark/Hook, Neil: *Different Engines. How Science Drives Fiction and Fiction Drives Science*, London (Palgrave Macmillan) 2008.

Chu, Tiffany: STREB Dancers Are Brave, Indeed. In: *The Tech*, vol. 129, no. 51, 2009.

Gaughan, John: *Levitation Apparatus*, U.S. Patent 5,354,238, 1994.

Homes, Michael: Interview with Elizabeth Streb. In: *Bomb Magazine* [online], 7/2010. Available: www.bombsite.com/issues/112/articles/3525, last accessed 5/25/2012.

Kourlas, Gia: Elizabeth Streb. In: *Timeout* [online], 12/5/2011. Available: www.timeout.com/newyork/art/elizabeth-streb?pageNumber=2, last accessed 11/20/2012.

Lee, Carol: *Ballet in Western Culture. A History of Its Origins and Evolution*, London (Routledge) 2002.

Mallgrave, Harry Francis: *Architect's Brain. Neuroscience, Creativity and Architecture*, New York (Wiley-Blackwell) 2010.

Miller, Jonathan: *Steps and Stairs*, Hartford (United Technologies Corporation) 1989.

Nancy, Reynolds/McCormick, Malcolm: *No Fixed Points. Dance in the Twentieth Century*, New Haven (Yale University Press) 2003.

Salter, Chris: *Entangled. Technology and the Transformation of Performance*, Cambridge, Mass. (MIT Press) 2010.

Smith, Francis: Simulators For Manned Space Research. In: *Spaceflight Revolution*, NASA SP-4308, March 21–25, IEEE International Convention, New York (NASA) 1966.

The Magic of Illusion: *David Copperfield – Flying (Levitation)*, 12/6/2009. Available: www.youtube.com/watch?v=wChk5nY3Kzg, last accessed 2/13/2012.

Urbonas, Julijonas: The Invention of the Pedestrian. In: Karolina Jakaitė (Ed.): *Texts on Design. Lithuanian and International Contexts*, Vilnius (Acta Academiae Artium Vilnensis) 2011.

Wikipedia contributors: David Copperfield's Flying Illusion. Available: www.en.wikipedia.org/wiki/David_Copperfield%27s_flying_illusion, last accessed 5/3/2012.

Claudia Reiche

P/hand/tome tasten.
Chirurgische Simulatortechniken
und ihre Imaginationen

1.

Ich schreibe: Ich möchte über das Tasten sprechen. Das heißt auch ‚Fühlen'.[1] Doch über die Vorstellungen, die Imaginationen des Tastens, des Fühlens zu sprechen, ist schwierig. Der Tastsinn ist im Verhältnis etwa zum Sehsinn eher verschwiegen, und ‚Tasten', substantivisch, sind in Tastaturen zu finden – fast allgegenwärtig –, ebenso wie das vom Fühlen abgeleitete ‚Gefühl', heute meist reduziert im Sinne von „emotion: natural instinctive state of mind"[2] und damit so oder so der sprachlichen Äußerung fern gerückt. So oder so … Dies gilt auch für den Heidegger'schen Entwurf zum Gefühl, mit Bezug auf seine sprachliche Arbeit des Denkens. Für Heidegger ist ein „bloßes Gefühl" ausreichend, um das Dasein in dessen Existenz hervorzubringen.[3] Dies ist als Be-findlichkeit bestimmt, „als schlummernde Möglichkeit des befindlichen In-der-Welt-seins"[4], und auch: „daß dieses Gefühl für etwas zugleich ein Fühlbarmachen des Fühlenden selbst und seines Zustands, seines Seins im weitesten Sinne ist".[5] Nun hat die vorliegende Analyse wiederum mit der Neurologie, Propriorezeption, den tastenden Händen und der Täuschbarkeit bis hin zur haptischen Halluzination zu tun, wie zu zeigen sein wird, anhand chirurgischer Simulatortechniken.

Vom „bloßen Gefühl" zur räumlichen Hervorbringung des Seins und dessen Ausdehnung in der Welt ging es bei Heidegger … und jetzt darüber hinaus: Könnten Simulationen – als Tastbarkeiten in Virtual Reality implementiert – das Fühlen aus der schlummernden Stummheit hervorbringen? Es gilt im Folgenden, das Fühlen als Möglichkeitsraum zu eröffnen und technische Ansprechbarkeiten zugleich als Imaginationen zu adressieren.

Doch zunächst: sprachlich konkret zurück zu den und dem ‚Tasten', einer körperlichen Aktion und zugleich substantivisch einer auf den menschlichen Körper angepassten Schaltvorrichtung. Denn ‚Tasten' verweist auf das Eingabe-Interface für

---

1 Zumal im Deutschen: ‚fuolen' (althochdeutsch) im Sinne von ‚tasten', ‚spüren'.

2 *New Oxford American Dictionary*, online: www.oxforddictionaries.com/definition/ american_english/emotion?q=emotion, zuletzt gesehen am 30.5.2013.

3 Martin Heidegger: *Sein und Zeit* [1927], Tübingen (Niemeyer) 1964, 109.

4 Heidegger, *Sein und Zeit*, 141.

5 Martin Heidegger: *Grundprobleme der Phänomenologie*. Marburger Vorlesung im Sommersemester 1927, GA Bd. 24, Frankfurt am Main (Klostermann) 1975.

Maschinenbefehle unter den Fingerspitzen und auf eine Stummheit, in der sich haptische Sinneswahrnehmung und das große Unbegriffene und Ungreifbare des „psychischen Apparats" – wie Freud es nennt: „eine Fiktion"[6] – mit der Schrift treffen. Die Idee, das und die stummen ‚Tasten' als hervorgebracht aus einer Leerstelle und zugleich als mediales Phantom begreifen zu wollen, liegt nahe. Vielleicht kann mit diesem Geschmack – englisch *taste* – am Medium Sprache und am Unbewussten das Denken vorankommen.

Ein Kunstgriff, Handgriff im Ungewissen, ist bereits in der Schriftlichkeit des Titels „P/hand/tome tasten" angebracht. Die ‚hand' im ‚P/hand/tom' ist mit kleinem Fehler, dem schwer mitzusprechenden ‚d', eingefügt und zugleich typografisch herausgetrennt – *slash, slash* – wie bei einem chirurgischen Eingriff, der das sonst natürlich oder instinktiv Erscheinende geschickt und gewaltsam unterbricht, irgendwo zwischen Sprechen und Schreiben. Als solche ‚P/hand/tome' seien gleichermaßen alte und neue, insbesondere virtuelle Tastbarkeiten angeschrieben – ‚reality' ebenso wie ‚virtual reality' und Telepräsenz, fantastische Bereiche, in denen Hände und Gespenster eine entscheidende Rolle spielen. An die Imaginationen neuer wissenschaftlicher Erfindungen, ‚real fictions', vor dem Hintergrund von Philosophie und Psychoanalyse, die den neu entstandenen Bereich der robotischen Chirurgie und der dort angeschlossenen Virtual Reality begleiten, möchte ich mich so heranwagen.

2.

Ähnlich wie Piloten im Flugsimulator das Fliegen trainieren, bereiten sich heute auch Chirurgen an Operationssimulatoren auf Eingriffe vor. Im Unterschied zum simulierten Steuern eines Flugzeugs von einem Ort zum andern, wobei der Simulator an einem Ort verbleibt, sind mit Operationssimulatoren nach Zuschalten der robotischen Endgeräte und des Patientenkörpers chirurgische Eingriffe auch tatsächlich durchführbar. Eine maßgebliche Funktion dieser Entwicklung zu den robotergestützten Operationen ist neben der visuell-räumlichen auch die angestrebte Übermittlung von haptischer Information über die organischen Strukturen des Körperinneren. Die simulierte Tastbarkeit für den Operateur als Feedback seiner Handlungen im Daten- wie im Körperraum ist in verschiedenen Ansätzen ent-

6 Sigmund Freud: *Die Traumdeutung* [1900], Studienausgabe Bd. II, hg. v. Alexander Mitscherlich/Angela Richards/James Strachey, Frankfurt am Main (Fischer) 2000, 568, 572.

7 Intuitive Surgical, Homepage, www.intuitive-surgical.com, zuletzt gesehen am 30.5.2013.

8 Vgl. zur ‚Renaissance' der Leonardo-da-Vinci-Vergleiche in der modernen Bildgebung und Simulationstechnik in der Medizin: Claudia

Reiche: *Digitale Körper, geschlechtlicher Raum. Das medizinisch Imaginäre des „Visible Human Project"*, Bielefeld (transcript) 2011, Kapitel „Hard Core oder der mathematische Kern Gottes", 257–298.

9 Intuitive Surgical, Homepage, da Vinci Standard System, www.intuitivesurgical.com/products/davinci_surgical_system/davinci_surgical_system_standard, zuletzt gesehen am 30.5.2013.

wickelt worden. Erreicht werden soll, dass das virtuelle Körpermodell mit spürbarem materialgerechtem Widerstand – Kraftrückkopplung und Drehmoment – auf die schneidenden, nähenden Operationen der Phantomwerkzeuge ‚reagiert‘ und dem virtuellen Gewebe dabei haptisch eine ähnliche Glätte, Festigkeit, Elastizität (oder auch Rauheit, Flüssigkeit, Starrheit) zukommt wie dem jeweiligen lebenden Patientenkörper, genauer: so, wie dieser sich mit zwischengeschalteten Operationswerkzeugen den Händen darstellt. Es ist die minimalinvasive Chirurgie mit winzigen, von den Chirurgenhänden ohnehin weit entfernten Effektoren, die simuliert oder robotisch gesteuert werden kann.

Bereits in der χειρουργία (*kheirourgía*), dem altgriechischen Werken der Hand, ist ein direkter Kontakt der operierenden Hand mit dem operiertem Körper nicht notwendig als Unmittelbarkeit benannt, sondern im Unterschied zu ‚Hand auflegenden‘ Praktiken in der Krankenversorgung zeichnet sich Chirurgie bei Wundversorgung oder Aderlass durch die Verwendung von Instrumenten aus. *Kheir*, die tastende Hand, wird somit in der alten ‚Kunst‘ der Chirurgie durch und als Werkzeug in diesem Sinne schon als medientechnisch zu fassen sein.

Wie heute anhand eines dreidimensional eingespeisten Videobildes und mit Händen an mechanischen Steuergeräten fernoperiert werden kann, teilen Geräte und Informationsmaterialien der Firma Intuitive Surgical zeitgemäß mit. Die als Warenmarke gekennzeichnete Catchphrase lautet: „Taking surgical precision beyond the limits of the human hand™".[7] Dass eine neue Präzision jenseits der Grenzen läge, die der menschlichen Hand gesetzt seien, scheint wörtlich genau als Teil der Behandlung (von Kunden) anerkannt. Dabei liegt den Bezeichnungen und Behauptungen eine Identifikation der Chirurgenhand mit dem Operationsapparat, insbesondere dem ausführenden Werkzeug, den Endeffektoren, zugrunde, die sich in Gestalt einer apparativen Überbietung artikuliert. Die zusätzliche Assoziation zwischen Künstler- und Chirurgenhand ist durch die Benennung der verschiedenen Serien des Systems, das als weltweit führend gilt, plakativ gesetzt: „da Vinci® Surgical Systems".[8] Die Arme dieses robotischen Systems, für winzige endoskopische Zangen genutzt oder auch mit Schere, Nadel, Lichtquelle, Kameras bestückt, können bei ihren chirurgischen Handhabungen in mehr Richtungen verdreht werden, als das menschliche Handgelenk und die Fingergelenke es könnten – technisch übersetzt als sieben „degrees of freedom",[9] was die Zahl der frei wählbaren, voneinander unabhängigen Bewegungsmöglichkeiten bezeichnet. In dem dreikomponentigen System, bestehend aus Steuer- und 3-D-Sichtkonsole, Rechnereinheit und dem mehrarmigen Operationsturm, ist das Zittern der Chirurgenhände durch Stabilisierungsalgorithmen unterdrückt und die Operationsgesten an der Steuerkonsole sind auf die gewünschte, auch mikroskopische Skala verkleinert. Name und Catchphrase versprechen insofern zum einen eine quantifizierbare Steigerung menschlicher Sinneskapazitäten und Geschicklichkeiten, zum anderen etwas

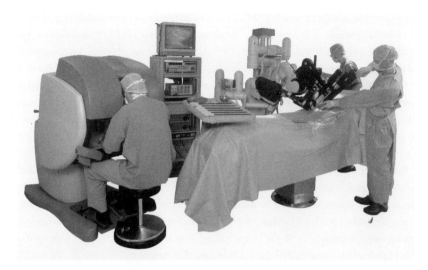

‚jenseits' des Messbaren, ein Un(be)greifbares, das verehrten Renaissance-Genies und berühmten Chirurgen zugeschrieben wurde: in erfahrene Hände als sensible ‚Intuition' und ‚Artistik' eingewandert. Diese messbar/unmessbare Steigerung soll nun dies Gerät bieten, ähnlich den von Walter Benjamin einst präzise als „spezifisch gestische Kunststücke der Technik" bezeichneten apparativ/humanen Durchdringungen.[10]

Von Interesse ist besonders das Verhältnis zwischen Operationsgesten der Hände (und Füße) des Chirurgen zu den robotischen Operationsbewegungen im Patientenkörper, insofern auch eine neue psychisch/apparative Relation hier ihre verkörperte Hervorbringung findet. Ein Patienteninformationsblatt der Münchener Universitätsklinik stellt dies in einem verbergenden Beschwichtigungsversuch bloß: „Im Gegensatz zu herkömmlichen Operationen befindet sich der Operateur während des Eingriffes nicht unmittelbar bei dem Patienten, sondern steuert die Operationsinstrumente von der Konsole aus mit kleinen Joysticks. Er kann dabei seine Hände wie gewohnt und natürlich bewegen, die Umsetzung der Bewegungen auf die Präzisionsinstrumente erfolgt rechnergestützt und zitterfrei."[11]

Es gilt bereits bei der Lektüre weniger Sätze aus den Informationsbroschüren zu bedenken: Wenn hier etwas „natürlich" und „wie gewohnt" geschieht, so könnte statt einer intendierten Beruhigung besorgter Patienten eine intellektuelle ‚zitternde' Beunruhigung ausgelöst sein. Kenntlich wird am behaupteten Gewohnten und Natürlichen der Körper in medialer Fremdheit als ‚umgesetzer'. Er erweist sich in der Dissoziation von Wahrnehmung und Wahrgenommenem nur spärlich und wie von ‚kleinen Joysticks' und Narkosemitteln zusammengehalten, ebenso wie die ‚Umsetzung der Bewegungen' nach solchem Schreck (in präziser gestischer Über-

1–3 *da Vinci Surgical System Standard*,
Gesamtansicht des Aufbaus und
Komponenten: Steuer- und 3-D-Sichtkonsole,
Handsteuerung (Detail)

tragung) weniger gestützt denn abgestürzt erscheint – selbst wenn der Aufforde-
rung zur identifikatorischen *Einfühlung* in die Technologie immer schon vorauseilend nachgekommen worden sein wird.[12]

Was in der visuellen dreidimensionalen Darstellung der medizinischen Objekte schon vertraut sein mag, erscheint in der Zone des technisch Machbaren im
Bereich der Haptik vielleicht noch so ungewohnt, dass darüber etwas offener, unter
Nutzung des Erstaunens, wenn nicht Schreckens, nachgedacht werden kann. Wenn
es ein temporärer und diffus umschriebener Raum ist, ‚Luftschloss und Rauchwolke‘ zugleich, an der rätselhaften Stelle zwischen materiellem Angefülltsein und
immaterieller Imagination platziert, lässt sich die besondere Ungreifbarkeit etwa
in Form einer Frage artikulieren (die sich auf den Kontext dieses Texts bezieht): Hat
die ‚Rauchwolke‘ mit dem ‚Luftschloss‘ die Plätze getauscht, indem die materiellen
Asche-Ruß-Partikel, die temporären Wolkenräume kontaminierend, in diese hin-
eingezogen wären?

Die chirurgisch-robotische Umsetzung des Körpers wirkt als Schock und Ein-
schnitt in das Körperbild, als nicht oder noch nicht zu Symbolisierendes wie eine

10 „Luc Durtain führt in einem Verzeichnis spezifisch gestischer Kunststücke der Technik diejenigen auf, ‚die in der Chirurgie bei gewissen
schwierigen Eingriffen erforderlich sind. […]
Welch reiche Stufenfolge subtilster Muskelakro-
batik wird nicht von dem Mann gefordert,
der den menschlichen Körper reparieren oder
ihn retten will […].‘ (Luc Durtain: La technique et l'homme. In: *Vendredi*, 13 mars 1936,
No. 19.)" In: Walter Benjamin: Das Kunstwerk im Zeitalter seiner technischen Reprodu-

zierbarkeit (zweite Fassung) [1939]. In: ders.:
Gesammelte Schriften, Bd I.2, Abhandlungen, hg. v.
Rolf Tiedemann / Hermann Schweppenhäuser,
Frankfurt am Main (Suhrkamp) 1991, 471–508,
hier 496, Fußnote 22.

11 Patienteninformationsblatt 2013 der Urologischen Klinik und Poliklinik, Klinikum der
Universität München, Campus Großhadern.

12 Vgl. die von Walter Benjamin befürwortete
„Einfühlung" in den Apparat: Benjamin, Kunstwerk, 488.

technologisch reinszenierte Psychose – „wo die Objekte von einer unsäglichen Fremdheit verwandelt, sich als Chocs, Rätsel und Bedeutungen enthüllen"?[13] Und auch ‚Haut-Empfindungen', taktile Wahrnehmungen, dort gespürt werden können, wo nichts zu messen, geschweige denn zu sehen ist.

Insbesondere Strahlungen und Wellen durch „Ströme von Luft, Elektrizität, Magnetismus, X-Strahlen"[14] werden von psychotischen Patient_innen oft geschildert, welche mit Erregungen jeglicher Art, taktilen Empfindungen sowie erzwungenen Bewegungen einhergehen sollen. Sowohl Lust als auch Schmerz würden so von unbekanntem Ursprung ausgelöst, wie es in Victor Tausks *Beeinflussungsapparaten*, seinem (verschlüsselten) Text über technische Medien von 1919, berichtet wird.

„Der schizophrene Beeinflussungsapparat ist eine Maschine von mystischer Beschaffenheit. Die Kranken vermögen seine Konstruktion nur andeutungsweise anzugeben. Er besteht aus Kasten, Kurbeln, Hebeln, Rädern, Druckknöpfen, Drähten, Batterien u. dgl. Gebildete Kranke bemühen sich, mithilfe der ihnen verfügbaren technischen Kenntnisse die Zusammensetzung des Apparats zu erraten und es zeigt sich, [...] dass aber alle menschlichen Erfindungen nicht ausreichen, um die merkwürdigen Leistungen dieser Maschine, von der sich die Kranken verfolgt fühlen, zu erklären. Die hauptsächlichen Wirkungen [...] sind folgende: [...] Er macht Sensationen, die zum Teil nicht beschrieben werden können, weil sie dem Kranken ganz fremd sind, zum Teil als elektrische, magnetische oder Luftströme empfunden werden."[15]

Wie Christoph Asendorf in seinem Buch *Ströme und Strahlen*[16] ausführt, sind es Künstler_innen, die es unternehmen, große technologische Veränderungen um 1900 imaginär und kulturbildend aufzufangen. Nicht selten münden diese Produktionen in Krankengeschichten. Einige der haptischen Berührungs- und Empfindungshalluzinationen, wie sie die verfallenden Körper- und Dingwelten bei Heraufkunft der Elektrizität, der Röntgen- und atomaren Strahlung sowie der technischen Medien begleiteten, könnten heute wohl fast technologisch implementiert werden, und das „langsame Verschwinden der Materie um 1900" – so der Untertitel von Asendorfs Buch – wäre in Anbetracht heutiger Simulationswelten als ‚Wiedererscheinen p/hand/tomatisch veränderter Materie' zu aktualisieren.

Es lohnt nämlich, nach der psychiatrischen in ganz gleichberechtigter Weise auch die medienhistorische Geschichte der Hervorbringung von visuell und haptisch vermittelten Objekten an der un-/körperlichen Schnittstelle von Haut und Einbildung anzusprechen. „The cinema of the future will become the first art form to reveal the new scientific world [...] in full sensual vividness and dynamic vitality of our consciousness",[17] schrieb der Erfinder und Filmemacher Morton Heilig 1955 über seine Medienvisionen, die sich heute buchstäblich und doppelt erfüllt hätten: Sein kleines visuell-haptisches 3-D-Geruchskino mit Windgebläse scheint Elemente heutiger virtueller Realität früh gestaltet zu haben und zugleich artikulierte eine

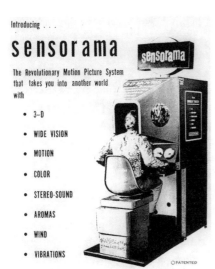

Introducing . . .

sensorama

The Revolutionary Motion Picture System
that takes you into another world
with

- 3-D
- WIDE VISION
- MOTION
- COLOR
- STEREO-SOUND
- AROMAS
- WIND
- VIBRATIONS

Ⓟ PATENTED

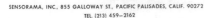

SENSORAMA, INC., 855 GALLOWAY ST., PACIFIC PALISADES, CALIF. 90272
TEL. (213) 459-2162

4 Sensorama, 3-D-optoakustisches, taktiles olfaktorisches
Individualkinosystem von Morton Heilig,1961
5 da-Vinci-3D-HD-Vision-Konsole mit Steuerungseinheit
der chirurgischen Operationsroboter, 2012

„full sensual vividness" unseres Bewusstseins auch buchstäblich dessen sinnliche Unterströmung: die Kunst des intuitiven Vorgefühls im großen unbewussten Apparat der Geschichte.[18] Bereits ein kurzer Blick auf Gestalt und Funktionen des berühmten Sensoramas von Morton Heilig aus dem Jahr 1961 lässt diese Apparatur als Vorausahnung etwa der da-Vinci-3D-HD-Vision-Konsolen erscheinen, und, mehr noch, macht den Erfolg der operationsrobotischen Systeme als erhoffte Erfüllungen früher medientechnologischer Versprechen denkbar, in Rückspiegelung einstiger ‚Erfühlungen'.[19] Die „spezifisch gestische[n] Kunststücke der Technik" (menschen- wie apparateseitig), von denen Walter Benjamin schreibt, sind einmal mehr auf einer un-/heimlichen, einer unvertraut-neuen, tatsächlichen, zugleich wahnhaft vorgebildeten Stufe ihrer Geschichte angelangt.

13 Jacques Lacan: Die Familie [1938]. In: ders.:
Schriften III, hg.v. Norbert Haas, übers. v.
Norbert Haas u.a.,Weinheim/Berlin (Quadriga)
1986, 39–100, hier 79.

14 Victor Tausk: Beeinflussungsapparate.
Zur Psychoanalyse in den Medien, Berlin
(Semele) 2008, 10.

15 Tausk, Beeinflussungsapparate, 9–10.

16 Christoph Asendorf: Ströme und Strahlen.
Das langsame Verschwinden der Materie
um 1900, Gießen (anabas) 1989.

17 Morton L. Heilig: Enter the Experiental Revolution. A VR Pioneer Looks Back to the
Future. In: Linda Jacobson (Hg.): Cyberarts.

Exploring Art & Technology, San Francisco
(Miller Freeman) 1992, 292–305, hier 301.

18 Auch könnte „the new scientific world" als spekulative und kommerzielle Inszenierung, als
‚Zukunftkino' betrachtet werden.Vgl. zusätzlich
zum Windgebläse, das den Nutzern des Sensoramas in das Gesicht fuhr: Walter Benjamin:
Über den Begriff der Geschichte [1942]. In:
ders.: Gesammelte Schriften, I.2. Abhandlungen,
hg.v. Rolf Tiedemann/Hermann Schweppenhäuser, Frankfurt am Main (Suhrkamp) 1980,
691–704, hier 697 f.

19 Nur wenige Personen haben einst Erfahrungen
mit diesem Gerät – Sensorama – gesammelt.

Als berührungsfrei bezeichnete Systeme der haptischen virtuellen Realität arbeiten beispielsweise – ohne dass dabei Effektoren direkt an die Haut gebracht werden müssten – mit Luft und Schall, um tastbare Körper zu simulieren. Schon heute können allein durch Luftströme Objekte wie Knoten, Entzündungen und Schwellungen unter virtueller Haut für die tastende Wahrnehmung erzeugt werden, sodass die Hand eines zukünftigen Operateurs anhand von Wind die Lage und Beschaffenheit einer Verhärtung wird tasten können.[20] Auch sind die ersten erfolgreichen Versuche bekannt gemacht, statt mit Klingen aus chirurgischem Stahl mit Schallwellen ins Gewebe schneiden zu können.[21] Buchstäblich schneidende, allerdings unhörbare Ultratöne kämen dann als unsichtbares Skalpell zukünftig am lebenden Körper zum Einsatz und hinterließen, so die Voraussage, nach dem Eingriff kaum Spuren, sogar am Ort der Operation im Körperinnern. So würde ein robotisches Operationssystem der Zukunft vielleicht einmal ohne Berührung mechanischer Teile funktionieren, wenn die kommandogebenden Operationsgesten noch per *Motion Capture* durch *Head-*, *Eye-* und *Hand-Tracking* oder sogar per Abtastung neuronaler Erregungsmuster[22] durch *Brain-Computer-Interfaces* übertragbar wären, d.h. mittels einer Technik, „die bereits die Anbahnung einer Willensbildung im Gehirn in [apparative] Aktionen umsetzt".[23]

20 James C. Gwilliam/Alperen Degirmenci et al.: Design and Control of an Air-Jet Lump Display. In: Institute of Electrical and Electronics Engineers (Hg.): *Haptics Symposium (HAPTICS), 2012 IEEE Proceedings*, Vancouver 2012, 45–49, online: https://ieeexplore.ieee.org/xpl/mostRecentIssue.jsp?punumber=6179079, zuletzt gesehen am 30.5.2013.

21 Carbon-Nanotube Optoacoustic Lens for Focused Ultrasound Generation and High-Precision Targeted Therapy, University of Michigan 2012, Team Prof. Jay Guo, siehe: Nicole Casal Moore: *Super-fine Sound Beam Could One Day Be an Invisible Scalpel*, Website der University of Michigan, Department Electrical and Computer Engineering, www.eecs.umich.edu/eecs/about/articles/2012/Guo_Jay-super-fine-sound-beam-for-invisible-scalpel.html, zuletzt gesehen am 30.5.2013.

22 Manfred Dworschak: Wunschmaschine im Kopf. In: *Der Spiegel*, Nr. 43, 18.10.2004, 208–210, hier 208: „Der Amerikaner Matthew Nagle lebt als erster Mensch mit einem Chip im Gehirn, der seine Gedanken liest und umsetzt. So kann der Querschnittsgelähmte von ferne Computer steuern – und eines Tages vielleicht auch Arme und Beine. Matthew Nagle [...] sitzt im Rollstuhl und malt eifrig Kreise auf den Bildschirm

seines Computers. Nagles Hände liegen dabei reglos im Schoß: Er ist vom Hals abwärts gelähmt. Es genügt, dass er denkt, er malt."

23 „..., bevor der Nutzer sich dazu letztverantwortlich entschlossen hat". Birgit Oppermann: Gedankensteuerung hilft Patienten, hat aber beim Militär nichts verloren. In: *Medizin und Technik*, www.medizin-und-technik.de/medizin/-/article/27544623/37116570?, zuletzt gesehen am 30.5.2013.

24 Siehe: da-Vinci-Produktseite unter: www.intuitivesurgical.com/support/onsite.html, zuletzt gesehen am 30.5.2013.

25 Siehe hierzu auch Reiche, *Digitale Körper*.

26 Herb Greenberg: The da Vinci Debate, CNBC, 21.4.2013, referenziert auf: Becnel Law Firm LLC: *Hysterectomy and Prostate Removal Patients*, www.badrobotsurgery.com, zuletzt gesehen am 30.5.2013.

27 Anlässlich von *Medicine Meets Virtual Reality: 6*, zum Thema „Art, Science, Technology: Healthcare(R)Evolution™", San Diego CA, San Diego Hyatt Regency, 28.–31.1.1998.

28 Die Firma Geomagic führt die Produktlinie der SensAble-PHANTOM-Geräte derzeit weiter: www.geomagic.com/en/products/phantom-omni/overview, zuletzt gesehen am 30.5.2013.

Eine schädigende Verwandlung des Körpers durch fremdes, unsichtbares Eindringen, wie von Paranoikern häufig behauptet, oder Geist- und Fernheilungsphantasmen aus dem Gebiet der Esoterik wären mit dieser nahen Zukunftsvision als technische Hervorbringungen in Szene gesetzt. Eine gegenwärtig im da-Vinci-System bereits konkret angebotene Möglichkeit ‚fremder Gedankensteuerung‘ besteht im gleichzeitigen arbeitsteiligen Einsatz mehrerer Chirurgen und der Möglichkeit einer technischen Fernüberwachung durch ein „Surgery Technical Assistance Team […] to remotely monitor your system status for real-time diagnostic feedback".[24] Wenn sowohl die chirurgischen Kommandos als auch deren patientenseitige Auswirkungen als dynamische Datenvolumina innerhalb eines Systems aufgefasst werden, so könnte die externe Überwachung des gesamten ‚System-Status‘ durch menschliche oder künstliche Experten auch potenziell ein Intervenieren in das chirurgische Vorgehen beinhalten. Dann wären zusätzlich die Operatorgesten einer unsichtbaren Fernwirkung ausgesetzt, um das konzeptionell konturierte Bild dieses verteilten un-/toten Daten-Körper-Netzwerks noch weiter auszumalen, das in der ganzen Ambivalenz des Wortes zunehmend zu *fühlen* wäre. Bei solch greifbarer Drastik sind die das Subjekt in klassisch epistemologischer Hinsicht konstituierenden Oppositionen in neuer Relation zu denken und sind fast, wie ein Schnitt in ein ‚Menschenbild‘, schon zu tasten.[25] Das heißt auch schlicht: Wer glaubte, dass Vorspiegelungen des Sehens eine vertrauenswürdigere Tastbarkeit entgegengesetzt sei, könnte sich im Luftschloss medial veralteter, wenn nicht ohnehin naiver Erkenntniskritik befinden.

Mit Nachdruck und im Zuge eines noch umfassenderen Realitätsabgleichs ist vorläufig mitzuteilen, dass bislang etwa 1000 vermeidbare, schwere bis tödliche Komplikationen durch Operationen mit dem da-Vinci-System in den USA bekannt sein sollen, wie ein Opferanwalt erklärt: „These complications [of the da Vinci System] include: tears and/or burns of the intestines, punctured blood vessels, cut ureters, severe bowel injuries, vaginal cuff dehiscence, excessive bleeding, loss of quality of life, death."[26]

3.

Meine erste konkrete Erfahrung mit einer haptischen Simulation während einer Messe zu Medizin und virtueller Realität[27] spielte sich in etwa so ab: Mein Finger steckte in dem kleinen Führungszylinder des *6-DoF haptic device* der Firma SensAble[28], und beim probierenden Herumtasten ‚in der Luft‘ fühlte ich plötzlich ganz deutlich eine glatte, elastisch nachgiebige Form. Da *war* etwas, eine unabweislich glaubwürdige, beängstigende Täuschung. Ich konnte an etwas Qualligem, fast Unnennbarem herumtasten, das, wie sich später herausstellen sollte, einen vergrößerten Augapfel samt Sehnerv, herausgehoben aus der Augenhöhle, haptisch abbildete.

6/7 *SensAble PHANTOM haptic devices series*,
3-D-Force Feedback, 6-DoF-Operator,
Nutzerbeobachtung und Systemaufbau

Beim Nutzen des virtuellen Skalpells traf ich nach Durchschneiden der zähen Hornhaut auf die ebenfalls tastbare Linse mit wiederum anderen Feedback-Charakteristika.

Was als Element eines geophysisch-medizinischen Kontinuums von *Command and Control* entworfen war, erschien mir in der ersten eigenen Erfahrung als ununterscheidbar von sensorischen Irrtümern und Einbildungen, kurzum als technisch induzierte Wahnvorstellung. Angetastet schienen mir Wahrnehmung und Unversehrtheit meines Handlungsraums, insgesamt fühlte ich mich einem ebenso wirklichen wie unentscheidbar bedrohlich-phantasmatischen Zugriff ausgesetzt.

Mir verbarg das blinde Herumtasten an diesem Augenmodell zunächst einiges: Es handelte sich um ein Gerät der Firma SensAble des Typs PHANTOM 3.0 6DOF[29], das zur haptischen Ausgabe und manuellen Manipulation dreidimensionaler grafischer Körper zum Beispiel einmal für robotische Effektoren in der Chirurgie dienen könnte. Es wurde beim Betrachten von Produktbroschüren, die das korrekte Set-up des Systems zeigten, bald klar, dass meine überwältigende Erfahrung sich zufällig mit einem unvollständigen System abgespielt hatte. Ich war zu der Besichtigung und Erprobung der ausgestellten Werkzeuge virtueller Realität als letzter Gast und eigentlich etwas zu spät gekommen. Denn eine zum virtuell tastbaren Augenmodell gehörige Visualisierung auf einem Kontrollmonitor war schon abgeräumt. So mussten die haptischen Eindrücke allein die Orientierung in und an den gefühlten Körpern hervorbringen. Die Ausdehnung des Simulationsraums in, um, an meinen vermeintlich körperlich unabhängigen Nahbereich war ungewiss. Es ergab sich während der Benutzung des Geräts die aberwitzige Imagination: Ich tastete (oder schnitt) in einem vergrößerten Körperbild meiner selbst, das mich dreidimensional umschloss, somit in der eigenen vergrößerten Anatomie herumirrend. Und noch weiter fantasierte ich eine Folge von hintereinandergeschalteten

Simulationen. Unbestimmbar war, an welchem Ort eine sogenannte Realität in der Reihe von Simulationen zu lokalisieren sein könnte. Denn diese Simulationsreihe der jeweils nächst darunterliegenden ‚Realität' war auf sich selbst zurückgebogen. Mir traten im ersten Schreckmoment bei derart metaphysischer Geisterbahnfahrt ohne Ein- und Ausstiegspunkt die Augen fast ‚aus dem Kopf'. Eine selbstreflexive Bewegung kam mir am Ort meiner schüchtern vorantastenden Hände im Inneren m/eines Auges kurzfristig zu Hilfe: Ich blinzelte und erblickte die Tapete hinter dem Ausstellungstisch. Sogleich fragte der seitlich herantretende Sales-Agent, ob das Gerät nicht ‚amazing' sei?

4.

Wie weit ist derzeit in der Chirurgie die haptische Simulation von Körpern in Entwicklung und Anwendung? Anders als dies in den schon vorausgeeilten Vorstellungen und Zukunftsentwürfen bislang erschienen sein mag, stellt beispielsweise das da-Vinci-System für die Chirurgenhände *keine* haptische Ausgabe bereit. „Taking surgical precision beyond the limits of the human hand™" bedeutet derzeit, dass die Hände der Chirurgen keinen Gewebewiderstand oder haptische Änderungen im virtuellen Gewebe eingespielt bekommen. Ihre Operationsgesten werden nur visuell mithilfe des dreidimensionalen Videobilds technisch zurückgespiegelt und von den Bewegungseinschränkungen der Eingabemechanik formatiert. In diesem Sinne könnten sich bislang die manipulierenden Operateure als Teil eines fühllosen Daten/Körper-Hybrids ‚erfahren', korrespondierend mit den abgedeckten, bewusstlosen Patientenkörpern wie mit der sensorischen Unempfindlichkeit der zentralen Recheneinheit.

29 PHANToM (Personal HAptic iNTerface
   Mechanism), siehe: www.geomagic.com/en/
   products-landing-pages/haptic, zuletzt
   gesehen am 30.5.2013.

8　*MiroSurge, Telemanipulation in Minimally Invasive Surgery,* DLR, Robotik und Mechatronik Zentrum
9　*Pneumatic Air Pressure System,* appliziert am Hinterhaupt des Chirurgen, Cambridge Research and Development
10　*Surgeon's Operating Force-feedback Interface Eindhoven (SOFIE)*
11　*CyberSM-Bodysuit, male version,* von Ståle Stenslie und Kirk Woodford

Was zur Vervollständigung dieses Systems funktional fehlt, ist – nämlich bessere medizinische Ergebnisse, statt medientheoretischen Erkenntnisgewinn – ein Feedback der haptischen Simulation. Bei gutem haptischem Feedback soll es beispielsweise dort, wo die Werkzeuge auf größeren Materialwiderstand treffen, entsprechend schwerer werden, sie zu bewegen, und das heißt auch andersherum, es sollen verständlicherweise in zarten Strukturen keine unnötig großen Kräfte eingesetzt werden.

„This deficiency with current robotic systems is a significant handicap in performing the technically more intricate and delicate surgical tasks inherent in cardiac

30　Briant Bethea/Allison Okamura et al.: Application of Haptic Feedback to Robotic Surgery. In: *Journal of Laparoendoscopic & Advanced Surgical Technique (A),* Juni 2004, Jg. 14, Nr. 3, 191–195.

31　Deutsches Zentrum für Luft- und Raumfahrt (DLR), Robotik und Mechatronik Zentrum: *MiroSurge – Telemanipulation in Minimally Invasive Surgery,* www.dlr.de/rm/de/desktopdefault. aspx/tabid-3835/6288_read-9047, zuletzt gesehen am 30.5.2013. Vgl. Ulrich Hagn/Rainer

Konietschke et al.: DLR MiroSurge – A Versatile System for Research in Endoscopic Telesurgery. In: *International Journal of Computer Assisted Radiology and Surgery,* Bd. 5, Nr. 2, 2010, 183–193, online http://elib.dlr.de/76868/ (doi:10.1007/s11548-009-0372-4, 2009), zuletzt gesehen am 30.5.2013.

32　SRI, Produktseite, www.sri.com/engage/ products-solutions/m7-surgical-robot, zuletzt gesehen am 30.5.2013.

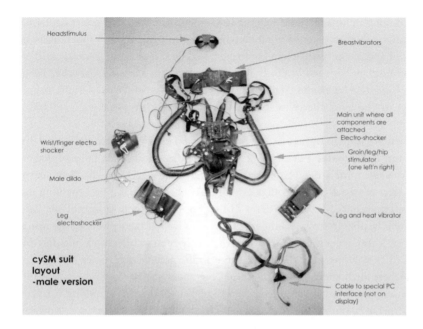

Headstimulus

Breastvibrators

Main unit where all
components are
attached
Electro-shocker

Wrist/finger electro
shocker

Groin/leg/hip
stimulator
(one left'n right)

Male dildo

Leg
electroshocker

Leg and heat vibrator

cySM suit
layout
-male version

Cable to special PC
interface (not on
display)

surgery [...]. In our own observations of experienced and talented cardiac surgeons training with the da Vinci surgical system, fine polypropylene sutures are often broken, and delicate tissues torn, due to the application of excessive forces conventionally attenuated with haptic feedback."[30]

Gemessen wurde der Nachteil fehlenden haptischen Feedbacks beim telemanipulierten Nähen und Knoten. Mit haptischem Feedback sei dieser Nachteil allerdings recht gut auszugleichen und erreiche ähnliche Qualität wie bei einer offenen konventionellen Operation.

Es gilt also gegenwärtig, robotische Operationsysteme mit einer sensorischen Substitution zu versorgen, und zwar am besten in haptisch erfahrbarer Weise. Ein solches System ist beispielsweise das MiroSurge-System des Deutschen Zentrums für Luft- und Raumfahrt von 2008[31], das für zweihändige endoskopische Fernoperationen mit *Force Feedback* ausgelegt ist und zudem Ausgleichsbewegungen des Roboterarms zustande bringen soll, wie sie durch Atmung und Herzschlag der Patientenkörper erforderlich werden, wenn die Operationsöffnung sich beispielsweise im Brustkorb befindet. Verwendet werden (wie auch vom Operationsroboter M7 des Stanford Research Institute, der schon in den 1990er Jahren für telepräsentische Schlachtfeld- und Raumfahrtchirurgie gefördert wurde[32]) die haptischen Hand-Controller omega.7 von Force Dimension, mit „high precision active grasping capabilities", „orientation sensing" und „gravity compensation", was unter anderem meint, auch bei großen Erschütterungen und mit verschieden starker

Schwerkraft gleichmäßig funktionieren zu können – als ‚schwebte' dieser haptische Controller ruhig im eigenen, unabhängigen Raum.[33] Ein anderes Operationssystem mit haptischem Feedback in kompakter, leichterer Ausführung wurde 2010 an der technischen Universität Eindhoven entwickelt: ein *Surgeon's Operating Force-feedback Interface Eindhoven (SOFIE)*, das zu vergleichsweise geringen Preisen angekündigt ist und möglicherweise den Trend zu dieser Art Chirurgie noch bestärken könnte.[34]

Nach bekanntem Muster ist – in Steigerung der einstigen Behauptung von der intuitiven Bedienbarkeit des da-Vinci-Systems – von natürlicher, ja ‚instinktiver' Bedienbarkeit mittels der Hände an haptischen Eingabegeräten die Rede, etwa: „[T]he force-feedback gripper offers extraordinary haptic capabilities, enabling instinctive interaction."[35] Das anvisierte Ziel ist im Allgemeinen so formuliert: „Surgeons will be able to truly feel the instruments as if their hands were in the operative field."[36] Dass hier nicht immer ‚natürlich' verfahren werden muss und dass die taktile Rückmeldung über die eingesetzten Kräfte einer Zange, einer Nadel oder einer Schere auch anders, nämlich an beliebig anderem Ort am Körpers des Operateurs, angelegt werden kann, zeigt das Beispiel einer kleinen Erfindung von Ken Steinberg, Firma Cambridge Research and Development, der damit die gegenwärtigen Nachteile herkömmlicher *Force-Feedback*-Geräte überwinden will: „What we wanted to do was to provide a sense of tactile feedback to a robotic operator in a way that did not impact their hands, that was going to be completely out of the way. […] Some of the more recent innovations have involved putting vibrating motors on surgeons' hands, and that's not something you'd want on a surgeon's hands."[37]

Die hier verwendete, demgegenüber ‚unnatürliche' haptische Rückmeldung, die die Hände ganz auslässt, besteht aus einem pneumatisch betriebenen Gerät, das durch Druck auf der Haut des Operateurs proportional die Kraft anzeigt, die ein robotischer Greifer oder ein chirurgisches Instrument andernorts am oder im Patientenkörper ausübt. Diese taktile Mitteilung bringt ‚Körper' als sinnlich wahrnehmbares P/hand/tom hervor, indem die Sensorik der Hand an eine andere Körperstelle projiziert wird, sodass Reize verschiedener Körperzonen flugs vertauscht, aufgespalten und wie neu verschaltet werden – ‚umgesetzt' in der eigenen Rezeption. Das kleine Gerät bietet Anlass zur Reflexion über das, was ‚Körper' in seiner Un-/Natürlichkeit immer schon gewesen sein wird, wie es nicht nur haptische Halluzinationen, wahrnehmungspsychologische Täuschungen und erotische Erfahrungen, sondern auch Wahrnehmungsexperimente aus Kunst und Teledildonik zu bedenken geben.[38]

Alle bislang vorgestellten Erfindungen sind im klinischen oder cybersexuellen Einsatz (gewesen). Sie boten sich an, sie im Zusammenhang dieses Textes zunächst für ein Training von kritischem und fantastischem Vorstellungsvermögen zu nutzen.

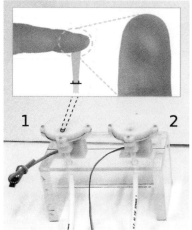
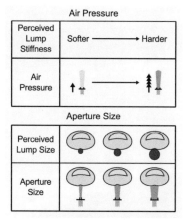

Air Pressure

Perceived Lump Stiffness	Softer ———→ Harder
Air Pressure	

Aperture Size

Perceived Lump Size	
Aperture Size	

12/13 *Air-jet Haptic Lump Display*, mit Luftstrom erzeugtes taktiles Display, Johns Hopkins University Baltimore und Universität Pisa

5.

Es steht noch aus, das entlegene Gebiet technisch vorauseilender haptischer Erfindungen zu erkunden, die vielleicht nie in Medizin und Chirurgie eingesetzt werden. Bereits erwähnt wurde der Ansatz, nur mithilfe von Wind menschliche Körperstrukturen tastbar zu machen. Die Erfindung nennt sich *Air-jet Lump Display*.[39]

Unter vielen anderen hatte bereits Allison Okamura von der Stanford University die fehlende haptische Rückkopplung beim da-Vinci-System kritisch analysiert und zusätzlichen „sense of touch" gefordert.[40] Nun macht sie innerhalb eines inter-

33 Projektseite der Firma Force Dimension, www.forcedimension.com/omega7-overview, zuletzt gesehen am 30.5.2013. Ebd.
34 Die Integration des haptischen Feedbacks wird als Pionierleistung herausgestellt, was als irreführend bezeichnet werden muss. Projektseite *SOFIE* der Technischen Universität Eindhoven, www.tue.nl/en/research/research-institutes/top-research-groups/robotics-research/projects/sofie, zuletzt gesehen am 30.5.2013.
35 Force-Dimension-Produktseite von omega.7, www.forcedimension.com/omega7-overview, zuletzt gesehen am 30.5.2013.
36 Hiep T. Nguyen, zitiert in: Pressemitteilung von Cambridge Research and Development, Ken Steinberg, 11.2.2013, First-Ever "Blindfolded" Simulated Procedure Performed by Boston Children's Hospital Surgeons Using Only Robotics and Their Sense of Touch.

37 Anonym: New Touch in Robotics. In: *New Hampshire Union Leader*, 23.4.2013.
38 Zum Beispiel dem cyberSM-Bodysuit von Ståle Stenslie und Kirk Woodford von 1993, der ein beliebiges Verschieben einiger Effektoren auf der Haut zuließ. „The latter two devices can be freely strapped to any part of the body where the participant wants the stimulation to be applied. The suits also came with other vibro-stimulators […] and […] could be attached to areas of the body according to the user's individual wish." Siehe: Ståle Stenslie: *Virtual Touch. A Study of the Use and Experience of Touch in Artistic, Multimodal and Computer-based Environments*, Oslo (CON-TEXT) 2010, 167.
39 Gwilliam/Degirmenci et al., Air-Jet Lump Display.
40 Siehe: Bethea/Okamura, Application of Haptic Feedback to Robotic Surgery.

14 *Airborne Ultrasound
Tactile Display,*
Universität Tokio, mit
Schallstrahlungsdruck
erzeugte Haptik von
bewegten Hologrammen

nationalen Teams 2012 einen Vorschlag, den Tastsinn berührungsfrei durch Luftströme zu adressieren. *Air-jet Display*, räumliche anatomische Abbildung durch
moduliertes Luftgebläse, heißt das Verfahren und ist ein ungewöhnlicher Ansatz in
der Simulation von tastbaren Objekten.

Ein Demovideo[41] zeigt auf einem ausgestreckt liegenden Zeigefinger sichtbare,
wandernde Verformungen durch einen von oben auftreffenden, sonst als Luftbewe-
gung selbst nicht sichtbaren Druck, der ‚wie von Geisterhand' auf den ausgestreck-
ten Finger einwirkt. Wie entsteht dieser modulierte Druck, der in der Lage sein soll,
einfache Formen von weicherer oder härterer Beschaffenheit zu erzeugen und zu
tasten zu geben?

41 Teil des Trailers der *IEEE Haptics 2012 Conference*, www.epdaily.tv/all/spotlight/haptics-
symposium-2012-video, zuletzt gesehen am
30.5.2013.

42 Robert A. Leitch/Gerald R. Moses/Harvey
Magee: Simulation and the Future of Military
Medicine. In: Association of Military Surgeons of the United States (Hg.): *Military Medicine*, April 2002, Bd. 167, Nr. 4, 350–354.

43 Takayuki Iwamoto/Mari Tatezonoy et al.: Airborne Ultrasound Tactile Display (The University of Tokyo) 2008. In: *ACM Siggraph 2008*,
SIGGRAPH08_abst.pdf, zuletzt gesehen am
30.5.2013.

44 „The users hear some audible sound [...]. It is
as loud as it can be heard within several meters
from the display [...]. There are two sources of
the audible sound. One is the envelope of the

ultrasound. If 100 Hz modulation is used, the
100 Hz audible sound is produced due to the
nonlinearity of air. [...] The other is the dis-
continuity of the phases of the driving signals
when the position of the focal point is dis-
continuously changed, which results in a crackle
noise." Takayuki Hoshi/Masafumi Takahashi
et al.: Noncontact Tactile Display Based on Radiation Pressure of Airborne Ultrasound. In: *IEEE
Transactions on Haptics*, Bd. 3, Nr. 3, Juli/Septem-
ber 2010, 155–165, www.pdfmagazine.info/
ieee-transactions-on-haptics-vol-3-no-3-july-
september-2010.pdf, zuletzt gesehen am
30.5.2013.

45 *Wikipedia, die freie Enzyklopädie*: Schallstrahlungsdruck, www.de.wikipedia.org/wiki/
Schallstrahlungsdruck, zuletzt gesehen am
30.5.2013.

Reguliert wird dafür die Größe der Öffnung, aus der Luft mit niedrigerem oder höherem Druck herausgepresst wird. Verglichen wurden dabei sowohl verschiedene Lochgrößen als auch eine rotierende Scheibe, um kontinuierliche Variationen der Durchmesser der Lochgröße zu erzielen. Die Konstruktion der rotierenden Scheibe für die Modulation des Luftstroms ist Voraussetzung für zukünftig angestrebte komplexere Formen. Ob eine mit Tausenden solcher Luftströme modellierte Oberfläche eines Körpers möglich wäre, die abtastende Untersuchungen genauso wie chirurgische Eingriffe in Echtzeit haptisch ‚antwortend' präsentieren? Etwa so: „[W]hen the virtual liver is palpated, the gloved hand must feel it and the organ must respond."[42] Es könnte ja sein, dass eine solche Auffassung von Luftströmen etwa die Luft in den Pfeifen einer Kirchenorgel als einen bewegten, sich verhärtenden oder entspannenden, pulsierenden Körper erscheinen ließe. Gegenwärtige praktische Probleme sind allerdings zunehmend starke Windkräfte bei größeren Abbildungsgegenständen und das laute, ebenfalls akustisch modulierte Rauschen der aus der Düse austretenden Luft. Andere Forscher bewerten das Potenzial von Luftstromdisplays skeptisch: „Air-jet can not produce localized force due to diffusion. It also suffers from limited bandwidth. In addition, even if multiple air-jet nozzles are used, the variation of the spatial distribution of the pressure is quite limited."[43] Ein anderes Medium als Luft könnte geeigneter sein.

Allerdings auch nicht ohne einige unerwünschte akustische Reize[44] arbeitet ein anderes experimentelles, ebenfalls berührungsloses haptisches Displaysystem, das stattdessen den Schallstrahlungsdruck, genauer: die Schallstrahlungskraft von Ultraschall nutzt. Das auch als ‚Quarzwind' bekannte Phänomen trägt den Namen des häufig als piezoelektrisches Element bei der Ultraschallerzeugung verwendeten Quarzes und meint eine Pumperscheinung, die bei einer angelegten hochfrequenten Wechselspannung durch die ausgelöste Schwingung des Quarzes entsteht. Zunächst bewirkt dabei eine Dilatation des Quarzes Wegstoßung und Kompression des umgebenden Mediums. Bei sehr schnell abfolgender Kontraktion des Quarzes kann das komprimierte Medium nicht schnell genug wieder expandieren, sodass eine Verdünnung entsteht, die ‚ansaugend' aus dem umgebenden Medium ein Nachströmen verursacht:

„Der Schallstrahlungsdruck bezeichnet den [...] gemittelten Druckunterschied gegenüber dem Normaldruck des Mediums beim Auftreffen des Schallfeldes auf andere Medien. Da aufgrund des Druckes eine messbare Kraft auf das Hindernis ausgeübt wird, spricht man auch von Schallstrahlungskraft. Durch Überlagerung des Schallstrahlungsdruckes mehrerer Ultraschallquellen lassen sich im dreidimensionalen Raum Zonen mit erhöhtem Druck erzeugen, die wie ein reales Objekt tastbar sind."[45]

Diese Tastbarkeit haben 2009 Forscher vom Shinoda Laboratorium der Universität Tokio, Institute of Technology, realisiert, und zwar kombiniert mit holografischer 3-D-Projektion, in Bewegung und mit einer Hand-Tracking-Funktion.[46] Es ist damit zum Beispiel möglich, das Fallen von Tropfen zu sehen und auf der Hand zu spüren, wobei die Hand an beliebiger Stelle in diesen Tropfenschauer gehalten werden kann.[47]

„Due to the ultrasound radiated from the transducer array, acoustic radiation pressure is exerted on the user's skin. Each transducer on the array is driven so that the emitted ultrasound produces a single focal point. The camera measures the position of the hand and the tactile feedback is provided when the hand is in contact with the virtual object."[48] Es wird betont, dass dieser Ultraschall die Haut der Operator-Hand nicht durchdringe. Die japanischen Forscher um Takayuki Hoshi nutzten dafür ein holografisches Display von Provision,[49] das Bilder eines LCD-Schirms mithilfe eines konkaven Spiegels projiziert, sodass sie wirken, als würden sie etwa 30 Zentimeter vor dem Display schweben. Das holografische Display kombinierten sie mit dem *Airborne Ultrasound Tactile Display*,[50] ebenfalls ein Jahr zuvor von einem Team um Takayuki Hoshi an der Universität Tokio entwickelt.[51] Mithilfe von Ultraschall-Wellenlängensynthese wird damit gezielt Druck auf Objekte ausgeübt. Der verwendete Prototyp verfügt dazu über 324 dicht nebeneinander platzierte Wandler (Transducer). Delay und Amplitude jedes einzelnen können individuell geregelt und so Fokuspunkte gesetzt und im dreidimensionalen Raum bewegt werden.

Neben der bekanntesten gegenwärtigen Verwendung des Ultraschalls zur Abtastung und Abbildung des Körperinneren gibt es allerdings in dem denkbaren zukünftigen Operationssystem noch einen weiteren Einsatzbereich, für den Ultraschall vorgesehen ist. Wie schon angedeutet, könnten einmal gebündelte Ultraschallwellen das chirurgische Messer übertreffen. Die neue Erfindung ist als „invisible scalpel" oder „sound scalpel" für sogenannte *nichtinvasive* Chirurgie annonciert, die die Haut nicht öffnen muss, um unter der Haut an Organen Eingriffe vorzunehmen.[52] Bisher konnten mit ähnlichen Ultraschallfokussierungen, mit *High-Intensity Focused Ultrasound*, Nierensteine zersplittert und Prostatatumore durch die entstehende Hitze zerstört werden. Die verbesserte Technik soll in der Präzision und Schlagkraft nun in kaum glaublichem Maß gesteigert worden sein.

Forscher der Universität Michigan unter der Leitung von Jay Guo haben 2012 bekannt gegeben, dass es ihnen gelungen sei, eine mit Nano-Kohlenstoffelementen beschichtete optoakustische Linse für eine starke Bündelung von Ultraschall so einzusetzen, dass sie damit im Mikrobereich schneiden können. Unter der Bezeichnung *Carbon-Nanotube Optoacoustic Lens for Focused Ultrasound Generation and High-Precision Targeted Therapy* ist das Verfahren veröffentlicht.[53] Schallwellen mit hohen Amplituden können mithilfe dieser neuartigen Linse erstmals auf einen Fleck von nur 75 bis 400 Mikrometern konzentriert werden. Der Schallstrahl soll das eingestellte Ziel im Körperinneren mit Druck und ohne Entwicklung von Hitze treffen und zerstören. Vermutet wird, dass chirurgische Eingriffe mit dieser neuen Technik ohne (oder mit weit geringeren) Schmerzen ablaufen würden, da der extrem fein fokussierte Strahl die Nervenfasern nicht beeinträchtige.[54] Der Veröffentlichung sind in der Online-Version zusätzlich Videodokumentationen und Erläuterungen der Experimentbedingungen beigefügt, die zu sehen geben sollen, dass sogar eine einzelne (Krebs-)Zelle als Ziel exakt getroffen werden kann und wie sie mit einem mikroskopisch genauen Skalpell entfernt wird. Deren Verschwinden kann im gefilmten mikroskopischen Bild beobachtet werden. Anders als in der annotierten Illustration innerhalb des Aufsatzes fehlt im Filmclip ein Hinweis innerhalb des Bildes, auf welchen Bereich der Krebszellenkultur der Blick gerichtet werden soll, sodass eine minimale Bewegung innerhalb des Bildes wohl erst beim zweiten Schauen des Clips als Verschwinden einer einzelnen Zelle interpretiert werden kann: dort, wo Zellmembranen durch den Ultraschallstrahl gezielt zum Platzen gebracht wurden. Plötzlich ist an einer Stelle vor dem gleichmäßigen Hintergrund keine Zellstruktur mehr zu entdecken. Die Übereinstimmung eines Verschwindens aus dem ‚Bild‘ mit dem aus der ‚Wirklichkeit‘ lässt an eine bedrohliche negative Verkörperung des P/hand/toms der unsichtbaren Tastbarkeit denken: ein ultradünner Strahl, der das, worauf er gerichtet wird, negativ und instantan zur katastrophalen Identität mit ‚sich‘ zu bringen scheint – wie mit nachträglich dematerialisierender Wirkung einer imaginären raumzeitlichen Verrückung: als ob das, was dort war, als etwas hervorgebracht sei, das dort noch nie gewesen ist.

Aus dem haptischen Display der fallenden holografischen Tropfen sind zielvernichtende Waffen geworden. Am künstlich fühlenden/fühllosen Körper der chirurgischen robotischen Verschaltung kann die Eingabekonsole mit dem Effektor den Platz tauschen, und die Wege scheinen in beide Richtungen offen. Denn: Ein gewisser haptischer Eindruck ginge ja auch von einem Ultraschallskalpell aus, selbst wenn es von einer Art wäre, die so präzise zu treffen in der Lage wäre, dass es kaum mehr zu fühlen wäre und äußerlich spurlos wirkte. Der angestrebten Haptik virtueller Werkzeuge für die Operateure entspricht die neue angekündigte Unspürbar-

46 Jens Ihlenfeld: Holographisches Display projiziert fühlbare 3-D-Bilder. In: *Golem.de – IT-News für Profis*, www.golem.de/0908/68901.html, zuletzt gesehen am 30.5.2013.

47 Die Ultraschallquelle befindet sich dabei oberhalb der Hand.

48 Iwamoto/Tatezonoy et al., Airborne Ultrasound Tactile Display.

49 Homepage Provision, www.provision.tv, zuletzt gesehen am 30.5.2013.

50 Hoshi/Takahashi et al., Noncontact Tactile Display.

51 Siehe ein erklärendes Video auf der Homepage des an beiden Projekten beteiligten Forschers Takayuki Hoshi, http://star.web.nitech.ac.jp, zuletzt gesehen am 30.5.2013.

52 Casal Moore, *Super-fine Sound Beam.*

53 Hyoung Won Baac/Jong G. Ok et al.: Carbon-Nanotube Optoacoustic Lens for Focused Ultrasound Generation and High-Precision Targeted Therapy. In: Scientific Reports 2012, Bd. 2, www.nature.com/srep/2012/121218/srep00989/full/srep00989.html, zuletzt gesehen am 30.5.2013.

54 Anonym: Mikro-Ultraschall schafft unsichtbares Skalpell. *Deutsche Gesundheits Nachrichten*, 11.1.2013, www.deutsche-gesundheits-nachrichten.de/2013/01/11/mikro-ultraschall-schafft-unsichtbares-skalpell, zuletzt gesehen ' am 30.5.2013.

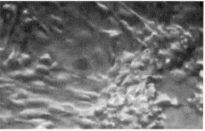

keit des Eingriffs für die Sensibilität des lebenden Körpers. Der fühlend/fühllose Körper chirurgischer Simulatortechniken ist hierbei gleichsam umgestülpt, mit dem Effekt, dass Empfindlichkeit und Unempfindlichkeit, Leere und Angefülltsein, Lebendes und Totes, Materialität und Immaterialität p/hand/tomatisch ihre Positionen getauscht hätten.

6.

Was also die Imaginationen der haptischen Displays und Simulationen im kulturellen Imaginären angeht: so habe ich in Anbetracht der vorgestellten technologischen Entwicklungen überlegt, ob und wie sich ein Raum beschreiben ließe, der Ort dieses p/hand/tomatischen Umstülpens sein könnte, und wie das Tasten aus der ‚schlummernden Stummheit' hervorzubringen sei.

Wenn – wie Christoph Tholen in *Der Ort des Raums – Erkundigungen zum ‚offenen' und ‚geschlossenen' Raum*[55] formuliert – es „einen Ort, also etwas Räumliches [gibt], der dem Raum, so wie wir ihn in seiner Vorgegebenheit zu denken gewohnt sind, vorausgeht",[56] dann bin ich in meinen Ausführungen davon ausgegangen, dass dieser vorgängige Ort, ‚Ab-Ort', mit der haptischen Simulation und nicht-invasiven Chirurgie von etwas ver-rücktem Standpunkt aus neu beschreibbar[57] geworden ist. „Denn übersehen wurde, das [sic] der leere Raum in seiner Leere und Indifferenz so leer nicht ist: er ist da, anwesend, voraus-gesetzt, ein omnipräsentes Schema, in dem wir räumliche Vorstellungen, und mögen es immersive Träume sein, ansammeln. Der offene Raum hingegen ist unbesetzbar, zeigt sich nur in Einschnitten und entzieht sich jedwedem Horizont, den er gleichwohl in seiner jeweiligen Beschränktheit eröffnet."[58]

Was wäre, wenn solch immersiver Traum als ‚nichtinvasiver haptischer Traum' eines qualitativ anderen Zugriffs auf den lebenden Körper selbst als schrecklicher Schnitt wirkte? Dann wäre es möglich zu sagen, dass in dem chirurgischen, von künstlichen Tastbarkeiten überfluteten Traum, robotisch implementiert, der leere Ort des Raums – Zwischenraum der Wahrnehmung – paradoxal tastbar geworden sei, vorauseilend verschränkt mit der Zeit der Wahrnehmung. Denn dem Simula-

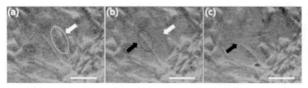

15–18   *Carbon-Nanotube Optoacoustic Lens*, Gewebeschnitte
mit intensiv fokussiertem Ultraschall mittels optoakustischer
Linse, Universität Michigan, Screenshots von gezielten
Zellzerstörungen sowie Schnitte in Modell-Nierenstein

tionsraum, als angesteuerte Raumkoordinaten haptisch materialisiert, schmiegt sich eine Unbegrenztheit, Schrecken neuer scheinbarer Räumlichkeit, ein, im zeitlos Offenen. Das hieße, dass Raum(-vorstellung) und Räumlichkeit, der immer vorgängige (Ab-)Ort des Raums, p/hand/tomatisch die Plätze getauscht hätten. Unter der Hand.

Das lässt sich auch anders formulieren: Wo wird der Ort des Raums gewesen sein – in einer Dynamik der nachträglichen und rückwirkenden Integration in das kulturelle Imaginäre, von der Science-Fiction bis zur philosophischen Ortsbestimmung des technologisch neuen haptischen Raums? Das heißt: P/hand/tome tasten, ein klein wenig, bevor sie erschienen sein werden, denn manchmal ist ein ‚bloßes Gefühl' ausreichend, um das Dasein in dessen Existenz hervorzubringen[59] – auch, wenn bloß gefühlt wird, dass das, was dort war, als etwas hervorgebracht sei, das dort noch nie gewesen ist. Isn't it amazing?

55 Georg Christoph Tholen: Der Ort des Raums –
    Erkundigungen zum ‚offenen' und ‚geschlosse-
    nen' Raum, o. S., Vortragsversion zu *HyperKult
    IX – Augmented Space. Reale, virtuelle und sym-
    bolische Räume*, Lüneburg 2000, www.xcult.org/
    texte/tholen/raum.html, zuletzt gesehen am
    30.5.2013.
56 Ebd.

57 Vgl. die resümierende Frage des Vortrags von
    Georg Christoph Tholen, ebd.: „Der heterotope,
    offene Raum der Medien […] lässt sich mit
    dem Horizont digitaler Medien nicht ersetzen,
    sondern nur verschieben. Wie kann man das
    beschreiben?“
58 Ebd.
59 Heidegger, *Sein und Zeit*, 109.

Literaturverzeichnis

Anonym: Mikro-Ultraschall schafft unsichtbares Skalpell, *Deutsche Gesundheits Nachrichten*, dgn, 11.1.2013, www.deutsche-gesundheits-nachrichten.de/2013/01/11/mikro-ultraschall-schafft-unsicht-bares-skalpell, zuletzt gesehen am 30.5.2013.

Anonym: New Touch in Robotics. In: *New Hampshire Union Leader*, 23.4.2013.

Asendorf, Christoph: *Ströme und Strahlen. Das langsame Verschwinden der Materie um 1900*, Gießen (anabas) 1989.

Becnel Law Firm LLC: *Hysterectomy and Prostate Removal Patients*, www.badrobotsurgery.com, zuletzt gesehen am 30.5.2013.

Benjamin, Walter: Das Kunstwerk im Zeitalter seiner technischen Reproduzierbarkeit (zweite Fassung) [1939]. In: ders.: *Gesammelte Schriften, Bd. I.2, Abhandlungen*, hg.v. Tiedemann, Rolf/ Schweppenhäuser, Hermann, Frankfurt am Main (Suhrkamp) 1991.

Benjamin, Walter: Über den Begriff der Geschichte [1942]. In: ders.: *Gesammelte Schriften, Bd. I.2, Abhandlungen*, hg. v. Tiedemann, Rolf/Schweppen-häuser, Hermann, Frankfurt am Main (Suhrkamp) 1980.

Bethea, Briant/Okamura, Allison et al.: Application of Haptic Feedback to Robotic Surgery. In: *Journal of Laparoendoscopic & Advanced Surgical Technique (A)*, Juni 2004, Jg. 14, Nr. 3, 191–195.

Casal Moore, Nicole: *Super-fine Sound Beam Could One Day Be an Invisible Scalpel*, Website der University of Michigan, Department Electrical and Computer Engineering, www.eecs.umich.edu/eecs/about/articles/2012/Guo_Jay-super-fine-sound-beam-for-invisible-scalpel.html, zuletzt gesehen am 30.5.2013.

Da-Vinci®-Produktseite unter: www.intuitive-surgical.com/support/onsite.html, zuletzt gesehen am 30.5.2013.

Deutsches Zentrum für Luft- und Raumfahrt (DLR), Robotik und Mechatronik Zentrum: *MiroSurge – Telemanipulation in Minimally Invasive Surgery*, www.dlr.de/rm/de/desktopdefault.aspx/tabid-3835/6288_read-9047/, zuletzt gesehen am 30.5.2013.

Dworschak, Manfred: Wunschmaschine im Kopf. In: *Der Spiegel*, Nr. 43, 18.10.2004, 208–210.

Force Dimension, Firmen-Homepage, www.force-dimension.com/omega7-overview, zuletzt gesehen am 30.5.2013.

Freud, Sigmund: *Die Traumdeutung* [1900]. Studien-ausgabe Bd. II, hg.v. Mitscherlich, Alexander / Richards, Angela/Strachey, James, Frankfurt am Main (Fischer) 2000.

Gwilliam, James C./Degirmenci, Alperen et al.: Design and Control of an Air-Jet Lump Display. In: Institute of Electrical and Electronics Engineers (Hg.): *Haptics Symposium (HAPTICS), 2012 IEEE Proceedings*, Vancouver 2012, 45–49, online: https://ieeexplore.ieee.org/xpl/mostRecentIssue.jsp?punumber=6179079, zuletzt gesehen am 30.5.2013.

Hagn, Ulrich/Konietschke, Rainer et al.: DLR MiroSurge – A Versatile System for Research in Endoscopic Telesurgery. In: *International Journal of Computer Assisted Radiology and Surgery*, Bd. 5, Nr. 2, 2010,183–193, online: http://elib.dlr.de/76868/ (doi:10.1007/s11548-009-0372-4, 2009), zuletzt gesehen am: 30.5.2013.

Heidegger, Martin: *Grundprobleme der Phänome-nologie. Marburger Vorlesung im Sommersemester 1927*, GA Bd. 24, Frankfurt am Main (Kloster-mann) 1975.

Heidegger, Martin: *Sein und Zeit* [1927], Tübingen (Niemeyer) 1964.

Heilig, Morton L.: Enter the Experiental Revolution. A VR Pioneer Looks Back to the Future. In: Jacobson, Linda (Hg.): *Cyber Arts, Exploring Art & Technology*, San Francisco (Miller Freeman) 1992.

Hoshi, Takayuki, Homepage, http://star.web.nitech.ac.jp, zuletzt gesehen am 30.5.2013.

Hoshi, Takayuki/Takahashiy, Masafumi et al.: Noncontact Tactile Display Based on Radiation Pressure of Airborne Ultrasound. In: *IEEE Transactions on Haptics*, Bd. 3, Nr. 3, Juli/September 2010, 155–165, www.pdfmagazine.info/ieee-transactions-on-haptics-vol-3-no-3-july-september-2010.pdf, zuletzt gesehen am 30.5.2013.

Hoshi, Takayuki/Takahashiy, Masafumi et al.: Touchable Holography (The University of Tokyo) 2009. In: *ACM Siggraph 2009*, SIGGRAPH-09TouchableHolography.pdf, zuletzt gesehen am 30.5.2013.

IEEE (Institute of Electrical and Electronics Engineers) Haptics 2012 Conference, Homepage, www.epdaily.tv/all/spotlight/haptics-symposium-2012-video, zuletzt gesehen am 30.5.2013.

Ihlenfeld, Jens: Holographisches Display projiziert fühlbare 3-D-Bilder. In: *Golem.de. IT-News für Profis*, www.golem.de/0908/68901.html, zuletzt gesehen am 30.5.2013.

Intuitive Surgical, Homepage, www.intuitive-surgical.com/products/, da Vinci Standard System, www.intuitivesurgical.com/company/media/images/davinci_standard_images.html, zuletzt gesehen am 30.5.2013.

Iwamoto, Takayuki/Tatezonoy, Mari et al.: Airborne Ultrasound Tactile Display (The University of Tokyo) 2008. In: *ACM Siggraph 2008*, SIGGRAPH 08_abst.pdf, zuletzt gesehen am 30.5.2013.

Klinikum der Universität München, Patienten-informationsblatt 2013 der Urologischen Klinik und Poliklinik, Campus Großhadern.

Lacan, Jacques: Die Familie [1938]. In: ders.: *Schriften III*, hg. v. Haas, Norbert, übers. v. Haas, Norbert/Kaltenbeck, Franz/Kittler, Friedrich A./Metzger, Hans Joachim/Metzger, Monika/Rütt-Förster, Ursula, Weinheim/Berlin (Quadriga) 1986, 39–100.

Leitch, Robert A./Moses, Gerald R./Magee, Harvey: Simulation and the Future of Military Medicine. In: Association of Military Surgeons of the United States (Hg.): *Military Medicine*, April 2002. Bd. 167, Nr. 4, 350-354.

New Oxford American Dictionary, online: www.oxforddictionaries.com/definition/american_english/emotion?q=emotion, zuletzt gesehen am 30.5.2013.

Oppermann, Birgit: Gedankensteuerung hilft Patienten, hat aber beim Militär nichts verloren. In: *Medizin und Technik*, www.medizin-und-technik.de/medizin/-/article/27544623/37116570?, zuletzt gesehen am 30.5.2013.

Provision, Firmen-Homepage, www.provision.tv, zuletzt gesehen am 30.5.2013.

Reiche, Claudia: *Digitale Körper, geschlechtlicher Raum. Das medizinisch Imaginäre des „Visible Human Project"*, Bielefeld (transcript) 2011.

SensAble Touch, haptic device, force feedback, PHANTOM Series, Werbebroschüre 1998, siehe Geomagic (ehemals SensAble), www.geomagic.com/en/products/phantom-omni/overview, zuletzt gesehen am 30.5.2013.

SOFIE-Projektseite der Technischen Universität Eindhoven, www.tue.nl/en/research/research-institutes/top-research-groups/robotics-research/projects/sofie/, zuletzt gesehen am 30.5.2013.

Stanford Research Institute, SRI-Produktseite, www.sri.com/engage/products-solutions/m7-surgical-robot, zuletzt gesehen am 30.5.2013.

Stenslie, Ståle: *Virtual Touch. A Study of the Use and Experience of Touch in Artistic, Multimodal and Computer-based Environments*, Dissertation Oslo School of Architecture and Design. Oslo (CON-TEXT) 2010

Tausk, Victor: *Beeinflussungsapparate. Zur Psycho-analyse in den Medien*, Berlin (Semele) 2008.

Tholen, Georg Christoph: Der Ort des Raums – Erkundigungen zum ‚offenen' und ‚geschlossenen' Raum, Vortragsversion zu *HyperKult IX – Augmented Space. Reale, virtuelle und symbolische Räume*, Lüneburg 2000, www.xcult.org/texte/tholen/raum.html, zuletzt gesehen am 30.5.2013.

Wikipedia, die freie Enzyklopädie: Schallstrahlungs-druck, www.de.wikipedia.org/wiki/Schallstrah-lungsdruck, zuletzt gesehen am 30.5.2013.

Won Baac, Hyoung/Ok, Jong G. et al.: Carbon-Nanotube Optoacoustic Lens for Focused Ultrasound Generation and High-Precision Targeted Therapy. In: *Scientific Reports 2012*, Bd. 2, www.nature.com/srep/2012/121218/srep00989/full/srep00989.html, zuletzt gesehen am 30.5.2013, und: Supplementary Information, Targeted Removal of Single Cell, www.nature.com/srep/2012/121218/srep00989/full/srep00989.html#supplementary-information, zuletzt gesehen am 30.5.2013.

Film

Greenberg, Herb: *The da Vinci Debate*, CNBC, 21.4.2013, http://video.cnbc.com/gallery/?video=3000162440, zuletzt gesehen am 30.5.2013.

Dennis Siegel

Electromagnetic Harvester

Die Omnipräsenz von elektromagnetischen Feldern wird bereits durch simplen Stromfluss impliziert. Wir sind im urbanen Raum nahezu überall von elektromagnetischen Feldern umgeben, die wir zur Informationsübertragung oder als Nebenprodukt erzeugen. Genauer betrachtet sind elektromagnetische Felder nicht mehr als reine Energiefelder, die sich dem Wahrnehmungsbereich unserer Sinne entziehen.

Diese Energiefelder befinden sich um Bahnoberleitungen (16,7 Hz) und Stromleitungen (50/60 Hz), sie treten als Radiowellen (~100 MHz), bei DVB-T (~500 MHz), bei Handynetzen (900/1800 MHz) und in Form von Bluetooth und WLAN (2,4 GHz) auf.

Wie auch das Detektorradio, welches bereits Anfang des letzten Jahrhunderts allein mit der Energie aus Radiowellen betrieben wurde, nutzt der *Electromagnetic Harvester* das nunmehr größere Angebot an vorhandenen elektromagnetischen Feldern, um diese aufzuzeigen und ihnen Energie zu entziehen. Es gibt zwei Varianten des *Harvesters*, einen kleineren für Frequenzen unter 100 Hz und einen größeren mit einem breiteren Frequenzband bis 2,4 GHz. Die Anwesenheit eines elektromagnetischen Felds wird über eine LED auf der Oberseite des *Harvesters* signalisiert – je stärker die LED leuchtet, umso energiereicher

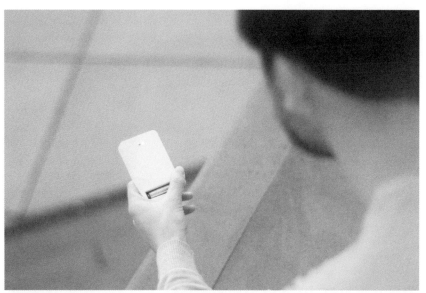

ist das vorhandene Feld. Der *Harvester* gewinnt über Induktion die Energie aus den elektromagnetischen Feldern zurück und speist sie in eine Batterie. Dieser parasitäre Vorgang beansprucht einige Zeit, da sich die Größe der Ausbeute relativ zu der Stärke des vorhandenen Felds verhält. So wird man in der Nähe eines Umspannwerks oder eines WLAN-Netzes mehr Energie ernten können als an einem Toaster oder Lichtschalter.

Die unsichtbaren elektromagnetischen Felder werden detektiert, ihre Quelle entlarvt und geerntet. Dieser Forschungscharakter generiert ein Bewusstsein für die Omnipräsenz von elektromagnetischen Feldern und gibt diesen eine räumlich erfahrbare Dimension. Durch Erforschung des urbanen Raums auf der Suche nach elektromagnetischen Feldern werden auf diese Weise besonders attraktive und ertragreiche Orte gefunden und zu ‚Farmen' umfunktioniert.

Jonas Otto

Der Metalevel-Scanner

Orte sind Träger von Geschichten und vergangenen Ereignissen. Es sind aber auch die Spuren und Hinterlassenschaften dieser Geschichten, die einen Ort allererst formen, bilden und darstellen. Sei es in der physikalischen Welt oder in unseren Gedanken. Spuren können vieles sein: ein vermeintlich banales, festgetretenes Kaugummi auf der Straße oder Objekte von historischer Bedeutung wie zum Beispiel Gebäude modernen oder jahrhundertealten Ursprungs, eine besonders ausgeprägte Vegetation, Graffiti, verlorene Objekte wie eine Mütze, Müll, kahle Flächen oder Risse im Asphalt.

Wir sehen und lesen diese Spuren und bewerten und analysieren sie nach persönlichen Mustern, Erfahrungen und Wissen. Jeder von uns auf seine eigene Art und Weise – jeder von uns mit seinen Tools. Tools sind bestimmt durch die jeweiligen historischen, architektonischen, sozialen oder biologischen Kenntnisse oder sensorischen Fähigkeiten. Diese persönlichen Tools unterliegen, ebenso wie die Spuren und Informationen, die ein Ort in sich trägt, einem ständigen Wandel. Sie bestimmen die Wahrnehmung eines Ortes und können maßgeblich sein für Wohlbefinden oder Unbehagen. Sie können auch verantwortlich dafür sein, dass das eine in das andere umschlägt.

Das heißt: unsere Tools sind das Ergebnis von Erfahrungen, Bildung und Interessen. Sie können sich entwickeln und verändern und neue Eindrücke schaffen, die in die Bewertung eines Ortes einfließen. Aber was ist mit jenen Spuren und Informationen, die wir nicht ohne Weiteres wahrnehmen oder lesen können, da sie außerhalb unserer Wahrnehmungsmöglichkeiten liegen? Was ist mit digitalen Daten, die verankert sind im physikalischen Raum als Spuren einer neuen Form von Aktivität im Raum: verortete Wikipedia-Artikel, Tweets mit Geo-Tag, Bilder von Flickr mit GPS-Daten, Facebook, Foursquare, Instagram, Google+ etc.

Allgegenwärtig beschreiben sie einen erweiterten Raum und konstituieren so einen Ort aus physischen und virtuellen Markierungen. Sie entstehen aus der Beschaffenheit des Raums selbst, die bestimmt ist durch Situationen. Ebenso wie jeder Baum, Stein oder ein Haus bilden sie – die digitalen Daten – einen Bestandteil des Ortes. Doch sie sind für uns nicht greifbar, mit dem bloßen Auge nicht wahrnehmbar, aufgrund ihrer Prozesshaftigkeit nicht fixierbar. Sie agieren wie Verwirklichungen von Geistern, die an Ort und Stelle verharren und einen Exorzismus oder die Erfüllung einer längst vergessenen Aufgabe abwarten. Digitale Geister als Abbilder und Spuren von digitalen Pionieren oder aber auch nur das Ergebnis von Langeweile beim Warten auf den Bus.

1 Messung 1: Bremen Osterdeich
  53.068705°, 8.819245°;
  MetaLevel: 00501
2 Messung 2: Bremen Überseestadt
  53.100486°, 8.762561°;
  MetaLevel: 00011
3 Detail des *Metalevel-Scanners*

Ohne technische Hilfsmittel bleiben uns diese Spuren oder Geister verborgen – ein *PKE Meter* wie in dem Film *Ghostbusters* erscheint notwendig: „The full name of the device is a *Psychokinetic Energy Meter*, so named because its function is to detect the amounts of said energy and to direct the user to its location."[1]

Hier scheint uns also ein Tool zu fehlen. Ein Tool, von dem nicht sicher gesagt werden kann, ob es erlernbar ist oder nicht. Ausgehend von meinen persönlichen Erfahrungen bezüglich der sensorischen Fähigkeiten des Menschen müsste ich sagen, dass uns dieses Tool wohl vorenthalten bleiben wird.

Allerdings scheinen wir bereits aktiv und inflationär ein Bewusstsein zu entwickeln, das dieses Tool aus unseren anderen Tools ergänzt bzw. trainiert. Jede dritte Person in Deutschland besitzt ein Smartphone[2] und ist quasi ständig online. Man geht nicht mehr gezielt online. Man ist online und wird zum Ziel. Das Angebot kommt zu uns, aber mit dieser schwimmenden Überschneidung entwickeln wir auch immer mehr ein Verständnis und ein Empfinden für das Internet in seiner mobilen Form. Die digitalen Welten und der physische Raum überlagern sich auch in unserer Wahrnehmung. So sind wir zwar nicht in der Lage, diese digitalen Spuren sensorisch zu erfahren, können aber fundierte Vermutungen und Ahnungen auf Basis unseres Wissens über mögliche Quellen anstellen. Doch ähnlich wie schon bei dem Messen der Temperatur werden wir uns voraussichtlich nicht mit Vermutungen wie ‚warm' und ‚kalt' zufriedengeben. Wir brauchen ein Messgerät, eine Extension zu unseren Tools, um ein Streben nach Genauigkeit zu befriedigen, das wir selbst erst konstruiert haben.

Ein solches Messgerät, quasi die Realisierung des *PKE Meters* auf der Suche nach realen Geistern, ist der *Metalevel-Scanner*. Wie ein Thermometer agiert der Scanner als Extension, um die Wahrnehmung im Raum zu erweitern. Er misst die Dichte der digitalen Informationen im physikalischen Raum und bietet somit einen auf Messzahlen basierten Blickwinkel, um Orte zu lesen und zu bewerten.

---

1 Anonym: *P. K. E. Meter*, www.ghostbusters. wikia.com/wiki/P.K.E._Meter, zuletzt gesehen am 7.4.2013.

2 Bundesverband Informationswirtschaft, Telekommunikation und neue Medien e.V.: *Jeder Dritte hat ein Smartphone*, www.bitkom.org/de/presse/74532_71854.aspx, erstellt 2012, zuletzt gesehen am 7.4.2013.

Luis Berríos-Negrón

Manners, Parameters and Other Gay Sciences.
Realities from the Paramannerist Treatise

Verde que te quiero verde.
Verde viento. Verdes ramas.
El barco sobre la mar
y el caballo en la montaña.
Con la sombra en la cintura
ella sueña en su baranda,
verde carne, pelo verde,
con ojos de fría plata.
Verde que te quiero verde.
Bajo la luna gitana,
las cosas la están mirando
y ella no puede mirarlas.

Verde que te quiero verde.
Grandes estrellas de escarcha
vienen con el pez de sombra
que abre el camino del alba.
La higuera frota su viento
con la lija de sus ramas,
y el monte, gato garduño,
eriza sus pitas agrias.
¿Pero quién vendrá? ¿Y por dónde …?
Ella sigue en su baranda,
Verde carne, pelo verde,
soñando en la mar amarga.

Compadre, quiero cambiar
mi caballo por su casa,
mi montura por su espejo,
mi cuchillo por su manta.
Compadre, vengo sangrando,
desde los puertos de Cabra.
Si yo pudiera, mocito,
este trato se cerraba.
Pero yo ya no soy yo,
ni mi casa es ya mi casa.
Compadre, quiero morir
decentemente en mi cama.
De acero, si puede ser,
con las sábanas de holanda.
¿No ves la herida que tengo
desde el pecho a la garganta?
Trescientas rosas morenas
lleva tu pechera blanca.
Tu sangre rezuma y huele
alrededor de tu faja.
Pero yo ya no soy yo,
ni mi casa es ya mi casa.

Dejadme subir al menos
hasta las altas barandas;
¡dejadme subir!, dejadme,
hasta las verdes barandas.
Barandales de la luna
por donde retumba el agua.

Ya suben los dos compadres
hacia las altas barandas.
Dejando un rastro de sangre.
Dejando un rastro de lágrimas.
Temblaban en los tejados
farolillos de hojalata.
Mil panderos de cristal
herían la madrugada.

Verde que te quiero verde,
verde viento, verdes ramas.
Los dos compadres subieron.
El largo viento dejaba
en la boca un raro gusto
de miel, de menta y de albahaca.
¡Compadre! ¿Dónde está, díme?
¿Dónde está tu niña amarga?
¡Cuántas veces te esperó!
¡Cuántas veces te esperará,
cara fresca, negro pelo,
en esta verde baranda!

Sobre el rostro del aljibe
se mecía la gitana.
Verde carne, pelo verde,
con ojos de fría plata.
Un carámbano de luna
la sostiene sobre el agua.
La noche se puso íntima
como una pequeña plaza.
Guardias civiles borrachos
en la puerta golpeaban.
Verde que te quiero verde.
Verde viento. Verdes ramas.
El barco sobre la mar.
Y el caballo en la montaña.[1]

1 Federico García Lorca: Romance
   sonámbulo. In: *Obras completas*,
   Vol. I. Ed. by Arturo del Hoyo, Madrid
   (Aguilar) 1991, 400–403.

1 Cover of *Domebook 2*,
ed. by Lloyd Kahn, Detail, 1971

We are aware that our world, our mind, our knowledge is replicated by the cloud, and the cloud strives to replicate the universe, ever deepening, ever expanding. In this delightful yet frightening outward motion, and as temporary space continues to flourish, we find ourselves understanding this broader, endless system of unstable balances, of beautiful uncertainty, being sustained by our continuous abilities to deliver cogent mediation. The problem is that we acquiesce, we surrender to power structures that profit from our homogenized fragmentation and its ensuing enslavement.

In 1967, the founder of the MIT Center for Advanced Visual Studies, György Kepes, said: "There is a reciprocal relationship between our distorted environment and our impoverished ability to see with freshness, clarity, and joy. Fed on our deformed and dishonest environment, our undernourished visual sensibilities can only lead us to perpetuate the malfunctions of the environment that we create. To counteract this spiral of self-destruction, we have to re-educate our vision and reclaim our lost sensibilities. The formlessness of our present life has three obvious aspects. First, our environmental chaos, which accounts for inadequate living conditions, waste of human and material resources, and pollution of air, water and earth. Second, our social chaos – lack of common ideas, common feelings, common purposes. Third, our inner chaos – individual inability to live in harmony with oneself, inability to accept ones whole self and let body, feelings, and thought dwell together in friendship."[2]

For us to cogently mediate this complex *reciprocal relationship*, we are required ever more to grasp and make sense of these broader, difficult to discern constellations of social, historical and climatic networks. Therefore, with our abilities, our specialized skills, we must continue to struggle to see and make-visible these broader complexities, not to reduce them to a marketable product, but to find delight in the process of finding, creating and nurturing those unstable balances of environmental form.

With that, this paper aims to make a brief projection about the inseparable difference between mental and physical space. This projection intends to thicken the aesthetics of sustainability by rejecting social Darwinism as the normalization of chaos and the irrational byway of evolutionary teleology and technocratic domination. To do so, I describe a mannerist recurrence in cultural production and how I hope it may inform a revitalized movement beyond an age of mass industrialization towards the age of mass customization, and into the Anthropocene. I question efforts trying to end Modernism, both technically and socially, recently in Post-Modernism, and currently through claims of Parametricism, which still fail to slacken the preconditions of classical modernity and industrial, free-market capitalism. I argue that this slackening can be activated by considering Charles Peirce's *infinite community of inquiry*, and Gerald Raunig's notion of *abstract machines*, as vehicles facilitating practices and tools of anthropocentric cybernetics and contemporary ecology. The argument will ultimately focus on briefly asserting differences between an architectonic and the architectural, not about a metaphorical set of relations between the visual arts and the hard sciences, but to set off a topological heuristic, an ongoing inquiry to further categorize aspects of the gay sciences.

General Introduction to the Workflow

The poem *Romance sonámbulo* by Federico García Lorca, seemingly serving as bookends, but rather being a *Kleinform*, builds an endless point of entry … that by entwining "Green how I want you green" provides motion into a workflow, not as a body, but a concatenation, as an elusive mental ecology that steers away from expressionist form, towards environmental form.

This effort of producing work that has no interior, that is all exterior, is introduced by presenting this poem in parallel with the video titled *Verde que te quiero Verde* (fig. 2). This was the video component-as-document to the 2006 public art workshop I conducted with Rahraw Omarzad and his students of art and architecture at the Centre of Contemporary Art of Afghanistan in Kabul, all part of my larger installation titled *Nonspheres IV*.

2 György Kepes: *Education of Vision*, New York
   (George Baziller Publishers) 1965, 2.

The installation stemmed from two precedents: one, soviet ecologist Vladimir Vernadsky's version of the concept of *noösphere*, of how human agency itself is a natural force, not outside, but expanding within and transforming beyond the biosphere; two, the essay titled *Acid Visions* by Felicity D. Scott, specifically the section that reads: "Despite being haunted by the endgames of the Cold War, the end of Drop City [1960's alternative fringe community living in, and professing the use of, geodesic domes] would not be the result of nuclear catastrophe but of its inscription into the media [...]. But if Drop City functioned all too effectively within 'Media America', with its experimental geodesic domes serving to promote Buckminster Fuller's invention to the counterculture, the commune's ambition had been quite distinct: it had aimed to articulate a dissident and political refusal of American, and hence Global, Capitalism. Although domes are 'not quite Architecture' to cite Reyner Bahnam's formulation, such alternative critiques of architecture and urbanism, which functioned at the nexus of spectacle and use, raise the question not of how architecture might escape from this technological condition (an impossible and not entirely progressive ideal) but of what sort of ethical and political strategies might remain open as modes of encounter with it.

These historical practices point to the danger not only of mysticism but also of an unwitting integration into contemporary articulations of geopolitics and digital tools. I stress unwitting to distinguish modes of experimentation from the savvy, even self-conscious strategies of uncritical integration that gave rise to, among other recent events in architecture, the 'Bilbao Effect'."[3]

2 Photogram of *Verde que te quiero Verde*, video, Kabul, 2006, part of *Nonspheres IV* installation, Program Berlin, 2007
3 *Laocoonte*, El Greco, ca. 1609

Acid Visions is a Delightful Call to Arms

Along with equally significant diatribes by Hal Foster and Andrea Fraser, Felicity Scott's staunch parallel of Buckminster Fuller's technical and social development of geodesics to Frank Gehry's *little fish*, on one hand, loudly registered to be what we now know all too well about the Guggenheim Museum in Bilbao, as an unchecked misappropriation of digital fabrication and parametrics for the sake of sculptural gymnastics and self-referential glorification, of formal expressionism, exacerbating nothing but the oppressive elitism of the neoliberal market, concerns that underscore today's misleading overdevelopment of often publicly funded iconic buildings that seem to then become Trojan Horses to an unsustainable cultural and environmental homogenization and defamiliarization.

On the other hand, and more importantly, this parallel put into context the dual-edged sword of mid-to-late 20th century countercultural activism and alternative education in the United States, exemplified by the political and experimental work of Buckminster Fuller, exercised to an extent during his time at Black Mountain College. It dynamically materialized this recent chapter about the historical ebb and flow between art and science, of emerging socially motivated ecological production and its subsequent, if seemingly inevitable ideological instrumentalization.

3 Felicity Scott: Acid Visions. In: *Grey Room*, Nr. 23, Cambridge, Mass. (MIT Press) Spring 2006, 22–39, here 35 f.

With these two precedents in mind, I briefly visited Berlin on my way to Kabul for the collaboration with the CCAA. Unexpectedly, it was then that I first visited the once secret military installation *Teufelsberg* (or *Devil's Hill*), the landfill of ruins of post-war Berlin (fig. 4). I could have never imagined that the volunteered instrumentalization of Bucky Fuller's geodesics could ever be manifested as a *little fish* the size of a gigantic penis with hairy testicles on top the ruins of the Second World War ... and never could I ever have so underestimated the sense of humor of the American military, this building being in my mind the mother of all post-modern ironies.

This lesser known residue of the Soviet-Allied geopolitical phantasmagoria of the Cold War in Berlin became materialized in *Nonspheres IV* as the parametrically unfolding of this gigantic penis into an expansive tetrahedral rope (noose) lattice. The unfolding was a personal reticulation of social, historical and technological threads, hoping to reconnect a topological system that was not subject to a conclusive answer, but as an endless interrogative about the still on-going, abusive victimization of the Afghan people for the sake of the colonial pageantry of the former Soviet States, the Allied Forces and the United States of America. Surely eclipsing the self-referential, sculptural blasé of the Gehry-Glymph slippery carp and the Hadid-Schumacher flat skyscraper, this phallic hubris, whether witting or unwitting, represents how delicate innovation can be, of the selective amnesia that power structures are able to induce, and us to accept, by applying the most offensive ideological agendas cloaked in the most innovative visual and form-finding techniques. These anxious notions continue to respond to that delightful call, underscoring my current efforts towards environmental form.

General Abduction to the Paramannerist Treatise

The excellent architect Inge Rocker recently wrote that "the formal exuberance characteristic of parametricism's architecture and urban planning scenarios pretends to cope with societies' and life's complexities, while in fact they are at best expressions thereof, empty gestures of a form-obsessed and strangely under-complex approach to architecture and urbanity."[4] This statement reminds me that despite desires to the contrary, there is little evidence pointing to the passing of modernity.[5]

To make this absence visible, I will further quote a passage from Arnold Hauser's seminal essay titled *The Social History of Art* to retrospectively insert a mannerist context for cultural production, filtering a review of classical and post-modernity: "We are the first to grasp the fact that the stylistic efforts of all the leading artists of mannerism, of Pontormo and Parmigianino as of Bronzino and Beccafumi, of Tintoretto and Greco as of Bruegel and Spranger, were concentrated above all

4 NATO communications station
at Teufelsberg, Berlin, ca. 2001

on breaking up the all-too-obvious regularity and harmony of classical art and replacing its superpersonal normativity by more subjective and more suggestive features. At one time, it is the deepening and spiritualizing of religious experience and the vision of a new spiritual content in life; at another, an exaggerated intellectualism, consciously and deliberately deforming reality, with a tinge of the bizarre and the abstruse; sometimes, however, it is a fastidious and affected epicureanism, translating everything into subtlety and elegance, which leads to the abandonment of classical forms. But the artistic solution is always a derivative, a structure dependent in the final analysis on classicism, and originating in a cultural, not a natural experience, whether it is expressed in the form of a protest against classical art or seeks to preserve the formal achievements of this art. We are dealing here, in other words, with a completely self-conscious style, which bases its forms not so much on the particular object as on the art of the preceding epoch, and to a greater extent that was the case with any previous significant trend of art. The conscious attention of the artist is derived no longer merely to choosing the means best adapted to his artistic purpose, but also to defining the artistic purpose itself – the theoretical program is no longer concerned merely with methods, but also with aims. From this point of view, mannerism is the first modern style, the first which is concerned with

4 Ingeborg Rocker: Apropos Parametricism: If, in
   What Style Should we Build? In: *Log*, Nr. 21,
   New York (Anyone Corporation) Winter 2011,
   89–100, here 97.

5 See Zvi Goldstein: *To Be There*, Köln (Oktagon)
   1998, essays between pages 140–150.

a cultural problem and which regards the relationship between tradition and innovation as a problem to be solved by rational means. Tradition is here nothing but a bulwark against the all too violently approaching storms of the unfamiliar, an element which is to be a principle of life but also of destruction. It is impossible to understand mannerism if one does not grasp the fact that its imitation of classical models is an escape from the threatening chaos, and that the subjective overstraining of its forms is the expression of the fear that form might fail in the struggle with life and art fade into soulless beauty."[6]

This mannerist recurrence is not a call to build an analytical structure, but rather to reposition the objects of mannerism embodied in this essay that intend to provoke a continuous array of collective inquiry,[7] what American philosopher Charles Peirce calls the *infinite community of inquiry*, where collectivity leans on the hypothesis as principal object of evolutionary thought, favoring instinct over intuition, where the mind is the shared thoughts of an infinite community. This form of inquiry simultaneously hones in our visual skills – to see wider and deeper into the social and political spaces that operate around us. It also slackens that modern stasis by dynamically projecting elusive and opaque constructs of collective labor and material parameters that inherently challenge neoliberal enslavement by calling its fallacious *cause célèbre*, the individual, for the autodestructive mirage that it is.

As we sluggishly struggle to usher the Anthropocene and its evolving notions of contemporary ecology, yes, we ought to strengthen unstable balances of fortuitous chance over mechanistic order, not as a method to control and exacerbate class disparity, but as a cosmology of recurrence where human agency has a definitive role in historical and environmental events, where unexpected diversity is the only constant common. Again, there is no purpose aimed to crystallize a style out of this construct, but to remind the delightful complex of self-inquiry and self-regulation, of those interrogative practices that seem to be consumed by the oceanic void of religious fanaticism and free-market, technocratic capitalism.

In the same essay, Felicity Scott sustains her concerns about the unwitting implementation of technology in parallel to the potentially pathological instrumentalization of religion and justice by stating: "In the opening pages of Civilization and its Discontents, Freud noted the troubling nature of his friend Romain Rolland's identification of religion with 'a feeling of something limitless, unbounded – as it were, oceanic'. Freud sought a psychoanalytic explanation of what he regarded as a crisis in the demarcation of the ego and the external world. He conceded that beyond the nonpathological situation of two people in love, perhaps such primordial oceanic feeling might coexist in some individuals as a counterpart to a mature *ego-feeling*. But rather than accepting it as religious, he recast it as a symptom of regression to infantile helplessness, a defense against suffering, that in addition to the mass delusion of religion, might manifest in other pleasures such as art or even eroticism. If civilization was supposed to protect man from the destructive forces of nature through advances in science and technology, just as it would protect one man from the 'brute force' of another through notions of justice and of rights, even in the late 1920's it was evident to Freud that something had gone awry."[8]

Let us say that such productive arrays become visible by way of differentiating the narrow relationship between an architectonic and the architectural. This difference, that could suggest Facebook's long-awaited dismissal of public space as a separation between the mental and the physical, is required when considering the compounded mixture of meaning propagated by postmodernity, the etymological hodgepodge originated from the very same intent to dismantle the fascist narrative of the 20th century. More specifically, it has been a concerted effort that in large part relied on the simulation of styles through decorative bricolage, in art and architecture, and later through electronic and mass media, in order to, among other purposes, blur those fissures of disciplinary fragmentation, of specialization that have been fundamental to the profitability of Fordist ideology. But, this effort has become subjected to its own resistance by increasingly depending on the arm-chair monologue that has reverted onto itself, leaving behind yet another vast, phantasmagoric wasteland, destroying all possibility to discern an architectonic framework – a tangible *chora*, that formless Platonic womb, for public (as opposed to inertial, if esoteric) discourse, and for an architectural production that is celebrating, instead of constricting, the paradoxical pleasure that is the human condition.

This intent can be traced to the activism associated with general intellect,[9] now reminded through Post-Operaism, generating confrontations against, and infiltrations within, religious indoctrination, exploitative labor, and the vacuum of knowledge that ensued late 19th century modes of production on through 20th century professionalist individualization. In that spirit, one can certainly continue to side with the broadening of knowledge, through collectivity and experimentation. But, the problematic byproduct of this broadening rupture, of what Bateson refers to as

6 Arnold Hauser: *The Social History of Art*, New York (Vintage Books Random House) 1957, 100 f.

7 "[...] the real is that which sooner or later information and reasoning would finally result in, and which is therefore independent of the vagaries of me and you. This conception, not of the individual mind, essentially involves the notion of a community, without definite limits and capable of an indefinite increase of knowledge. It would be better to think of mind as the shared thoughts of the infinite community, perhaps extending beyond the human realm which constitutes the universe of semiotic activity."

Edward Moore/Christian Kloesel et al. (Ed.): *Writings of Charles S. Peirce. A Chronological Edition*, Vol. 2, Bloomington (Indiana University Press) 1982, 239 f.

8 Scott, Acid Visions, 33.

9 "While all men are intellectuals, not all men have in society the function of intellectuals. Thus because it can happen that everyone at some time fries a couple of eggs or sews up a tear in a jacket, we do not necessarily say that everyone is a cook or a taylor." Antonio Gramsci: *Selections from the Prison Notebooks*, ed. by Quentin Hoare/Geoffrey Nowell-Smith, New York (International Publishers) 1971, 8.

schismogenesis [10], has increasingly become prey to both, not the loving amateur, but the self-aggrandizing dilettante, and not the situated model, but the digitally rendered image.

It is the professionalist dilettante and his/her squelching, rendered image that are the unseen protagonists to this empty, current phantasmagoria. It is exemplifying the perpetuation of power structures leveraged by immaterialized capital rather than through protracted knowledge, strengthening the resolve of the corporate apparatus against public interest. The most extreme sampling being the re-entwining of military and religious fanaticism to feed the consumer gluttony, if the deformed definition of growth, shamelessly enacted through recent wars designed to brutally target labor and natural resource exploitation, strategically perpetuating the speculation bubble and the real estate debacle that the art gallery and the architectural profession certainly have had a hand on, if, at best, in collusion with by acquiescence.

This phantasmagoric nature of today, of an inability to discern the real from illusion due to free-market euphoria, has collapsed into absurd discussions, most prescient the passively suicidal negation of the idea of evolution and the blind-eye to the blunt hand of human agency over climate change (better characterized as climate radicalization and the agricultural crisis to ensue). And as any unresolved wasteland, it is a moment, and a site, full of potential, a *terrain vague* that can fruitfully mobilize previously unsought discourse. Unsought because, despite that there is a cyclical nature to this historical recurrence, computational and communication technologies do in fact formulate a previously unseen landscape. More specifically, that the effort to fragment the human condition in order to better control its enslavement will continue to manifest unabated, unless we take a closer, less market-oriented look at an anthropocentric, and not a servo-mechanistic, implementation of the circuitry in human relations, of cybernetics, helping us usher a more cogent evolution from mass industrialization into mass customization.

My efforts to materialize aspects of this evolution focus on preparations of what Hans-Jörg Rheinberger characterizes as epistemic interfaces for curatorial action. These mediations can be traced to *Nonspheres IV*. Also in more recent works such as *The Turtles* (2005), *The Anxious Prop* (2009), and the recent collaboration with Paul Ryan in his *Threeing* project (2010–12) for Documenta 13.

These works aim to transversally network, or rather build concatenations that both make-visible and further process these polemical wastelands ... to remind this entwined division between the architectural and the architectonic as manner and method to reconfigure the socio-economic disparities that professionalist artists, curators, and architects have, and continue to foment in the absence of doubt, self-inquiry, self-regulation, that for us, by far and in large, suck the life, the delectability out of artistic sovereignty and collective inquiry.

5 *Ultra Deep Field*, Hubble Telescope, constellation of Fornax, data accumulated from September 24, 2003, through to January 16, 2004

In that rhythm, I join the voices that continue to call upon an architectonic that aggressively flows between the transcendental and the mechanistic so to deduce spatial phenomena by suspending the particularities of a broad mass into the monads that we come to understand as a situated construct. It is the correlation of these particularities, within an artwork, a building, or an entire body of work, that, just as light is intrinsic to color, and scale is intrinsic to density, the mastery of this tact is intrinsic to tectonics, not necessarily through phenomenology, nor communal space itself, but through the elusive spaces that constitute the collective mind, not unlike Raunig's *precarious monster*[11] that blossoms through time-based collectivity and its implicit material semiotic.

This material system of symbols I want to re-mind, whether with god, or through the grand unified theory, can be drawn from a parallel triptych that was the élan vital, continuity, and the eternal return – from Bergson's insistence on intuition as the ever-novel reptilian nerve, Pierce's topology of instincts nurtured by the community of inquiry, and of Nietzsche's gay mediation, which validates the meta-intervals of human experience, all rooted in challenging the cosmological mind-fuck that still is Kant's transcendental object.

Despite the recalcitrant nature of this position here before you, I still aspire to shape a heuristic, a manner that does not condemn us to a world of illusion, but to the abstract world of position-takings, an environment of what Ernest Mandel would title as *parametric determinism*.

10 Gregory Bateson: *Steps to an Ecology of Mind*, San Francisco (Chandler Health Publications) 1972, 64 f.
11 Gerald Raunig: *The Monster Precariat*, 2007.

Available: http://translate.eipcp.net/strands/02/raunig-strands02en/print, last accessed 10/28/2013; and Gerald Raunig: *A Thousand Machines*, Los Angeles (Semiotext(e)) 2010.

6 *The Turtle Two* at *The Future Archive*,
exhibition view, curated by Ute Meta Bauer
at Neuer Berliner Kunstverein, 2012

He explains that "men and women indeed make their own history. The outcome of their actions is not mechanically predetermined. Most, if not all, historical crises have several possible outcomes, not innumerable fortuitous or arbitrary ones; that is why we use the expression parametric determinism indicating several possibilities within a given set of parameters."[12]

In considering this much more comprehensive notion of parametrics, we can rethink the passive suicide of biospheric severance imparted by the modern industrial project, where we begin to seam into a far more pleasurable life, stretching the technological envelops that allow those contracts that we have to each-other, our *contracts of citizenship*[13] to continue to flow embodied in our natural laws as an absolute imperative to maintain awareness of each other's well-being and not to relent in producing more elusive forms of community that do not circumvent fairness and the social interest.

12 Ernest Mandel: How to make no sense of Marx. In: Robert Ware/Kai Nielsen (Ed.): *Analyzing Marxism. New Essays on Analytical Marxism.* Canadian Journal of Philosophy, Supplementary Vol. 15, Calgary (University of Calgary Press) 1989, 105–132.

13 Felix Guattari: *The Three Ecologies*, New York (Athalone Press) 2000 [orig. France 1989].

14 Friedrich Nietzsche: *The Gay Science* [Walter Kaufmann trans.], Book 4, Section 341, New York (Random House) 1954, 274.

In order to then substantiate this matter of space, as a passionate differentiation between environmental form as an architectonic, and of monumentality as its architectural manifestation, I loop you into the same question that the eternal demon in Nietzsche looped us into a century ago: "The question in each and every thing – 'Do you desire this once more?' This question would lie upon your actions as the greatest weight. Or how well disposed would you have to become to yourself and to life to crave nothing more fervently than this ultimate eternal confirmation and seal?"[14]

Literature

Bateson, Gregory: *Steps to an Ecology of Mind*, San Francisco (Chandler Health Publications) 1972.

García Lorca, Federico: *Obras completas*, ed. by del Hoyo, Arturo, Madrid (Aguilar) 1991.

Goldstein, Zvi: *To Be There*, Köln (Oktagon) 1998, 140–150.

Gramsci, Antonio: *Selections from the Prison Notebooks*, ed. by Hoare, Quentin/Nowell-Smith, Geoffrey, New York (International Publishers) 1971.

Guattari, Felix: *The Three Ecologies*, New York (Athalone Press) 2000. [Orig. France 1989].

Hauser, Arnold: *The Social History of Art*, New York (Vintage Books Random House) 1957.

Kepes, György: *Education of Vision*, New York (George Baziller Publishers) 1965.

Mandel, Ernest: How to make no sense of Marx. Originally published in: Ware, Robert/Nielsen, Kai (Ed.): *Analyzing Marxism. New Essays on Analytical Marxism*. Canadian Journal of Philosophy, Supplementary Vol. 15, Calgary (University of Calgary Press) 1989, 105–132.

Moore, Edward/Kloesel, Christian et al. (Ed.): *Writings of Charles S. Peirce. A Chronological Edition*, Vol. 2, Five volumes to date, Bloomington (Indiana University Press) 1982.

Nietzsche, Friedrich: *The Gay Science* [Walter Kaufmann trans.], Book 4, Section 341, New York (Random House) 1954.

Raunig, Gerald: *A Thousand Machines*, Los Angeles (Semiotext(e)) 2010.

Raunig, Gerald: *The Monster Precariat*, 2007. Available: http://translate.eipcp.net/strands/02/raunig-strands02en/print.

Rocker, Ingeborg: Apropos Parametricism: If, in What Style Should We Build? In: *Log*, Nr. 21, New York (Anyone Corporation) Winter 2011, 89–100.

Scott, Felicity: Acid Visions. In: *Grey Room*, Nr. 23, Cambridge, Mass. (MIT Press) Spring 2006, 22–39.

Julian Rohrhuber

Was uns vorschwebte.
Neuraths Schiff, Raumschiff Erde und unbedingte Universität als moderne Entwürfe einer Diplomatie des Wissens

Axiomatik und blinder Fleck

Die Moderne ist eine schwebende Konstruktion, ein Luftschiff. Was heißt es, einen Bruch mit einer alten und dominierenden Ordnung zu behaupten? Und natürlich auch: Wenn wir selbst genau dort den blinden Fleck haben sollten, wo wir von unserer eigenen Situation bestimmt sind – wie diesen archimedischen Punkt erreichen, der es erlaubt, mit ihr zu brechen? Aus dem Zweifel Gewissheit zu ziehen, hat sicherlich einiges mit dem freien Fall zu tun, mit der freischwebenden Aufmerksamkeit, mit dem Sich-provisorisch-Einrichten. Der Philosoph Otto Neurath schlug 1913 folgendes Bild vor: Die Wissenschaft ist ein Schiff auf freiem Ozean, das immer wieder teilweise versagt, aber dabei in freier Fahrt von seinen Seeleuten aus den schon bestehenden Teilen neu zusammengesetzt werden muss.[1] Es geht dabei also um eine zweifache Diplomatie, die nicht nur die Verhandlung mit den möglichen Gegenständen des Wissens, sondern vielmehr die innere, provisorische Integrität der Methode im Blick hat.

In gewisser Hinsicht ist Erkenntnissuche natürlich immer Bastelarbeit und Flickschusterei. Nimmt man das Bild ernst, hieße das jedoch letztendlich auch, dass nichts wirklich Fremdes auf der Bühne des Wissens erscheint, sondern eigentlich nur immer neue Variationen von Altbekanntem, Konfigurationen einer endlichen Maschine, und dass die Diplomatie der Wissenschaften lediglich eine Form der Innenpolitik ist, deren letztendliches Ziel die optimale Vermittlung menschlicher Interessen bleiben muss.

Sehen wir von dem Problem dieser Perspektive eines ‚Do-it-yourself' einmal ab. In dieser Methode der Autonomie und Selbstvergewisserung steckt zunächst eine große Hoffnung – wenn es nämlich schon keinen eindeutigen Anhaltspunkt in der Welt gebe, auf den man sich verlassen dürfe, so könnte doch zumindest im Rückbezug auf sich selbst so etwas wie eine unmittelbare Anschaulichkeit liegen,

---

1 Tatsächlich gibt es zwischen 1913 und 1932 mindestens drei verschiedene Fassungen dieser Metapher. Vgl. Nancy Cartwright / Cat Jordi: Neurath against Method. In: Ronald Giere / Alan W. Richardson (Hg.): *Origins of Logical Empiricism.* Minnesota Studies in the Philosophy of Science, Bd. 16, Minneapolis (University of Minnesota Press) 1996, 80–90.

eine Anschaulichkeit, hinter die ich zwar nicht zurückfallen kann, die aber genau deshalb Halt gibt. Genau weil der Horizont immer mit dem Beobachter mitkommt, erlaubt er Orientierung.

Die klassische Lösung aus der Bredouille der Bodenlosigkeit ist also die eines Münchhausen-Subjekts: Es richtet sich über dem Abgrund ein, indem es sich selbst an den Haaren aus dem Sumpf zieht (und auch sein Pferd, nicht zu vergessen). Das begrenzte Material, aus dem das Neurath'sche Schiff sich immer wieder neu zusammensetzen lässt, ist solch ein schwebender Rückhalt, wenn auch nicht der reflexive Rückhalt jedes einzelnen Subjekts, sondern vielmehr der strukturelle einer Gesellschaft, deren Protagonist_innen sich gegenseitig mit Material versorgen.

Dass es unmöglich ist, aus ersten Prinzipien sichere Erkenntnis aufzubauen, war in den zwanziger und dreißiger Jahren ein großes Thema. An der Grenze zwischen mathematisierter Wissenschaft und Philosophie war schon länger fraglich geworden, von welchem Boden aus sich allgemeingültige und nicht von bloßer Meinung abhängige Erkenntnis aufbauen ließe.[2] In dieser Zeit kristallisierte sich das Problem freischwebender Grundlagen besonders an der Verschiebung des Begriffs der mathematischen Axiomatik heraus. Was früher zumindest den Naturwissenschaften als sicherer Boden gegolten hatte, nämlich Zahl, Operation, Raum und Zeit – sowie damit verbunden die unmittelbare empirische Beobachtung –, war schleichend fraglich geworden. Ich möchte einen möglichen Weg dorthin noch einmal holzschnittartig plausibel machen.

Wie kann man sich der Dinge versichern, ohne sie dabei vom Zweifel abzuschirmen? Zur gangbaren Methode wird das Zweifeln bekanntlich für Descartes, wobei im immer weiter fortschreitenden Abziehen des Zweifelhaften sich (neben der reinen Reflexion des Denkens) die mathematische Deduktion als Ankerpunkt einstellt. Widersprüchlichkeit ist das verlässlichste Anzeichen der Täuschung, Konsistenz dagegen eines der Wahrheit. Der radikale aufklärerische Zweifel (z.B. bei Hume) geht aber bekanntlich diesbezüglich noch weiter: Für seinen Blick gibt es nichts Allgemeines zu erkennen, das nicht letztlich vollständig von uns selbst, unserer Wahrnehmung, unseren Konventionen so fabriziert worden wäre. Doch auch das Bewusstsein oder Selbst ist hier kein Ort, von dem aus sich verlässlich anfangen ließe; sobald man es sucht, erscheint das Selbst immer als eines unter anderen Dingen. Ein Halt im freien Fall ergibt sich erst durch die Beobachtung, dass – auch

2 In anderen Worten vielleicht, wie man Rauchwolken mit Luftschlössern so verdrahten könnte, dass sie Wind und Wetter verlässlich standhalten.

3 Otto Neurath bezog sich auch explizit auf Descartes und wies darauf hin, dass der Versuch, mit einer Tabula rasa, also bei Null, anzufangen, mit der Schwierigkeit konfrontiert sei, dass alles Wissen immer in Beziehungen zu bereits vorhandenem Wissen steht. Vgl. Otto Neurath: Die Verirrten des Cartesius und das Auxiliarmotiv. Zur Psychologie des Entschlusses. In: *Jahrbuch der Philosophischen Gesellschaft an der Universität zu Wien*, Leipzig (Barth) 1913, 43–60.

wenn weder Objekt noch Subjekt für sich als Ankerpunkte dienen können – es doch genau in der Beziehung zwischen beiden etwas gibt, das der Vernunft unmittelbar zugänglich scheint, wenn es uns auch als Horizont wie die Karotte dem Esel vorweggenommen ist. *Was uns also vorschwebte* (zumindest laut Kant), war das, was auch Gegenstand der Mathematik ist: Raum und Zeit sind solche Bedingungen jeder Gewissheit, die jedoch trotzdem unmittelbar (der reinen Anschauung) zugänglich sind. Die Axiome der Mathematik sind in diesem Moment noch all die Aussagen, hinter die man nicht zurück kann, genau weil sie für jeden Einzelnen in einer gewissen Hinsicht offensichtlich sind.

In den 1930er Jahren, zur Zeit des Neurath'schen Schiffs, war diese unmittelbare Selbstverständlichkeit bereits aufgelöst.[3] Was die Zahl ist, der Raum usw., war weder im Positivismus noch in der zeitgenössischen Mathematik evident – auch (oder gerade) wenn dabei von den Grundlagenfragen gesprochen wurde, stellten Axiome keine unzweifelhaften Grundmauern mehr dar. Und so ist die Metapher des Schiffs bereits etwas, das sich gegen die Vorstellung einer bereinigten Sprache absetzen soll, deren Gebrauch vollkommen von Fremdeinflüssen geschützt wäre.

Die axiomatische Methode steht gerne unter dem Verdacht der Zwanghaftigkeit; womöglich ist dieser Verdacht eigentlich eher ein Symptom des Zweifels an allem, was zu abstrakt ist, als dass man es sich anschaulich vor Augen führen könnte. Tatsächlich hat sich die Struktur verschoben: Um überhaupt zu arbeiten, muss die Wissenschaft (nicht anders als die Kunst) in der Mitte anfangen. Erst im Nachhinein und rückwirkend wird klar, welche Prämissen und Konsequenzen in den bewussten oder unbewussten Annahmen stecken. Was die ‚Mitte' ist, bleibt jedoch fraglich – Axiome jedenfalls sind, zumindest in der modernen Auffassung, weder unhintergehbare notwendige und selbstevidente Wahrheiten, noch sind sie einfach die freien Setzungen eines sich selbst transparenten Subjekts.

Das Axiom ist also das Luftschiff. Es verkörpert die Notwendigkeit, auch im blinden Fleck etwas als gegeben anzunehmen, selbst wenn dieses Etwas überhaupt nicht selbstverständlich sein sollte.

Raumschiff Erde

Das Motiv des Neurath'schen Schiffs, das keine Werft hat, in der man es von außen begutachten könnte, verbindet zwei widersprüchliche Motive: die Autonomie der Protagonisten auf der einen Seite und die Endlichkeit ihrer Welt auf der anderen. Diesem Modell gemäß sind wir frei, gerade *weil* wir auf uns selbst, also unsere Sprache, Technik, Kultur usw. zurückgeworfen sind. Oder anders gesagt, der blinde Fleck ist ein Spiegel, die Erkenntnis der Grenzen von Erkenntnis lediglich Selbsterkenntnis. Die systemtheoretische Idee, das System selbst mache den Unterschied zwischen sich und der Umwelt, fällt ebenso darunter wie die sozialkonstruktivistische

Idee, dass Axiome schlicht Definitionen seien, die sich in der Wissenschaftsgesellschaft mehrheitlich durchgesetzt hätten. Was man also ursprünglich als marxistische Gesellschaftskritik verstehen muss, die den ideologischen Anteil gerade dort aufspürt, wo die Behauptung am stärksten ist, unpolitische, neutrale Aussagen zu garantieren, entwickelt selbst leicht Konsequenzen, denen gemäß das Wissen zu einer Ökonomie wird, innerhalb derer sich Wissen auf das Gleichgewicht gesellschaftlicher Kräfte reduzieren lässt. So attraktiv die Bescheidenheit der Improvisation mit begrenzten Mitteln also ist, so wenig hat sie Vorstellungen entgegenzusetzen, die das Wissen als Produkt menschlicher Arbeit zu kommodifizieren versuchen.

Ein vierzig Jahre nach Neuraths Schiff populär gewordenes Motiv führt in mancher Hinsicht dieses Denken fort: Das von Barbara Ward und Buckminster Fuller so getaufte *Raumschiff Erde*[4] kann Ende der 1960er Jahre durch die Apollo-Mission zum ersten Mal aus der Distanz beurteilt werden. Die verlorene blaue Murmel auf leerem Grund wird zum Ikon der ‚Globalisierung', einer Vorstellung von der Begrenztheit der Mittel und einer Entwicklung hin zu einer Situation, in der jeder Punkt der Welt gleichermaßen erreicht werden und jeder alles sehen kann. Darin ist gewissermaßen Realität geworden, was zuvor nur Hypothese war: Die Natur ist verletzlich und begrenzt, und sie ist integraler Teil einer kleinen Welt, in der jede Grenze zwischen menschlich und nichtmenschlich haltlos geworden ist. Mit der Endlichkeit der Ressourcen im Blick decken sich Natur und Kultur – ähnlich wie in Neuraths Konzeption – als Material für und Produkt von menschlicher Konstruktion. In ihrem Artikel *Das Planetarische* bringt Ulrike Bergermann allerdings eine diesem Weltmodell inhärente Doppeldeutigkeit zum Vorschein.

Einerseits kann, Hannah Arendt folgend, der teleskopische Blick als Hindernis fungieren: „Um den Preis einer Entfremdung also werde Erkenntnis in der Moderne gewonnen, und mehr: Im Gemessenen begegne der Mensch letztlich nur sich selbst, da die gemessene Natur ja nur seinem Wahrnehmungsvermögen entsprechend zugerichtet worden sei."[5] Der auf ein mögliches Wissen gerichtete Blick und insbesondere dessen Techniken werden ununterscheidbar von einer Bewegung der Aneignung und Machtergreifung.

Andererseits kann er, mit Paul Virilio, das Menschliche endgültig verfehlen, in die Leere fallen.[6] Die geheime Hoffnung, die mit diesem Bild verbunden ist, betrifft den Haushalt dieses Planeten: Man hofft nämlich, dass, sobald der Mensch an seine eigenen Grenzen stößt, sich diese Grenzen als Orientierung und Heimat erweisen.

Offenbar hat diese Sicht einen Haken. Der ganze Reiz, etwas Neues zu entdecken, sich etwas Fremdem auszusetzen, der eigentümliche Schreck, plötzlich etwas zu verstehen, scheint hier immer schon in einem kommunikativen oder reflexiven ökologischen Feld aufgehoben. Auf seinen diplomatischen Reisen stößt das Münchhausen-Subjekt immer nur auf sich selbst bzw. auf die menschliche Kultur, Sprache, Technik usw. Alles andere, alles außerhalb, ist höchstens eine diffuse strukturlose

Masse, die womöglich auch monströs und brutal als Ereignis einbricht, die aber auch einen eigentümlichen festen, in der Negation begründeten Boden bildet.[7] So erleichternd es also sein mag, jede Entdeckung als Erfindung zu verstehen – es geht dabei verloren, dass das Schweben der Erde nicht nur eine Metapher für eine gesellschaftliche Situation ist. Die einfache, aber doch irgendwie unheimliche Tatsache ist, *dass die Erde tatsächlich schwebt*. Dieses neutrale, orientierungslose Schweben, verbunden mit der Gravitation, die kein oben und unten kennt – und doch auf der Erdoberfläche Oben und Unten erzeugt –, gleicht einem Axiom. Es ist sowohl profan als auch abstrakt, und es kehrt die Verhältnisse um, indem es sich dem ‚Wir' einer Wissensökonomie entzieht.

Schon im frühneuzeitlichen „Übergang von der geschlossenen Welt zum unendlichen Universum" besteht laut Alexandre Koyré das Problem darin, dass es in einer von Naturgesetzen durchzogenen Welt keinen Platz mehr für einen Schöpfer gibt, von dem aus er die Welt von außen eingerichtet haben kann.[8] Der unendliche Raum relativiert die Frage nach der Fabrikation der Welt. Es geht nun nicht mehr darum, die Zeichen dieses Schöpfers in den Dingen zu lesen, sondern die Naturgesetze und Zusammenhänge trotz ihrer absoluten Grundlosigkeit und Unanschaulichkeit zu verstehen. Anstatt Kultur und Natur von vornherein in eins zu setzen, fordert das Schweben also dazu heraus, immer neu nach dem Unterschied zwischen dem zu suchen, was fabriziert, und dem, was entdeckt worden ist.

Unbedingte Universität

In diesem Gedankengang habe ich versucht, ein – wie ich finde – typisches Motiv in der Vorstellung von Autonomie zu zeigen. Wir kippen dabei hin und her zwischen Ökonomien der Selbstreflexivität einerseits und andererseits der Übermacht eines nicht adressierbaren Horizonts. Innerhalb der Diskussionen im Wiener Kreis hatte sich Neurath mit dem Bild vom Schiff gegen die Vorstellung gewandt, dass es eine klare Trennung von theoretischen Ableitungen und praktischen Beobachtungen geben könne.[9] Das *Raumschiff Erde* machte einen Bruch mit dem industriellen

4 Barbara Ward: *Spaceship Earth*, NY (Columbia University Press) 1966; Richard Buckminster Fuller: *Operating Manual For Spaceship Earth*, Carbondale (Southern Illinois University Press) 1969.

5 Ulrike Bergermann: Das Planetarische. Vom Denken und Abbilden des ganzen Globus. In: dies./Isabell Otto/Gabriele Schabacher (Hg.): *Das Planetarische. Kultur – Technik – Medien im postglobalen Zeitalter*, München (Fink) 2010, 17–42, hier 29.

6 Bergermann, Das Planetarische, 32 ff.

7 Dieses Motiv zeigt besonders klar in Bezug auf den Positivismus: Alain Badiou: *Wittgensteins Antiphilosophie*, Berlin (diaphanes) 2008.

8 Alexandre Koyré: *Von der geschlossenen Welt zum unendlichen Universum*, Frankfurt am Main (Suhrkamp) 2008 [1957].

9 Eduardo Rabossi: Some Notes on Neurath's Ship and Quine's Sailors. In: *Principia*, Bd. 7, Nr. 1–2, Santa Catarina (UFSC) 2003, 171–184.

Optimismus plausibel, indem der Blick auf das Ganze die Endlichkeit von Ressourcen in den Fokus nahm. Beide Bilder vermitteln eine Perspektive der Festigkeit über den Umweg der Bodenlosigkeit.

Es ist die Frage, inwieweit man Autonomie heute noch so verstehen möchte und ob die beiden Bilder von prekären Räumen heute noch so funktionieren, wie sie es in der zeitgenössischen Diskussion taten. Ich möchte daher zuletzt einen dritten, möglicherweise alternativen Begriff der Schwebe in die Diskussion bringen, nämlich die *unbedingte Universität* – einen Entwurf von Wissen, der sich weder an eine übergreifende Sphäre des Angewandten und Anschaulichen noch an die Geschlossenheit der Ökonomie zurückbinden lässt.

In seinem Vortrag von 1998 beschrieb Jacques Derrida damit eine voraussetzungslose und autonome Institution, die als regulatives Ideal den Geisteswissenschaften vorschweben sollte: „Was diese Universität beansprucht, ja erfordert und prinzipiell genießen sollte, ist über die sogenannte akademische Freiheit hinaus eine *unbedingte* Freiheit der Frage und Äußerung, mehr noch: das Recht, öffentlich auszusprechen, was immer es im Interesse eines auf *Wahrheit* gerichteten Forschens, Wissens und Fragens zu sagen gilt."[10]

Auch wenn, so Derrida, die Frage nach der Wahrheit eine endlose ist, ist es genau diese, die erst die Unbedingtheit der Universität zu stellen erlaubt. In den Auseinandersetzungen der letzten Jahre um die Hochschulautonomie hat sich zweifellos bestätigt, dass die Zwangsvorstellungen des Wettbewerbs die Abgründe überdecken, die eine forschende Arbeit überhaupt erst möglich machen.[11] Davon sind die Geisteswissenschaften und die Künste vielleicht sogar weniger betroffen als die Human- und Naturwissenschaften. Die Auswirkungen des Versuchs, Vorstellungen der messbaren Effizienz und der vermittelbaren Transparenz von Institutionen praktisch durchzusetzen, führen, wie Marilyn Strathern gezeigt hat, in einen letztlich zerstörerischen, aber sich selbst erhaltenden Kreislauf einer ‚Tyrannei der Transparenz', der jedes für eine Forschung notwendige Grundvertrauen untergrabe.[12]

Die Diplomatie des Wissens hat das Fremde als seinen intransparenten Kern. Verzichtet man auf einen Begriff der Wahrheit zugunsten der weit weniger angreifbaren gesellschaftlichen ‚Überzeugungskraft' von Aussagen, gibt es eigentlich keinen Grund, warum die Hochschulen mehr sein sollten als Marktplätze eines Wettbewerbs der Meinungen. Allerdings nähme eine solche Reduktion auf ein Spiel der

10 Jacques Derrida: *Die unbedingte Universität*, Frankfurt am Main (Suhrkamp) 2001, 9 f. (Hervorh. J. D.).
11 Vgl. Unbedingte Universitäten (Hg.): *Was ist Universität? Texte und Positionen zu einer Idee*, Zürich (diaphanes) 2010.
12 Marilyn Strathern: The Tyranny of Transparency. In: *British Educational Research Journal*, Bd. 26, Nr. 3, 2000, 309–321.

Kräfte, mag man sie nüchtern oder zynisch nennen, jeder grundlegenden Forschung ihren eigentlichen Gegenstand: nämlich, dem Abstrakten, Unwahrscheinlichen, Fragwürdigen zur Wirkung zu verhelfen. Wesentlich bleibt: Die unbedingte Universität kann weder einfach nur autonome Selbstsetzung sein noch eine Fortsetzung der Gesellschaft mit anderen Mitteln. Überall dort, wo künstlerische oder wissenschaftliche Forschung als Allgemeingut kultiviert wird, kann Autonomie nur eine unanschauliche Axiomatik des In-der-Schwebe-Haltens sein, die weder der Ökonomie des Wettbewerbs noch der Ökonomie der Selbstbespiegelung folgt.

Literaturverzeichnis

Badiou, Alain: *Wittgensteins Antiphilosophie*, Berlin (diaphanes) 2008.

Bergermann, Ulrike: Das Planetarische. Vom Denken und Abbilden des ganzen Globus. In: dies./Otto, Isabell/Schabacher, Gabriele (Hg.): *Das Planetarische. Kultur – Technik – Medien im postglobalen Zeitalter*, München (Fink) 2010, 17–42.

Cartwright, Nancy/Jordi, Cat: Neurath against Method. In: Giere, Ronald/Richardson, Alan W. (Hg.): *Origins of Logical Empiricism*. Minnesota Studies in the Philosophy of Science, Bd. 16, Minneapolis (University of Minnesota Press) 1996.

Derrida, Jacques: *Die unbedingte Universität*, Frankfurt am Main (Suhrkamp) 2001.

Fuller, Richard Buckminster: *Operating Manual For Spaceship Earth*, Carbondale (Southern Illinois University Press) 1969.

Koyré, Alexandre: *Von der geschlossenen Welt zum unendlichen Universum*, Frankfurt am Main (Suhrkamp) 2008 [1957].

Neurath, Otto: Die Verirrten des Cartesius und das Auxiliarmotiv. Zur Psychologie des Entschlusses. In: *Jahrbuch der Philosophischen Gesellschaft an der Universität zu Wien*, Leipzig (Barth) 1913, 43–60.

Rabossi, Eduardo: Some Notes on Neurath's Ship and Quine's Sailors. In: *Principia*, Bd. 7, Nr. 1–2, Santa Catarina (UFSC) 2003, 171–184.

Strathern, Marilyn: The Tyranny of Transparency. In: *British Educational Research Journal*, Bd. 26, Nr. 3, 2000, 309–321.

Unbedingte Universitäten (Hg.): *Was ist Universität? Texte und Positionen zu einer Idee*, Zürich (diaphanes) 2010.

Ward, Barbara: *Spaceship Earth*, NY (Columbia University Press) 1966.

Benjamin Suck

A1 5284 – A1 0862

Für die Arbeit *A1 5284 – A1 0862* wurde ein 16-mm-Projektor so modifiziert, dass das eingelegte Filmmaterial anstatt mit 18 Bildern pro Sekunde in Einzelbildern zu sehen war. Die Einzelbilder – auf eine Wand in der GAK projiziert – blieben so lange vor der Projektorlinse, bis sie sich durch die Hitze der Projektorlampe langsam auflösten. Auf diese Weise wurden während der Ausstellungsdauer mehrere Meter des Filmmaterials transformiert, sodass der eigentliche Inhalt nur noch teilweise erkennbar blieb.

Bei dem verwendeten Material handelte es sich um in Schwarz-Weiß gedrehte Outtakes, die zur Zeit der Auflösung der Bremer Werften entstanden sind. Es geht bei dieser Arbeit nicht explizit um das Material, welches durch den Prozess verändert wird. Vielmehr geht es, wie auch in anderen Arbeiten, um die Fragen nach Spuren des Materials und Grenzen der Wahrnehmung. „Für mich wäre es ungemein interessant, zu untersuchen, was passiert, wenn der Mensch sich etwas vorstellt, diese Vorstellung umsetzt, die Konsequenzen dieser Umsetzung der Vorstellung unkalkulierbar seiner Kontrolle entgleiten (eine Eigendynamik entwickeln)."[1]

1 Aus: Benjamin Suck: Motivationsschreiben für *Rauchwolken und Luftschlösser*, Workshop 2012.

Bei *A1 5284 – A1 0862* stehen der automatisierte Prozess des Zerstörens eines Originalmaterials und das Entstehen einer neuen Bild- und Materialebene im Vordergrund.

1/2 Ausstellung GAK

Der filmische Inhalt, auf ein Medium (Zelluloid) gebannt, wird radikal von diesem entfernt. Die bewusst auf das Material gespeicherten Informationen gehen hierbei unweigerlich und unwiederbringlich verloren. Was bleibt, ist eine Filmrolle mit Zelluloidfilm, die nun neue, durch den Zufall gestaltete Informationen trägt.

In der GAK konnten Besucher diesen Prozess Bild für Bild miterleben. Die Hitze der Projektorlampe ließ die Einzelbilder ‚aufblühen‘, bis vom eigentlichen Bild nur noch Fragmente übrig blieben.

In einem nächsten Schritt wurde der ‚zerstörte‘ 16-mm-Film mit 18 Bildern pro Sekunde durch den Künstler vorgeführt und die Projektion abgefilmt. Die durch die Zerstörung des Originalfilmmaterials entstandenen Löcher und Verformungen scheinen nun wie abstrakte, animierte Objekte parasitär auf dem eigentlichen Filmmaterial zu liegen.

Neun Meter des transformierten Filmmaterials, zusammen mit einer DVD, die den veränderten Film in voller Länge zeigt, sind in limitierter Auflage erhältlich.

Video-Editing: Effrosyni Kontogeorgou

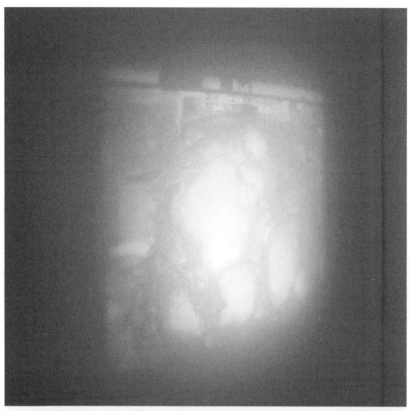

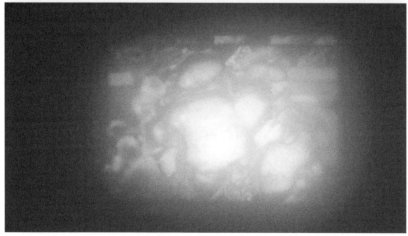

3 Transformierte Zelluloid-Filmstreifen
4/5 ‚Aufblühen' der Einzelbilder im Prozess

Oliver Leistert

Vom Umschlag mobiler Datenwolken in stabile Speicherung und den damit verbundenen Kontrollfantasien

Irgendwie teilen alle ein Unbehagen: Das Mobiltelefon ist zwar praktisch, und ohne zu leben, ist in rekordverdächtiger Geschwindigkeit kaum vorstellbar geworden. Aber unheimlich ist schon, dass es immer mit dabei ist und der Telekommunikationsanbieter somit stets weiß, wo ich mich wann aufgehalten habe. Dies beflügelt wiederum die Fantasie Dritter, die nun glauben, Kriminalität vom Schreibtisch aus aufklären zu können.[1] Dass sie dabei Doppelgängern folgen, ist nur der sichtbare Teil des Problems. Zur Einleitung ins Thema soll aber ein etwas anderes Beispiel dienen, das die Mächtigkeit von Digitaltechnik exemplarisch zur Schau stellt.

40 Jahre rasante Technologie-Entwicklung

Als Daniel Ellsberg 1969 unzählige Nächte am Fotokopierer verbrachte und mühsam die ‚Top Secret'-Stempel jedes einzelnen Blattes dessen ausschnitt oder überklebte, was später mit dem Namen *Pentagon Papers* einer der größten Leaks des 20. Jahrhunderts werden sollte, war er Angestellter der RAND Corporation. Dies ist derselbe militärnahe Thinktank, in dem bereits fünf Jahre zuvor ein anderer Angestellter die grundlegenden Ideen des Internets entwickelt hatte. Paul Baran war mit der Aufgabe betraut, eine ausfallsichere Kommunikationsstruktur zu schaffen. Es waren seine Konzepte des dezentralen Netzes, die Jahrzehnte später den Mythos eines unzensierbaren und unkontrollierbaren Internets schufen.[2]

Was Daniel Ellsberg viel Zeit und auch einiges an Geld kostete, konnte Bradley Manning rund vierzig Jahre später durch die Grundlagenarbeit Paul Barans in nur wenigen Minuten mit ein paar Mausklicks erledigen: Er kopierte einfach einige Megabyte an Daten von einem Army-Rechner, der an SIPRNet und JWICS[3] ange-

---

1 Die Enthüllungen Edward Snowdens zu den ausufernden Tätigkeiten von Geheimdiensten weltweit, der NSA (National Security Agency, USA) und des GCHQ (Government Communications Headquarters, UK) im Besonderen, sowie den Verstrickungen von Regierungen und Wirtschaft darin konnten in diesem Text aufgrund der hohen Geschwindigkeit der Ereignisse keine Berücksichtigung finden. Die Grundthese einer ausufernden Kontrollfantasie wird durch die Snowden-Leaks erheblich gestärkt.

2 Paul Baran ist u. a. der Miterfinder des TCP/IP-Protokolls, das Datenpakete des Internets leitet.

3 *Secret Internet Protocol Router Network* und *Joint Worldwide Intelligence Communications System* sind die beiden großen, von allen mit Geheimdienstinformationen betrauten US-amerikanischen Behörden und Regierungsstellen genutzten Systeme für Informationsspeicherung und -austausch. Nach *Cablegate* wurde der Kreis derer, die auf die Netze zugreifen dürfen, erheblich eingeschränkt. Es wird geschätzt, dass vor *Cablegate* 1,5 Millionen Menschen legalen Zugriff darauf hatten.

schlossen war, auf eine wiederbeschreibbare CD-ROM, auf der vorher Musik von Lady Gaga gespeichert worden war. Der bisher größte Leak des 21. Jahrhunderts, *Cablegate*, war eingebettet in eine vollständig andere Medientechnologie. Sowohl Ellsberg als nun auch Manning wurden später festgenommen. Darin sind sich beide Geschichten ähnlich.[4] Die tatsächlichen Praxen und Technologien der Informationsdistribution könnten jedoch unterschiedlicher nicht sein.[5]

Die Geschichten von Ellsberg und Manning stehen beispielhaft für eine Rekonfiguration von Handlungsmacht. Ellsberg, ausgebildet in Harvard und Cambridge, bei RAND in gehobener Anstellung, später direkt angestellt am Department of Defense, gehörte zu einem privilegierten Kreis, der Zugang zu geheimen Dokumenten hatte, da er in einem außerordentlich wichtigen und einflussreichen Institut arbeitete, das den Vietnamkrieg entscheidend mitsteuerte. Manning hingegen war ein *Private First Class* der U.S. Army. Dies ist nur um einen Dienstgrad höher als der unterste Dienstgrad in der U.S. Army. Der Paradigmenwechsel zum Digitalen, dies zeigen diese Geschichten, führt zu wesentlichen Verschiebungen von Handlungsmacht. In den 40 Jahren, die zwischen den beiden Fällen liegen, ist medientechnologisch ein neues Paradigma entstanden. Die ‚digital trinity‘ aus Vermassung von Rechenkapazität, ubiquitären Speichertechnologien und Vernetzung aller Rechner schreitet auch heute noch ungebremst voran. Einerseits erfasst sie weiterhin bisher nicht digitalisierte und somit bisher nicht prozessierbare Felder und Register, andererseits erschafft sie neue. Sozialität, Arbeit und Denken, um nur drei wichtige Register zu nennen, verändern sich durch algorithmische Verfahren, die gleichzeitig präskriptiv und deskriptiv arbeiten.

Um diese Verschiebungen und die Versuche, sie wieder ‚geradezurücken‘, soll es im Folgenden gehen, wenn die Vermassung von Mobiltelefonie in den Blick gerät. Denn vor nur rund 20 Jahren wurde der GSM-Standard aus der Taufe gehoben, mit dem bis heute der Großteil der Mobiltelefonie weltweit geregelt wird. Im Schatten des Computers hat das Mobiltelefon unser Leben ebenfalls umstrukturiert. Und zwar sowohl das vieler Tagelöhner in einigen afrikanischen Ländern als auch das der Berliner Polizei.

Die Mobiltelefonrevolution – geht weiter

Der Erfolg des Mobiltelefons bleibt beeindruckend. Auf der Überholspur der Kommunikationstechnologien und weiterhin das Zugpferd der Branche, muss das zunächst recht primitive Mobiltelefon als die eigentliche Revolution in der Kommunikationstechnologie angesehen werden. Allein die Zahlen sind sehr beeindruckend: In ihrem Report zum Jahr 2011 berichtet die ITU (Internationale Fernmeldeunion), dass mittlerweile fast 86 Prozent der Weltbevölkerung eine *mobile subscription*[6] haben. Ferner besitzen inzwischen über 15 Prozent einen mobilen Breitbandzugang, während der klassische Internetanschluss weiterhin nur leicht gestiegen ist auf nun knapp 35 Prozent. In der sogenannten *developing world* sind bereits 77,8 Prozent mit einem Mobiltelefon ausgestattet, während nicht einmal fünf Prozent einen klassischen stationären Internetanschluss besitzen. Spannend ist der rasante Anstieg der mobilen Breitbandzugänge: In der sogenannten *developed world* lag er Ende 2011 bereits bei 51,3 Prozent, in der sogenannten *developing world* hatte er zu diesem Zeitpunkt den klassischen Internetzugang mit acht Prozent bereits überholt.[7] Das Mobiltelefon, dies suggerieren solche Zahlen, ist in unterschiedlichen Technologiegenerationen bei fast allen Menschen angekommen. Es haben weit mehr Menschen ein Mobiltelefon als Zugang zu sauberem Wasser oder Strom.[8]

Mobiltelefonie ist ein Mega-Exportschlager. Mit ihr verbunden sind weitreichende Veränderungen von Sozialität, Handlungsvermögen und Ökonomien. Für Letzteres kann emblematisch *M-Banking* stehen. Mit dem Erfolg von Mobile-Payment-Systemen in Kenia (M-Pesa), Südafrika (WIZZIT) und zunehmend in weiteren Ländern übernimmt das Mobiltelefon überraschend die Funktion eines Bankkontos und integriert bisher vom Zahlungsverkehr weitgehend ausgeschlossene Bevölkerungsgruppen.[9] Denn mit M-Banking lassen sich Kleinstbeträge transferie-

---

4 Ellsberg wurde nie verurteilt. Dies verdankte er indirekt Nixon, der den Bogen überspannte und etliche illegale Aktionen gegen Ellsberg autorisierte. Als dies aufflog, war das gesamte Verfahren gegen Ellsberg geplatzt. Manning hingegen sitzt am 23.2.2013 seit eintausend Tagen in Einzelhaft, teils in Isolationshaft. Es scheint unwahrscheinlich, dass er mit dem Tod bestraft wird. Die Anklage strebt lebenslang an. D.B. Grady: *Today Is Bradley Manning's 1,000th Day Without a Trial*, www.theatlantic.com/national/archive/2013/02/today-is-bradley-mannings-1-000th-day-with-out-a-trial/273430, erstellt am 23.2.2013, zuletzt gesehen am 24.2.2013.

5 Zu Mannings Festnahme kam es, weil er von Adrian Lamo an die Behörden verraten wurde. Manning hatte sich an Lamo per Chat gewendet in der Annahme, dass Lamo, der als Spender für WikiLeaks bekannt war, eine integre Hackerpersönlichkeit sei. Vgl. Andy Greenberg: *This Machine Kills Secrets. How WikiLeakers, Cypherpunks, and Hacktivists Aim to Free the World's Information*, New York (Dutton Adult) 2012.

6 ,Mobile subscription' ist schwer übersetzbar. Es meint den Besitz einer wenigstens einmal eingeloggten SIM-Karte.

7 International Telecommunication Union: *Measuring the Information Society*, Genf 2012. Dies sind Zahlen, die mit Vorsicht zu genießen sind:

Einerseits ist nicht geklärt, wie viele Mobilfunkteilnehmer auch Guthaben besitzen, um tatsächlich zu telefonieren, andererseits sind der Besitz und die Benutzung mehrerer SIM-Karten durch Einzelne nicht berücksichtigt. Der Verkauf und die Aktivierung von SIM-Karten (das sind die Größen, die die ITU zählt) bieten keine direkte Abbildung auf Kommunikationsvermögen.

8 Wo Haushalte keinen Strom haben, wird das Handy in kleinen Geschäften geladen oder an kommerziellen Ladestationen, die sich in vielen Dorfzentren zu neuen sozialen Treffpunkten etabliert haben.

9 Siehe Alakananda Rao/Partha Dasgupta: Rural Livelihoods and Income Enhancement in the „New" Economy. Vortrag auf: *4th ACM Workshop on Networked Systems for Developing Regions*, 15.6.2010; Jonathan Donner: Blurring Livelihoods and Lives. The Social Uses of Mobile Phones and Socioeconomic Development. In: *Innovations*, Bd. 4, 2009, 91–102; Chaitali Sinha: Effect of Mobile Telephony on Empowering Rural Communities in Developing Countries. Vortrag auf: *International Research Foundation for Development. Conference on Digital Divide, Global Development and the Information Society*, 14.–16.11.2005.

ren, ohne bei einer Bank ein Konto zu haben. Hunderttausende Tagelöhner schicken mittlerweile per M-Banking ihren Lohn aus der Stadt in ihre Dörfer. Durch das Mobiltelefon werden neue Subjekte an die Finanznetze angeschlossen. Wo sich Bargeld nie als vertrauenswürdiges Medium des Tausches durchsetzen konnte, weil z. B. zu viel Falschgeld im Umlauf war, können heute SMS als Medium des Tausches und der Kommunikation neue Milieus an die Finanznetze anschließen. Ähnlich wie die Festnetztelefonie, die durch Mobiltelefonie in weiten Teilen der Welt als vermasstes Medium übersprungen wurde, wird das Bankkonto durch mobile Payments übersprungen. Die Transaktionskosten auch kleinster Beträge werden mit mobilen Medien erschwinglich. Dies ist eine Lücke, die der traditionelle Bankensektor nicht bedient. In Kenia werden inzwischen ungefähr fünf Prozent des BIP (Bruttoinlandsprodukts) per M-Payment bewegt. Zuweilen werden credit loads bzw. Guthaben zur Währung: Kommunikationsvermögen als Mittel des Tausches.[10]

Ein erfolgreiches Modell der Streuung des Mobiltelefons in armen Regionen ist das Verschenken einfacher Geräte an Oberhäupter von Familien, die landwirtschaftlich tätig sind. In diesem Modell dient als Trigger der Verwertung die kostenlose Abfrage von Getreidepreisen an unterschiedlichen Handelsorten. Da in der überwiegenden Mehrheit der Fälle die Menschen schon bald beginnen, das Telefon auch für andere, dann kostenpflichtige Zwecke zu nutzen, geht dieses Kalkül oft auf.[11] Derweil wird es aber auch unterlaufen. Das Entstehen von kostenloser Nutzung durch Praxen von unten, die sich den Kalkülen der Telekommunikationsunternehmen entziehen, verweist wiederum auf eine Dialektik der Aneignung. Hervorzuheben sind hierbei die Klingelton-Codes, die Sprachtelefonie ersetzen,[12] oder die Aneignung bestimmter kostenloser Nummern in den Favelas von Rio de Janeiro.[13]

Weiterhin fällt auf, dass mobile Telekommunikation oft die Kommunikation unter denjenigen verstärkt, die sowieso schon viel miteinander kommunizieren.[14] Mitunter werden dabei Gender- und Klassenzugehörigkeit stabilisiert und nicht etwa aufgebrochen.[15] Es lassen sich jedoch auch entgegengesetzte Phänomene beobachten: Stärker segregierte Gesellschaften werden durch mobile Medien an unvorhergesehenen Rändern porös. Dies führt zur Abnahme traditioneller Bindungen und einer neuartigen Konfiguration des Individuums auch in nicht westlichen Gesellschaften. Insofern können mobile Medien westliche Konzepte von Subjektivität transportieren.[16]

Dass Mobiltelefonie und SMS zur Organisation und Durchführung von Protesten außerhalb des Westens beitragen können, ist spätestens seit der sog. Arabellion bekannt geworden. Doch es gibt eine lange Geschichte von Vorläufern, die sich von den Philippinen bis nach Pakistan erstreckt. Hatte Howard Rheingold bereits 2002 begeistert von der „next social revolution" schwärmen können, nachdem er den Berichten aus den Philippinen über den Fall des korrupten Schauspieler-

Präsidenten Estrada in erster Linie das Wort ‚SMS' entnommen hatte,[17] warnen andere Autoren vor dieser Version der Geschehnisse und verweisen auf eine Mittelschicht, die als Early Adopters der Mobiltelefonie auf den Philippinen mit dem Sturz Estradas ihr Interesse der Besitzstandswahrung verfolgte.[18] In Pakistan war es vordergründig die Auseinandersetzung um die Unabhängigkeit der Justiz, die zum Fall des Diktators Musharraf führte. Interessant ist, dass hier zum ersten Mal in der Geschichte des Landes ein breiter zivilgesellschaftlicher Protest SMS als Organisationsmedium benutzte. Im Zuge der Verhängung des Ausnahmezustands waren Radio und Fernsehen drastisch zensiert.[19] Interviews, die ich mit Anwälten 2009 in Lahore führte, bestätigten die operative Dimension von SMS für die Proteste. Der Anwalt Mohammad Azhar Siddique bringt dies zusammenfassend zum Ausdruck: „In my opinion, when we would not have been able to send out SMS, we would not have been able to mobilize the people across the country. We have successfully been able to manage it with SMS across the country."[20]

Zwar ist klar, dass mobile Medien eingebettet in je spezifische Situationen verstanden werden müssen und dass darin bestimmte Akteure auf je unterschiedliche Weise ‚empowered' werden bzw. andere an Handlungsfähigkeit einbüßen. Allgemein bleibt jedoch bestehen, dass mit der Vermassung der Mobiltelefonie Proteste und Aufstände dynamischer werden, plötzlich auftauchen können, gleichermaßen aber auch rasch an Kraft verlieren können. Wie viele gesellschaftliche und politische Felder werden auch Proteste durch Mobiltelefone verwandelt, und neue Strukturen ersetzen alte.[21]

10 Siehe Colin Agur: From the Bank to the Bazaar. Mobile Payment and Networked Finance in Low Income Countries. Vortrag auf: *International Communications Association (ICA) Europe Conference: Communicating in a World of Norms*, Lille, 6.–9.3.2012.

11 Siehe Sirpa Tenhunen: Mobile Technology in the Village. ICTs, Culture, and Social Logistics in India. In: *Journal of the Royal Anthropological Institute*, Bd. 14, 2008, 515–534.

12 Siehe Martin Tomitsch / Florian Sturm / Martin Konzett et al.: Stories from the Field. Mobile Phone Usage and its Impact on People's Lives in East Africa. In: *Proceedings of the International Conference on Information and Communication Technologies and Development (ICTD'10)*, 2010; Hanne Cecilie Geirbo / Per Helmersen: Turning Threats into Opportunities – the Social Dynamics of Missed Calls. In: *Telektronikk*, Bd. 2, 2008, 77–83; Jonathan Donner: The Rules of Beeping. Exchanging Messages via Intentional "Missed Calls" on Mobile Phones. In: *Journal of Computer-Mediated Communication*, Bd. 13, 2007, 1–22.

13 Siehe Adriana de Souza e Silva / Daniel Sutko /

Fernando Salis et al.: Mobile Phone Appropriation in the Favelas of Rio de Janeiro, Brazil. In: *New Media & Society*, Bd. 13, 2011, 411–426.

14 Siehe etwa Lee Komito / Jessica Bates: Virtually Local. Social Media and Community amongst Polish Nationals in Dublin. In: *ASLIB Proceedings*, Bd. 61, 2009, 232–244.

15 Siehe Cara Wallis: Mobile Phones without Guarantees. The Promises of Technology and the Contingencies of Culture. In: *New Media & Society*, Bd. 13, 2011, 471–485.

16 Oliver Leistert: *From Protest to Surveillance. On the Political Rationality of Mobile Media*, Oxford / NY (Peter Lang) 2013.

17 Howard Rheingold: *Smart Mobs. The Next Social Revolution*, Cambridge (MIT Press) 2002.

18 Vicente L. Rafael: The Cell Phone and the Crowd. Messianic Politics in the Contemporary Philippines. In: *Public Culture*, Bd. 15, 2003, 399–425.

19 Zahid Shahab Ahmed: Fighting for the Rule of Law. Civil Resistance and the Lawyers' Movement in Pakistan. In: *Democratization*, Bd. 17, 2010, 492–513, hier 505.

20 Leistert, *From Protest to Surveillance*, 5.

Ein feuchter Traum wird irgendwie wahr

Was bei der Betrachtung der neuen Freiheiten und Ermächtigungen gern übersehen wird, ist die gleichzeitige Ermächtigung von Abhörinstanzen, Überwachungsindustrie und Strafverfolgungsbehörden (*law enforcement agencies*, LEA). Hier hat sich das Feld ebenfalls neu strukturiert. Da heutige Telekommunikation fast ausschließlich digital abläuft, also in Bits und Bytes aufgelöst wird, hat sich für alle Akteure des Überwachungswesens ein Paradigmenwechsel eingestellt. Wo früher Kommunikation per Schreibmaschine mitgeschrieben wurde (man denke nur an die Stasi), sind heute in allererster Linie Computer eingeschaltet. Überwachung wurde durch den ‚switch' zur digitalen Kommunikation rationalisiert. Gleichzeitig erzwingt die Speicherung und Prozessierbarkeit eine algorithmische, epistemische Verschiebung der überwachten Kommunikation, die per Mausklick neue Evidenzen zu produzieren weiß. Was früher mühsam von Spezialisten durch monatelange Observation ans Licht gebracht wurde, nämlich die sozialen Netze von Verdächtigen, kann durch Funkzellenabfrage, *Social Networking Site*-Analysen und Vorratsdatenspeicherung vom Büro aus erledigt werden; dies zumindest behauptet das Hochglanzbroschürenversprechen. Die reine ‚Produktivität' von Kommunikationstechnologien für Überwacher ist erheblich und die Begeisterung deshalb ungebrochen. Denn die Überwachungstechnologien spucken Verdächtige am laufenden Meter aus. Solche Fabriken der Verdachtsproduktion gab es in der Geschichte der Kriminalistik bisher nicht. Entsprechend euphorisch und zugleich naiv verhalten sich die Behörden.

Inzwischen gibt es eine Vielzahl an Softwarelösungen, die speziell für LEAs produziert werden und die ganze Bevölkerungen überwachen. Dies ist nicht nur in Bahrain und Syrien der Fall, wo u. a. deutsche Überwachungstechnik Regimegegner

21 Dies gilt ebenso für die Rolle von *Social Networking Sites*. Vgl. Natalie Fenton/Veronica Barassi: Alternative Media and Social Networking Sites. The Politics of Individuation and Political Participation. In: *The Communication Review*, Bd. 14, 2011, 179–196.

22 Privacy International: *Human Rights Organisations File Formal Complaints against Surveillance Firms Gamma International and Trovicor with British and German Governments*, www.privacyinternational.org/press-releases/human-rights-organisations-file-formal-complaints-against-surveillance-firms-gamma, erstellt am 3.5.2012, zuletzt gesehen am 20.2.2013.

23 An anderer Stelle habe ich die Mächtigkeit der Vorratsdatenspeicherung diskutiert. Vgl. Oliver Leistert: Data Retention in the European Union. When a Call Returns. In: *International Journal of Communication*, Bd. 2, 2008, 925–935.

24 Vgl. Jens-Martin Loebel: Privacy is Dead – Ein Fünf-Jahres-Selbstversuch der bewussten Ortsbestimmung mittels GPS. In: Hannelore Bublitz/Irina Kaldrack/Theo Röhle/Mirna Zeman: *Automatismen – Selbst-Technologien*, München (Fink) 2013, 143–164.

25 Zur Protestbewegung und ihrer politischen Rationalität vgl. Oliver Leistert: On Data Retention, Postfordism, and Privacy Movements in Germany. In: *Open Cahier*, Bd. 19, 2010, 92–99.

26 Florian Altherr: *Vorratsdatenspeicherung. Anbieter speichern illegal weit mehr als erlaubt*, www.netzpolitik.org/2009/vorratsdatenspeicherung-anbietern-speichern-illegal-weit-mehr-als-erlaubt, erstellt am 14.12.2009, zuletzt gesehen am 10.12.2012.

an die Folterer ausliefert.[22] Auch wenn die Folgen zunächst weniger drastisch ausfallen: die Überwachung, insbesondere von Mobiltelefonen, findet in jedem Staat automatisiert statt. Nicht immer, wahrscheinlicher sogar eher in Ausnahmefällen, wird auf diese Daten überhaupt zugegriffen und sie werden zur Analyse herangezogen. Dennoch ist es realistisch, davon auszugehen, dass die Standardeinstellung in allen Ländern auf ‚Speicherung' steht. Dabei geht es selten um Gesprächsinhalte, vielmehr sind die sogenannten Metadaten, auch Verbindungsdaten genannt, von Interesse. Und im Fall des Mobiltelefons versprechen, diese besonders mächtig zu sein. Denn nicht nur, wer mit wem wie lange wann und wie kommuniziert, ist hier erfasst, sondern auch von wo. Die Ortungsdaten machen die Überwachung der Mobiltelefonie zur Sahneschnitte des Überwachungsstaats. Wenn jedes Handy zum Peilgerät mutiert, ist dies eine Perspektive, die sich kein Staat entgehen lassen will. Das Versprechen, jede Bürgerin orten zu können, gekoppelt mit einer Abbildung ihrer sozialen Netze und der Zeitpunkte von Kommunikation, regt die Fantasie der Überwacher in schon fast obszönem Ausmaß an.

Mit der Richtlinie 2006/24/EU zur Vorratsdatenspeicherung (VDS) versucht die EU, ihre Mitgliedsstaaten zur Speicherung dieser und weiterer Daten für bis zu 18 Monate zu verpflichten. Im Rückgriff auf die Geschichte der Kommunikation lassen sich aber auch Prognosen über zukünftiges Kommunizieren erstellen. Diese Prognosen sind besonders durch die Geodaten mächtig. Vorhersagen zu können, wann jemand wo sein wird, das erinnert nicht nur an Science-Fiction, sondern funktioniert auch erstaunlich gut, da unsere Bewegungen überwiegend in immer gleichen Mustern erfolgen.[23] Der Rückgriff auf vergangene Kommunikationsakte mittels Mobiltelefon erlaubt einen Blick in die Zukunft unseres Lebens, den wir selbst in dieser statistisch-analytischen Klarheit kaum wagen. Vielleicht weil das Leben dann langweilig aussähe.[24]

Eine erfolgreiche Protestbewegung gegen die VDS brachte den Überwachungseifer in einigen Mitgliedsländern der EU ins Straucheln. So führte eine Sammelklage vor dem Bundesverfassungsgericht zum vorläufigen Verbot der anlasslosen Permanentspeicherung des Kommunikationsverhaltens der Menschen hierzulande.[25] Dies hindert die Telekommunikationsanbieter jedoch nicht, unerlaubt weiter zu speichern, denn die Investitionen in die Überwachungsstruktur sind nun einmal getätigt und müssen amortisiert werden: „Von Nutzern mobiler Internetzugänge würde gar der jeweilige Standort ‚lückenlos erfasst', sodass bei einem Anbieter das Bewegungsverhalten der Nutzer in den vergangenen sechs Monaten auf 15 Minuten genau ‚präzise nachzuverfolgen' sei."[26]

Was mit diesen neuen Mitteln und der damit einhergehenden Prognostik gemacht wird, bestimmen Interessenlagen und Ökonomien. In jedem Fall häufen sich die Vorkommnisse, die dazu führen, dass das Begehren nach diesen Daten die Vergänglichkeit der Datenwolken auf Permanenz durch Speicherung umstellt: Was eigentlich nur Verbindungsdaten sind, die während eines Gesprächs technisch bedingt notwendigerweise anfallen, für deren Speicherung es technisch gesehen jedoch keinen Grund gibt, wird gespeichert; dadurch werden die Daten in eine neue, betriebsfremde Operationalisierung eingeschrieben. Aus ephemeren Verbindungsdaten werden gespeicherte Informationen über die Nutzer von GSM, UMTS und LTE.

Der deutsche Top-Hit Nr. 1: Die Funkzellenabfrage

Hierzulande besonders beliebt ist eine retrospektive Form der Überwachung. Mit der Funkzellenabfrage steht Deutschland im Vergleich zu anderen Ländern an einsamer Spitze.

„Im Oktober 2009 findet die Berliner Polizei in Friedrichshain ‚angebrannte Gegenstände' unter einem Auto, dadurch ‚entstand ein geringer Sachschaden am Pkw'. In Berlin brennen hunderte Autos pro Jahr. Im Jahr 2007 hatte die Polizei 14 Verdächtige gefasst, von denen neun ein Handy dabei hatten. Deswegen gehen die Ermittler davon aus, dass auch diesmal der Täter oder die Täterin ein Handy einstecken hatte. Also fordert die Polizei ‚sämtliche Verkehrsdaten' der 13 am Tatort zu empfangenden Funkzellen über einen bestimmten Zeitraum vor und nach der Tat an. Ein Gericht bewilligt den Antrag und die vier Betreiber der deutschen Mobilfunknetze geben die Daten heraus. Die Kommunikationsdaten aller Handys und Mobilgeräte aus einem ganzen Stadtviertel landen damit in Datenbanken der Polizei."[27]

Die Frage der Legalität und Verhältnismäßigkeit einer Ermittlungstechnik, die automatisch vor allem Daten Unschuldiger in die Datenbanken der Polizei (und gegebenenfalls des Verfassungsschutzes) schaufelt, sei hier einmal dahingestellt. Wirklich beeindruckend ist die Menge der Daten. So wird geschätzt, dass „in vier Jahren mehr als 30 Millionen Datensätze allein in der Hauptstadt gesammelt wurden. Statistisch gesehen ist damit jeder Berliner pro Jahr zwei Mal verdächtig."[28] Dass mit diesen Methoden bisher keine einzige Straftat erfolgreich aufgeklärt werden konnte, legt den Schluss nahe, dass sich hinter der Funkzellenabfrage etwas anderes verbirgt: ein Automatismus oder eine Fantasie der Allmacht. Dass Handys Wanzen sind, daran haben sich die meisten Menschen wohl leider gewöhnt. Gleichzeitig muss aber erschrecken, dass der ausbleibende Fahndungserfolg diese ‚Ermittlungen' überhaupt nicht beeinträchtigt. Die gekaufte Infrastruktur zur Überwa-

27 Andre Meister: Funkzellenabfrage: Die millionenfache Handyüberwachung Unschuldiger. In: Markus Beckedahl/Andre Meister (Hg.): Jahrbuch Netzpolitik 2012. Von A wie ACTA bis Z wie Zensur, Berlin 2012, 173–178, hier 173.
28 Meister, Funkzellenabfrage, 175.

29 Siehe Evelyn Fox Keller: Models, Simulation and „Computer Experiments". In: Hans Radder (Hg.): The Philosophy of Scientific Experimentation, Pittsburgh (University of Pittsburgh Press) 2003, 198–215.

chung der Handys wird verdeckt mit Steuergeldern, nämlich dem Etat der Polizei, refinanziert. Somit ist ein intransparentes ökonomisches Geflecht aus Exekutive und Telekommunikationswirtschaft entstanden. Die zu zahlende Dienstleistung ist hier die Übermittlung von Überwachungsdaten, die jedoch zur Aufklärung von Verbrechen bisher nicht beigetragen haben, auch wenn die Fernsehserie *Tatort* dies suggeriert.

Die Regierung der Doppelgänger ist ein Luftschloss mit Wirkung

Was sich das polizeiliche Gemüt wünscht, ist nicht per Terminalbefehl zu haben: Die ‚schmutzige Welt da draußen‘ verhält sich widersprüchlich: einerseits technisch-systemisch überkomplex, andererseits sozialkulturell diffus. Was Datenbanken und Data-Mining am Ende erschaffen, sind Doppelgänger, die, wenn sie wirklich von der Exekutive zur Grundlage von Einsätzen genommen werden, der Offline-Person Handlungsmacht nehmen. Denn die scheinbare Evidenz und Objektivität von aggregierten Daten wird in der Regel für bare Münze genommen. Kein Polizist würde auf die Idee kommen, dass zum bunten Bild, welches sich auf dem Monitor präsentiert und das soziale Netz eines Verdächtigen repräsentieren soll, ein langer algorithmischer Weg geführt hat, auf dem epistemische Verschiebungen und Wahrscheinlichkeitsrechnungen lagen. Denn was haben Closed-Source-Data-Mining-Algorithmen, die auf Datensätze in verteilten Datenbanken losgelassen worden sind, durch Visualisierungsprozesse geschlauft wurden und am Ende etwas präsentieren, das es sonst nicht geben würde, anderes gemacht, als den Verdächtigen erst zu produzieren? Der generative Prozess algorithmischer Präsenzen schiebt sich zwischen alle Akteure. Der Allmachtsfantasie einer kybernetisch inspirierten Kontrollgesellschaft steht ein ungeklärtes Problem bevor: Wenn es vermehrt Doppelgänger sind, die vom Souverän regiert werden, dann hat der Souverän seinen Auftrag wohl berechnend verfehlt.

Dem gegenüber steht die Annahme einer Objektivität, die durch Rechner erzeugt wird. Zeigt das soziale Netzwerk, das den Verdächtigen beschreibt, auch nur zufällig Verbindungen zu ‚datenbanklich‘ gespeicherten Individuen oder solchen, die im realen Leben gar nicht existieren, beginnt der mühsame Prozess, in dem der Verdächtige sich gegen eine vermeintliche Rechnerintelligenz behaupten muss. Nun muss er Daten erklären, deren Zustandekommen niemand wirklich erklären kann, weil sie *black-boxed* aus einem komplexen Geflecht von Systemen herausfallen. Die algorithmische Produktion von Verdächtigen ist ein Zwitter aus der produzierten Welt der Simulation, die sich ebenfalls nicht klar epistemologisch einordnen lässt,[29] und der gleichzeitigen Verschleierung ihrer eigenen Produktionsmittel, von denen nur das allerletzte, das Interface, zu sehen ist.

Literaturverzeichnis

Agur, Colin: From the Bank to the Bazaar. Mobile Payment and Networked Finance in Low Income Countries. Vortrag auf: *International Communications Association (ICA) Europe Conference. Communicating in a World of Norms*, Lille, 6.–9.3.2012.

Ahmed, Zahid Shahab: Fighting for the Rule of Law. Civil Resistance and the Lawyers' Movement in Pakistan. In: *Democratization*, Bd. 17, 2010, 492–513.

Altherr, Florian: *Vorratsdatenspeicherung. Anbieter speichern illegal weit mehr als erlaubt*, www.netzpolitik.org/2009/vorratsdatenspeicherung-anbietern-speichern-illegal-weit-mehr-als-erlaubt, erstellt am 14.12.2009, zuletzt gesehen am 10.12.2012.

Chaitali, Sinha: Effect of Mobile Telephony on Empowering Rural Communities in Developing Countries. Vortrag auf: *International Research Foundation for Development. Conference on Digital Divide, Global Development and the Information Society*, 14.–16.11.2005.

De Souza e Silva, Adriana/Sutko, Daniel/Salis, Fernando et al.: Mobile Phone Appropriation in the Favelas of Rio de Janeiro, Brazil. In: *New Media & Society*, Bd. 13, 2011, 411–426.

Donner, Jonathan: Blurring Livelihoods and Lives. The Social Uses of Mobile Phones and Socioeconomic Development. In: *Innovations*, Bd. 4, 2009, 91–102.

Donner, Jonathan: The Rules of Beeping. Exchanging Messages via Intentional "Missed Calls" on Mobile Phones. In: *Journal of Computer-Mediated Communication*, Bd. 13, 2007, 1–22.

Fenton, Natalie/Barassi, Veronica: Alternative Media and Social Networking Sites. The Politics of Individuation and Political Participation. In: *The Communication Review*, Bd. 14, 2011, 179–196.

Fox Keller, Evelyn: Models, Simulation, and 'Computer Experiments'. In: Radder, Hans (Hg.): *The Philosophy of Scientific Experimentation*, Pittsburgh (University of Pittsburgh Press) 2003, 198–215.

Geirbo, Hanne Cecilie/Helmersen, Per: Turning Threats into Opportunities – the Social Dynamics of Missed Calls. In: *Telektronikk*, Bd. 2, 2008, 77–83.

Grady, D. B.: *Today Is Bradley Manning's 1,000th Day Without a Trial*, www.theatlantic.com/national/archive/2013/02/today-is-bradley-mannings-1-000th-day-without-a-trial/273430, erstellt am 23.2.2013, zuletzt gesehen am 24.2.2013.

Greenberg, Andy: *This Machine Kills Secrets. How WikiLeakers, Cypherpunks and Hacktivists Aim to Free the World's Information*, New York (Dutton Adult) 2012.

International Telecommunication Union: *Measuring the Information Society*, Genf 2012.

Komito, Lee/Bates, Jessica: Virtually Local. Social Media and Community amongst Polish Nationals in Dublin. In: *ASLIB Proceedings*, Bd. 61, 2009, 232–244.

Leistert, Oliver: Data Retention in the European Union. When a Call Returns. In: *International Journal of Communication*, Bd. 2, 2008, 925–935.

Leistert, Oliver: *From Protest to Surveillance. On the Political Rationality of Mobile Media*, Oxford/NY (Peter Lang) 2013.

Leistert, Oliver: On Data Retention, Postfordism, and Privacy Movements in Germany. In: *Open Cahier*, Bd. 19, 2010, 92–99.

Loebel, Jens-Martin: Privacy is Dead – Ein Fünf-Jahres-Selbstversuch der bewussten Ortsbestimmung mittels GPS. In: Bublitz, Hannelore/Kaldrack, Irina/Röhle, Theo/Zeman, Mirna (Hg.): *Automatismen – Selbst-Technologien*, München (Fink) 2013, 143–164.

Meister, Andre: Funkzellenabfrage: Die millionenfache Handyüberwachung Unschuldiger. In: Beckedahl, Markus/Meister, Andre (Hg.): *Jahrbuch Netzpolitik 2012 – Von A wie ACTA bis Z wie Zensur*, Berlin 2012, 173–178. www.netzpolitik.org/wp-upload/np_jahresbuch_download_final.pdf.

Privacy International: *Human Rights Organisations File Formal Complaints against Surveillance Firms Gamma International and Trovicor with British and German Governments*, www.privacyinternational.org/press-releases/human-rights-organisations-file-formal-complaints-against-surveillance-firms-gamma, erstellt am 3.5.2012, zuletzt gesehen am 20.2.2013.

Rafael, Vicente L.: The Cell Phone and the Crowd. Messianic Politics in the Contemporary Philippines. In: *Public Culture*, Bd. 15, 2003, 399–425.

Rao, Alakananda/Dasgupta, Partha: Rural Livelihoods and Income Enhancement in the "New" Economy, Vortrag auf: *4th ACM Workshop on Networked Systems for Developing Regions*. 15.6.2010.

Rheingold, Howard: *Smart Mobs. The Next Social Revolution*, Cambridge, MA (MIT Press) 2002.

Tenhunen, Sirpa: Mobile Technology in the Village: ICTs, Culture, and Social Logistics in India. In: *Journal of the Royal Anthropological Institute*, Bd. 14, 2008, 515–534.

Tomitsch, Martin/Sturm, Florian/Konzett, Martin et al.: Stories from the Field. Mobile Phone Usage and its Impact on People's Lives in East Africa. In: *Proceedings of the International Conference on Information and Communication Technologies and Development* (ICTD'10), 2010.

Wallis, Cara: Mobile Phones without Guarantees. The Promises of Technology and the Contingencies of Culture. In: *New Media & Society*, Bd. 13, 2011, 471–485.

Mathias Lam

Hänsel

Hänsel ist ein Desillusionsapparat. Ein aus Holz gefertigter Rucksack, dessen Innenleben aus einer Kamera, einem Einplatinencomputer und einem Thermodirektdrucker besteht. Die Kamera nimmt ein Bild auf, das unmittelbar danach ausgedruckt wird und aus dem Rucksack fällt.

Der Benutzer hat somit keine Möglichkeit, die Bilder vor dem Druckvorgang einzusehen, eine Zensur ist nicht möglich. Die Selbstkontrolle, die für die Veröffentlichung idealer Bilder typisch ist, wird aufgehoben. Ideale Bilder zeigen einerseits, wie man sich selbst sieht, und drücken andererseits aus, wie andere einen sehen sollen; sie geben also ein verzerrtes, ein an einem Ideal orientiertes Bild wieder. Derartige Bilder finden sich beispielsweise im Internet: Der Selektion des besten Bildes folgt oftmals eine Retusche, bis das Bild dann nach einem langwierigen Prozess veröffentlicht wird.

In einer Zeit, in der sowohl die Selbstdarstellung als auch die Selbstkontrolle durch den digitalen Raum einen derart hohen Stellenwert einnimmt, bedarf es eines Apparates, der dabei hilft, sich nicht in der alltäglichen paradoxen Eigeninszenierung zu verlieren. Dieser Apparat produziert Porträts: am laufenden Band, in jeder Situation, schonungslos offen. Diese inflationären Bilder sind Spuren, die wie Brotkrumen an Ort und Stelle darauf hinweisen: Er – der Benutzer – war da!

Christoph Wachter & Mathias Jud

Was uns vorschwebte II

Cloud-Computing versprach, der Abhängigkeit von vorhandenen Maschinen zu entkommen. Möglich wird das durch eine Infrastruktur, bei der sich Rechenleistungen, Speicherplatz und Programmsoftware nicht mehr auf den lokalen Computern befinden, sondern in der metaphorischen ‚Wolke' (englisch *cloud*) sind. Eine Internetverbindung genügt, damit die neuesten Dienste permanent, laufsicher, bedarfsgerecht, geräteübergreifend und wartungsfrei genutzt werden können.

Am Abend des 7. August 2011 tobte ein Gewitter über Irland. In Dublin schlug ein Blitz in einen Transformator ein. In der Folge waren die Cloud-Dienste von Amazon und Microsoft stundenlang nicht verfügbar. Der Schock, der die Betroffenen aus (nicht ganz) heiterem Himmel traf, war jedoch tiefgreifender als die tatsächliche Ausfallzeit.

Mit den Clouds sollten intelligente und redundante Systeme verwirklicht sein, die nicht mehr auf physische Geräte reduziert bleiben, sondern als virtuelle Maschinen auch die materiellen Abhängigkeiten überwinden können. Deshalb wirkte dieser Ausfall wie ein Rückfall in eine vergangene Epoche.

Wolkengebilde dienten bereits in Telefonschaltplänen zur Abstraktion einer komplexen Infrastruktur. In den Systemdiagrammen, den Modelliersprachen und technischen Symbolsprachen, die zur Entwicklung von Software- und Systemarchitekturen ab den 1990er Jahren standardisiert wurden, präzisierten geometrische Formen einzelne Funktionstypen oder Modelle, denen konsistente Rollen und Verbindungsweisen zugehörten. Im Gegensatz zu standardisierten Symbolen repräsentierten die Wolken jedoch einzig eine Leerstelle und waren Platzhalter z. B. für ‚das Internet'.

Die Wolken blieben vage angedeutete Fremdkörper, die in Zeichnungen auch die Form von Blumen oder asymmetrischer Polygone annahmen. Gerade diese Unfassbarkeit sollte schließlich zum Sinnbild einer neuen Dimension werden. Trotz der vagen, amorphen Form erscheint das Symbol als eine geschlossene Einheit. Die Undarstellbarkeit selbst wird so zu ihrem Gegenteil, zum Markenzeichen und Produktcharakter. Von der Metaphorik bis hin zum Marketing werden Clouds als ein System konzipiert, das immer verfügbar und materiell nicht fassbar ist. Die Standorte der Serverfarmen werden geheim gehalten. Die Cloud ist ein *Non-Space*, der als Zufluchtsort eigener Daten, Texte und Bilder dient sowie als Arbeitsplatz oder als Vergnügungsraum ausgestaltet wird.

Der Wandel von lokaler Hard- und Software hin zu einem Cloud-Modell vollzieht sich in vielfältiger Weise. Vom automatischen Software-Update über Serverdienste und Online-Plattformen bis hin zu den Dienstprogrammen (Apps), die in geschlossenen Systemen (Stores) bezogen werden, sind Aspekte der Cloud realisiert. Einzig eine schnelle Internetanbindung ist nutzerseitig erforderlich.

Der Moment des Ausfalls brachte eine Erhellung und zeigte, dass der Wechsel hin zur virtuellen Cloud eine Zäsur darstellt. Das neue Setting entpuppte sich als produktiv-konstitutives Konzept. Diese Transformation bringt einen Neuzuschnitt der Arbeitswelt mit sich, wenn Firmen ihre Datenverarbeitung auslagern, sowie einen Aufbruch der Privatsphäre, die nicht mehr lokal ist. Die Betrachtung der Konstellation führt in ein Dilemma: Von außen ist erkennbar, dass das System den Nutzenden die Verfügungsgewalt über Hard- und Software entzieht und sie damit ausgeliefert sind, von innen wird deutlich, dass sich neue Handlungsoptionen und Formen der Teilhabe an neuen Plattformen ergeben.

Die Konstellationen, die unsere eigenen Erfahrungs- und Ausdrucksmöglichkeiten zuschneiden, sind nicht als individuelle Anschauungen zu verhandeln. Sie stellen grundlegende konstitutive und produktive Momente dar. Die eigene Betrachtung findet deshalb keine abschließende Beurteilung dessen, was diese Cloud sei. Die Frage ist nicht, ob es sich um eine Rauchwolke – Gefahr, schlecht … – oder ein Luftschloss – Hoffnung, gut … – handle. Relevant ist die Konstellation an sich.

Michel Foucault beschreibt dies als Dispositiv, als eine „entschieden heterogene Gesamtheit, bestehend aus Diskursen, Institutionen, architektonischen Einrichtungen, reglementierenden Entscheidungen, Gesetzen, administrativen Maßnahmen, wissenschaftlichen Aussagen, philosophischen, moralischen und philanthropischen Lehrsätzen, kurz Gesagtes ebenso wie Ungesagtes, das sind Elemente des Dispositivs. Das Dispositiv selbst ist das Netz, das man zwischen diesen Elementen herstellen kann."[1]

Ganz im Sinne eines Dispositivs erfolgt die Etablierung der Cloud-Dienste nicht nur als technologische Entwicklung, sondern auch als gouvernementale Kampagne. 1995 wurden in Deutschland die Digitalisierung und der Internetzugang zur Regierungssache. Einerseits sollten alle involviert werden, um den Anschluss nicht zu verpassen, andererseits sollte dieser Anschluss zu einem gewünschten Effekt führen: einer Reduzierung von Arbeitslosigkeit, mehr Bildung, neuen Industrien, wirtschaftlichem Aufschwung.[2] Auch die Cloud-Dienste wurden 15 Jahre später zu einem gouvernementalen Programm. Das deutsche Wirtschaftsministerium schrieb 2010 einen Wettbewerb aus und stellte 30 Millionen Euro Fördergelder bereit, 2011 stand die CeBIT unter dem Motto *Work and Life with the Cloud*.[3] Es ging darum, eine nationale Industrie für den internationalen Wettbewerb zu rüsten und zugleich die Schaffung und Regulierung eines deutschen Marktes zu erreichen. Dass sich mit den Maßnahmen sowohl identitätskonstitutive Elemente (Privatsphäre, Datensicherheit) wie auch Wirtschaftsförderung realisieren ließen, ist das Merkmal einer neoliberalen Regierungstechnik.

1 *picidae* unterwandert mit Bildern
digitale Wortfilter und Zensur

Die kommerziellen Cloud-Dienste drängten in eine Domäne, die eine Unfassbarkeit auszeichnete. Mit Peer-to-Peer-Netzwerken und Filesharing hatten zuvor schon Clouds bestanden, die sich tatsächlich als eine Unfassbarkeit konstituierten, dezentral und offen. Diese aber wurden von Regierungen und Industrie gezielt attackiert und zerschlagen. Dienste wie Amazon oder iTunes wurden so konzipiert, dass sie die freien Tauschportale ersetzen sollten.

Die Digitalisierung lässt sich also immer wieder auch als gouvernemental-industrieller Zuschnitt, als Normalisierungs- und Disziplinierungsfeld begreifen. Die Befangenheit der Subjekte innerhalb dieser Felder lässt sich nicht mit einer spezifischen Betrachtungsweise aufbrechen. Ein kritisches Denken und Handeln müsste den Normenkomplex unterlaufen und ein Bewertungssystem kenntlich machen, wie das Michel Foucault und Judith Butler ausführen.[4] Dieses kritische Denken muss die Position der betrachtenden oder handelnden Subjekte anvisieren. Die komplexen Verhaltensoptionen und Verhältnisse gilt es zu adressieren, um die vorherrschenden Modelle insgesamt in Gegenmodellen zu hinterfragen.

1 Michel Foucault: *Dits et Ecrits. Schriften. Bd. 3*, Frankfurt am Main (Suhrkamp) 2003, 392.
2 Siehe hierzu: Deutscher Bundestag: *Schlußbericht der Enquete-Kommission zum Thema Deutschlands Weg in die Informationsgesellschaft.* Drucksache 13/11004, Berlin 1998.
3 Bundesministerium für Wirtschaft und Technologie: *Sichere Internet-Dienste – Sicheres Cloud Computing für Mittelstand und öffentlichen Sektor*

(Trusted Cloud), Berlin 2010, www.bmwi.de/DE/ Mediathek/publikationen,did=361956.html, zuletzt gesehen am 6.2.2013.
4 Judith Butler: *Was ist Kritik? Ein Essay über Foucaults Tugend*, Linz (eipcp – European Institute for Progressive Cultural Policies) 2001, www.eipcp.net/transversal/0806/butler/de, zuletzt gesehen am 6.2.2013.

Einerseits betrifft das die Frage, was generell darstellbar ist. Signifikant zeigt sich dies im Projekt *picidae*. Die als Rating, Ranking und Zensur wirksamen Wortfilter in der digitalen Kommunikation werden durch *picidae* mittels Bildern unterwandert, im gezielten Abbilden von Textseiten. Eine diskursive Ordnung wird so auf der Ebene des digitalen Codes durchbrochen.

Andererseits greifen wir nochmals nach den Wolken und ihrer Unfassbarkeit in dem Projekt *qaul.net*, das ein redundantes, offenes Kommunikationsprinzip verwirklicht, in dem die WLAN-fähigen Computer und *mobile devices* direkt ein spontanes Netz bilden. Voice- und Textchat oder Filesharing werden unabhängig von Internet und Mobilfunk möglich. Wie ein Virus kann *qaul.net* von einem Wi-Fi-tauglichen Gerät auf das nächste weitergegeben werden, und eine Open-Source-Community kann *qaul.net* beliebig modifizieren.

Beide Projekte werden zu einer Herausforderung, die individuellen Kommunikationsbedingungen kritisch zu betrachten und gemeinsam neue Horizonte zu ergründen. Die konkreten Sondierungen zeigen, wie sich eine polizeiliche, ökonomische, industrielle und strategisch-politische Organisation des digitalen Kommunikationsraumes vollzieht, wie der Resonanzraum zugeschnitten wird in einzelne Handelszonen und unterschiedliche Macht- und Kontrollbereiche (Jugendfilter, Routing nach IP, Adresshandel, proprietäre Portale und Plattformen, Nutzungs- und Zugriffsrechte).

Ist das Kunst? Wenn wir die eigenen Wahrnehmungs- und Ausdrucksoptionen befragen, sind wir dem ästhetischen Regime zugetan, das eine moderne Kunst charakterisierte. Und zugleich drängen wir auf das, was Jacques Rancière die Aufteilung des Sinnlichen nennt.[5] Das Kunstfeld wird zum ‚Battleground‘ des Grundlegenden, weil in einer selbstkritischen Betrachtung anvisiert wird, was Subjektivierung, Handlungsoption, Materialisierung und Realisierung ausmacht.

Umgekehrt aber ist es der Fall, dass die Imaginationsräume, die Unfassbarkeit und die Entfaltungssphären gerade keine Domäne der Politik waren. Das bürgerliche Subjekt in einer demokratischen Ordnung wurde erst durch die Schaffung spezifischer Freiräume konstituiert: durch die Privatsphäre, das Briefgeheimnis, die Freiheit der Kunst, die Gedankenfreiheit, die Redefreiheit. Erst in diesem Feld konnte sich ein Subjekt entfalten, dem eine eigene Sichtweise und eine Stimme zugestanden wurden. Gerade hier macht sich nun breit, was Rancière die Einrichtung eines polizeilichen Regimes nennt.[6]

Die Frage ist also nicht, was kann ich sehen und was gefällt mir, sondern die Frage ist, was sich in der eigenen Ansicht verhandeln lässt, was darin aufscheint.

---

5 Jacques Rancière: *Die Aufteilung des Sinnlichen*, Berlin (b_books) 2006.

6 Siehe hierzu: Jacques Rancière: Gibt es eine politische Philosophie? In: Alain Badiou/ders.: *Politik der Wahrheit*, Wien (Turia + Kant) 1997, 64–93.

Eine Überwindung des Regimes ist deshalb nicht mehr durch die eigene Ansicht, die Rückbesinnung auf eine Eigenheit oder Eigentlichkeit zu finden, sondern im Gegenteil in der Übersteigung dessen, was erwartet, betrachtet, gesehen und vorgesehen werden konnte.

Literaturverzeichnis

Bundesministerium für Wirtschaft und Technologie: *Sichere Internet-Dienste – Sicheres Cloud Computing für Mittelstand und öffentlichen Sektor (Trusted Cloud)*, Berlin 2010, www.bmwi.de/DE/Mediathek/publikationen,did=361956.html, zuletzt gesehen am 6.2.2013.

Butler, Judith: *Was ist Kritik? Ein Essay über Foucaults Tugend*, Linz (eipcp – European Institute for Progressive Cultural Policies) 2001, www.eipcp.net/transversal/0806/butler/de, zuletzt gesehen am 6.2.2013.

Deutscher Bundestag: *Schlußbericht der Enquete-Kommission zum Thema Deutschlands Weg in die Informationsgesellschaft*, Drucksache 13/11004, Berlin 1998.

Foucault, Michel: *Dits et Ecrits. Schriften. Bd. 3*, Frankfurt am Main (Suhrkamp) 2003.

Rancière, Jacques: Gibt es eine politische Philosophie? In: Badiou, Alain/ders.: *Politik der Wahrheit*, Wien (Turia + Kant) 1997, 64–93.

Rancière, Jacques: *Die Aufteilung des Sinnlichen*, Berlin (b_Books) 2006.

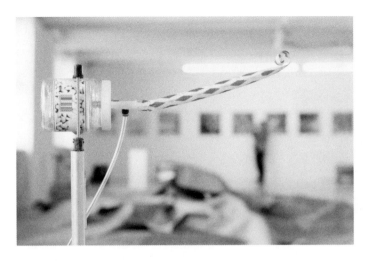

Hannes Waldschütz

Elefant (Funktionsmodell)

Im Raum befindet sich ein etwa 1,10 m hohes Stahlgestell, das einen Papier-Luftrüssel trägt, wie er manchmal im Karneval zum Einsatz kommt. Dieser ist mit dem in unmittelbarer Umgebung stehenden Druckluftkompressor durch einen Schlauch verbunden. Alle drei Minuten wird der Luftrüssel durch ein elektrisches Ventil per Druckluft kurz zum Tröten gebracht.

Wie ernst nimmt man sich als Künstler_in? Was ist die einzelne künstlerische Äußerung angesichts existenzieller globaler Probleme? Ist Kunst wichtig?

Leben und Arbeiten als Künstler_in gleicht oft einem konstanten Befüllen der eigenen Legitimations- und Erscheinungsblase. Ein Dauereinsatz, um einen gewissen Schaffensdruck zu halten, trotz (oder gerade wegen) verschiedenster undichter Stellen in der eigenen Konstruktion. Immer mit dem Ziel des inszenierten effektvollen Druckausgleichs vor Augen – der eigenen künstlerischen Handlung.

Hier ist gar kein Elefant. Nur eine Mücke.

Von Erwartungshaltungen und Behauptungen, Imagination und abstrahierter Darstellung in der Schwebe gehalten, ist das eigentliche Kunstwerk oft ein Luftschloss in den Vorstellungen

1–4 Installation:
Kompressor,
Luftrüssel,
Ventiltechnik,
50 x 70 x 110 cm

von Künstler_in und Betrachter_in. Die Beziehung zwischen den beiden geht aus von einem Gefälle der (Be-)Deutung des in die Welt gesetzten Kunstwerks. So kann ein Dialog und ein gemeinsamer Vorstellungsraum entstehen. Einer, der sich füllen und ausdehnen, aber genauso schnell wieder rückstandslos verflüchtigen kann. Tröt.

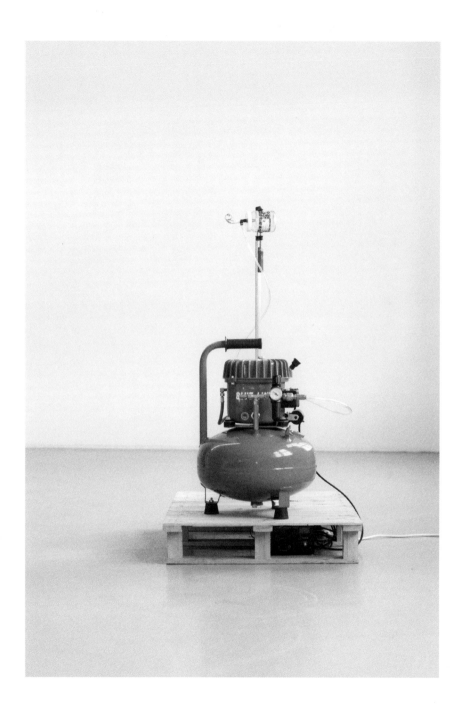

Mikael Mikael

Retreat

Als global Heimatloser beschäftigt sich Mikael Mikael in der
Reihe *Retreat/Rückzugsorte* mit idealtypischen Unterkünften
und Verstecken, temporären Orten des Unterschlüpfens, Verschwindens und Wiederauftauchens. Er konstruiert und untersucht symbolische Rückzugsorte wie das Strandhaus, das Zelt,
die Holzhütte. Damit reflektiert er seine Existenz im Verbor-
genen und allgemeine Strategien der Unsichtbarkeit und zeigt
gleichzeitig archetypische Bilder von Architektur und Landschaft – die Wüste, den Wald, den Strand. Präsentiert werden
Mikael Mikaels Rückzugsorte in Fotos, Videos und Installa-
tionsrudimenten, die aus Versatzstücken der Originalkonstruk-
tionen bestehen.

Lucas Odahara

The Hazy Focus of Nature

> Is there anywhere a synthesis of the
> technological, urban world and the world
> of natural forces? Must these preclude
> each other or might we trust in the fact that
> the sun makes roses grow and, at the
> same time, feeds power stations? That fire
> both broil steaks and propel rockets?
>
> Otto Piene, 1965[1]

The Hazy Focus of Nature originated from the observation of the yellowing phenomena on newsprint paper when in direct exposure to sunlight. The action of placing a physical body on it and exposing it to the sun in order to print its shape was used here to record its very existence in physical reality.

In light of the new media, which drive us into handling digital data that are recorded and transmitted instantaneously, the described process represents a subtle recording of a phenomenon that, in contrary to digital media data, is constantly and slowly (from the moment Earth was originated) in progress.

Following Bruce Sterling's words, "[t]he New Aesthetic concerns itself with an eruption of the digital into the physical. That eruption was inevitable,"[2] these sun prints therefore are a recording of the existence of this *New Aesthetic* into the physical, renouncing the intrinsic sharpness of the digital and embracing the haziness and ephemerality of natural media.

William Henry Fox Talbot chose mainly plants as his subjects in his first experiments with light printing on photosensitive paper in 1844.[3] Taking into account that he never claimed any artistic purposes for his work, thus developing all his methods within a scientific experimental framework, he might have chosen plants as his subject due to the fact that the flora caught his attention first or made the strongest impression on him. By developing his photographic process, Talbot was recording the existence of these specific objects on paper by printing their shadow. He thus created an aesthetic language that migrated from his observation of the world into his new recording machine.

1 Otto Piene: *Catalog for Piene – Light Ballet*, New York (Howard Wise Gallery) 1965, zit. n. www.speronewestwater.com/cgi-bin/iowa/articles/record.html?record=734, o. S.

2 Bruce Sterling: *An Essay on the New Aesthetic*, 4/2/2012. Available: www.wired.com/beyond_the_beyond/2012/04/an-essay-on-the-new-aesthetic, last accessed 7/31/2013.

3 See William Henry Fox Talbot: *The Pencil of Nature*, London (Longman, Brown, Green & Longmans) 1844.

4 See James Bridle: *#sxaesthetic*, 3/15/2012. Available: www.booktwo.org/notebook/sxaesthetic, last accessed 7/31/2013.

1–7 *The Hazy Focus of Nature,*
Newsprint 2012

James Bridle's *New Aesthetic*[4] does the opposite: it grew out of digital media and thrust a set of aesthetic values into physical environments. In this reversed shift, objects created by a rapid prototyping process left traces in the physical realm, which are here being recorded. Digital aesthetic shapes produced by a laser cutter machine were arranged on newsprint. These shapes were produced with the intention to build something that would optimize the use of the material's expanse and utilize the operating time of the machine in the most effective way. On *The Hazy Focus of Nature*, these rapid notions of dealing with space and time inherited from the digital are exposed to the slow and continuous process of nature.

Lucas Odahara

Jan Bovelet

Temporäre Räume
und abstrakte Maschinen

Temporäre Räume sind ein etablierter Begriff in Stadtplanung und Architektur. Trotzdem sind sie notorisch schwer zu bestimmen, geschweige denn begrifflich zu fixieren. Ich will hier versuchen, in einigen wenigen philosophischen Überlegungen zu skizzieren, woran das liegt und ob man hier an Gerald Raunigs Begriff der *abstrakten Maschine* anschließen könnte.

Jeder weiß irgendwie, was ein temporärer Raum ist. Er ist irgendwie ab irgendwann da, dann kommt auch schon sein Ende und er verschwindet wieder. Aber zumeist trägt er immer auch irgendwie den Makel des Defizitären gegenüber den ‚wirklichen‘, stabilen urbanen Räumen.

Ich werde hier dafür argumentieren, dass diese intuitive Annahme die Wirklichkeitsverhältnisse, in denen wir leben, auf den Kopf stellt und uns daran hindert, ‚gute‘ Städte in unserer aufregenden, volatilen Gegenwart zu bauen. Bei näherer Betrachtung ist es nämlich genau umgekehrt: Stabile urbane Räume sind Räume, denen man durch geteilte Gewohnheiten ihre Endlichkeit und Flüchtigkeit nur nicht mehr ansieht. Um es technisch auszudrücken: Der temporale Charakter eines Raumes ist in Wirklichkeit eine Funktion des historischen Maßstabs, den man an ihn anlegt. In erdgeschichtlichen Dimensionen ist z. B. Bremen nur ein sehr flüchtiges Phänomen, ein temporärer Raum. Um sinnvoll über temporäre Räume sprechen zu können, müssen wir uns also über den Bezugsrahmen verständigen. Oder anders ausgedrückt: Temporäre Räume sind keine ontologische Kategorie, die für sich und unabhängig davon, ob wir sie bemerken, besteht; sie sind immer temporäre Räume-*für*. Aus erkenntniskritischer Sicht lässt sich hinter diesen Sachverhalt nicht mehr zurückgehen, und das hat Konsequenzen für die Mittel und Methoden, kraft derer wir uns dem Phänomen des temporären Raums annähern (sollten).

Ich will also dafür argumentieren, dass die potenzielle Endlichkeit und systematische Unbestimmtheit temporärer Räume und ihr Übergangscharakter grundlegend sind für urbane Prozesse und nicht etwa defizitär gegenüber einem fest gefügten, absoluten Stadtraum. Eine Theorie, die von einem absoluten Raum etwa im Sinne Newtons ausgeht, verkennt die kreativ-konstruktive Dynamik der Aneignung des Stadtraums, oder, allgemeiner, des Lebensraums. Statt von einem abstrakten, absoluten und isotropen Raum auszugehen und von dort aus verschiedene temporäre Raume zu definieren, müssen wir umgekehrt phänomenologisch-pragmatisch von konkreten temporären Räumen ausgehen und können uns von dort her fragen, wie es kommt, dass anscheinend manche temporären Räume in stabilere Aggregatphasen übergehen – und andere sich dafür aber auch wieder auflösen.

Statt mich hier mit den Problemen der Theorie des Raumes zu beschäftigen, möchte ich versuchen, den Charakter von temporären Räumen mithilfe einer Metapher herauszuarbeiten. Die Metapher, die ich vorschlagen möchte, ist die Metapher des Raums als Maschine. Wie weit diese Metapher dann trägt, wird zu sehen sein.

Eine Maschine im herkömmlichen Wortsinn ist ein mechanisches Gebilde, das durch seine materielle Determination und seine Orientierung hin auf einen bestimmten Zweck, auf sein *telos*, vollständig bestimmt werden kann. In einem idealen Bild ist eine Mechanik durch ihre vollständige Determination bestimmt; es mag viel Arbeit sein, den aktualen Zustand einer komplexen Mechanik zu bestimmen und daraus auf ihren vorhergehenden oder nachfolgenden Zustand zu schließen, aber es ist ,prinzipiell' möglich, zumindest für den Laplace'schen Dämon oder irgendeinen anderen kleinen oder großen Gott.

Das paradigmatische analytische Modell einer solchen deterministischen Maschine ist die Turingmaschine: eine idealisierte symbolische Maschine, die auf der Basis von wohldefinierten symbolischen Eingaben mithilfe eines algorithmischen Prozedere wohldefinierte symbolische Ausgaben erzeugt. Eine solche Maschine ist ein geschlossenes System, das auf einem definierten endlichen Set von Eingabemöglichkeiten beruht – ob sie also etwas verarbeiten kann, hängt davon ab, ob es in der Eingabesprache formuliert werden kann. Die allgemeine Idee hinter der Turingmaschine besteht darin, komplexe Probleme auf elementare geschlossene Fragen zu reduzieren, die eindeutig entschieden werden können – also mit Ja oder Nein, als wahr oder falsch beantwortet werden können –, und diese Antworten dann zur Lösung des ursprünglichen komplexen Problems zu kombinieren.

Aber etymologisch ist diese Bestimmung des Maschinenbegriffs eine Verkürzung. Das griechische Wort μηχανή – *mechané* – und seine lateinische Transkription *machina* bezeichneten ursprünglich einfach ein Mittel, eine Fertigkeit oder einen Apparat sowohl in einem materiellen wie in einem immateriellen Sinn. Eine *machina* kann alles sein, was das Potenzial hat, eine Situation zu ändern, egal ob im Bereich der Politik, der Gesellschaft, der Wissenschaft, der Künste, des Urbanismus oder wo auch immer. Auf diese Art von Maschinen, die weder wohldefinierte Ein- noch Ausgaben kennen und ,prinzipiell' unterbestimmt sind, hat vor kurzem Gerald Raunig hingewiesen,[1] und zwar mit Bezug auf Gilles Deleuze' und Félix Guattaris Begriff der *abstrakten Maschinen*.

Als paradigmatisches Modell der abstrakten Maschine kann die Requisite (engl. *prop*) im Theater dienen. Eine Requisite kann alles sein, was den Plot eines Stücks vorantreibt: ein materielles Objekt wie z.B. eine Spielzeugpistole, ein immaterielles

Motiv wie Eifersucht, ein phantastischer Apparat wie Siebenmeilenstiefel oder auch ein räumlicher Aufbau, der das Publikum mit in die Handlung einbezieht. Eine Requisite kommt in das Stück wie der *deus ex machina*. Sie strukturiert das Theaterstück performativ, indem sie Personen und Handlungen, Theaterfiktion und alltägliche Lebenserfahrung, Funktion und Erscheinung in einer offenen, spielerischen Dynamik aufeinander bezieht. Sie determiniert nicht, was passieren wird, sondern eröffnet Möglichkeiten.

Mechanische und abstrakte Maschinen können entlang des Unterschieds zwischen Instrument und Medium voneinander abgegrenzt werden. Eine mechanische Maschine kann man sich als Instrument vorstellen, das dazu gedacht ist, eine klar definierte Aufgabe zu erfüllen; als eine Prothese für die Wünsche und Bedürfnisse mangelbehafteter Kreaturen. Dieses Bild hat z. B. Arnold Gehlen in seiner Konzeption der Anthropologie von der Technik gezeichnet, oder Marshall McLuhan, wenn er Medien als Instrumente zur Verstärkung und Erweiterung der menschlichen Kommunikation konzipiert. Eine abstrakte Maschine dagegen ähnelt eher einem Medium im Sinne von Niklas Luhmann oder dem transzendentalen Schema in Kants *Kritik der reinen Vernunft*: Wie Luhmanns Medium ist sie kein Mittel für einen bestimmten Zweck, sondern die Voraussetzung für jede Zwecksetzung im Allgemeinen. So ist z. B. die allgemeine binäre Opposition zwischen Wahrheit und Falschheit die Voraussetzung für jede spezifische wissenschaftliche Hypothese. Und ähnlich dem kantischen transzendentalen Schema, in dem sich Anschauung und Begriff epistemisch produktiv überschneiden, sind auch abstrakte Maschinen etwas ,Drittes'[2], das Heterogenes so aufeinander bezieht, dass Erkenntnisprozesse überhaupt möglich werden. Im Unterschied zu Kants transzendentalem Schematismus ist bei abstrakten Maschinen aber der Punkt zentral, dass sie eine ihnen eigene Materialität aufweisen. Darin sind sie eher Michel Foucaults *épistémè* oder Thomas S. Kuhns *Paradigma* verwandt: Sie sind Konjunkturen von materiellen und ideellen Aspekten. Als solche sind sie historisch kontingent, aber trotzdem die historisch relative Bedingung für alle gemeinsamen Erkenntnis- und anderen Handlungen.

Um es mit einer Formulierung von Deleuze und Guattari zu sagen: abstrakte Maschinen „werden in konkreten Gefügen wirksam"[3] und bestehen aus der Überschneidung von menschlichen Organen, technischen Apparaten und sozialen Mechanismen. Sie bestimmen die Dynamik zwischen heterogenen Akteuren, Materialien und Konzepten, sind aber in einer Rückkopplung zugleich einer ständigen Transformation ausgesetzt, die durch diese Akteure, Materialien und Konzepte er-

1 Vgl. Gerald Raunig: *Tausend Maschinen*, Wien (Turia + Kant) 2008.

2 Immanuel Kant: *Kritik der reinen Vernunft*, Stuttgart (Reclam) 1966, 138.

3 Gilles Deleuze / Félix Guattari: *Tausend Plateaus. Kapitalismus und Schizophrenie*, Berlin (Merve) 1992, 706.

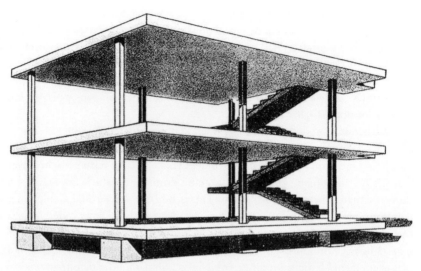

L'ossature standard « Dom-ino », pour exécution en grande série

1 „Une maison est une machine à habiter." Perspektivisches
Strukturmodell für das *Maison Dom-ino*, Le Corbusier 1914–15

zeugt wird. Man kann sich das am Steuersystem verdeutlichen: Ein Besteuerungsmodell regelt die steuerliche Bewertung von in Geldwerten ausgedrückten Handelsbeziehungen, beeinflusst aber dadurch auch gleichzeitig die Ausgestaltung dieser Beziehungen. Es bildet also nicht nur etwas ab, sondern gestaltet zugleich auch etwas.

Mechanische Maschinen können also als Instrumente zur Erfüllung eines Zwecks (der auch sehr kompliziert sein kann) angesehen werden und abstrakte Maschinen als performative Medien. Instrumente sind determiniert und ändern sich nicht, wenn sie benutzt werden, Medien dagegen ändern sich performativ mit ihrem Gebrauch.

Was sind aber Beispiele mechanischer und abstrakter Maschinen in Bezug auf den Raum? Mechanische Maschinen basieren auf der Annahme einer universalen Ordnung und zielen auf die Repräsentation und Umsetzung dieser Annahme. Diese Einstellung lässt sich z. B. gut in der Stadtplanung und der Architektur der Moderne verfolgen. Diese war geradezu durch die Suche nach der universalen mechanischen Maschine der Architektur und des Städtebaus charakterisiert.

Abstrakte Maschinen dagegen zielen auf die Ermöglichung der Konstruktion regionaler Ordnungen, nicht auf die Verwirklichung einer universalen Struktur. So hat Nelson Goodman z. B. von „ways of worldmaking"[4] gesprochen, oder Frederik Stjernfelt in Auseinandersetzung mit Charles S. Peirce' Zeichentheorie von

2 *Y-Table [DAZ version]* von The Anxious Prop für das Deutsche Architektur-
zentrum, Berlin, 2011. Der *Y-Table* ist ein triadisches topologisches Objekt,
dessen Dimensionierung, Ausbildung der Oberfläche und Programm je nach
Gebrauch und Lokalisierung variiert. Der erste *Y-Table* entstand für *The
Anxious Prop Case 3: The Black Swan Issue* im Salon Populaire, Berlin, 2010.
Siehe: www.theanxiousprop.org/y-table.html

der pragmatischen Etablierung und Unterhaltung von „regionalen Ontologien"[5].
In diesem Sinne sind die abstrakten Maschinen die Antipoden der mechanischen
Maschinen: Sie sind prekäre Medien, mit denen man aus konventional verallgemei-
nerten Repräsentationsordnungen ausbrechen kann. Sie können nicht, wie die mechanischen Maschinen, über ihr *telos* definiert werden; stattdessen müssen sie über
die operationalen Prozeduren, in denen sie bestehen, charakterisiert werden und
durch die Möglichkeiten, die sie eröffnen. Sie sind nicht auf etwas und an etwas
ausgerichtet, das es auch ohne sie geben würde, sondern stellen etwas her, was es
ohne sie überhaupt nicht geben würde: Sie sind synthetische und keine analytischen Maschinen. Oder nochmals in Anlehnung an Deleuze und Guattari könnte
man auch sagen, dass sie die Realität stratifizieren, sodass es überhaupt erst Material für analytischen Zugriff gibt.

4 Vgl. Nelson Goodman: *Ways of Worldmaking*,
Indianapolis (Hackett Publishing) 1978.

5 Vgl. Frederik Stjernfelt: *Diagrammatology.
An Investigation on the Borderlines of Phenome-
nology, Ontology, and Semiotics*, Dordrecht/
London (Springer) 2007, 47.

Abstrakte Maschinen gibt es nur im Plural, denn sie repräsentieren keine angenommene universale Ordnung, sondern produzieren lokale, regionale Ordnungen und kommen sich dabei auch oft gegenseitig in die Quere. Man könnte sagen, dass sie eine Art wehrhafte Version von Leibniz' Monaden sind, die nicht von irgendeinem aristotelischen unbewegten Beweger harmonisch prästabiliert worden sind – denn diese Figur gibt es nicht mehr in unserer real pluralen Lebenswirklichkeit. Abstrakte Maschinen sind instabil, prekär, anarchistisch: Sie erzeugen temporär stabile Räume durch – mit Deleuze gesagt – Kontraktionen der kontinuierlichen urbanen Mannigfaltigkeit. Durch sie entsteht erst die Möglichkeit, die urbane Mannigfaltigkeit zu gliedern und zu strukturieren.

Literaturverzeichnis

Deleuze, Gilles/Guattari, Félix: *Tausend Plateaus. Kapitalismus und Schizophrenie*, Berlin (Merve) 1992.

Goodman, Nelson: *Ways of Worldmaking*, Indianapolis (Hackett Publishing) 1978.

Kant, Immanuel: *Kritik der reinen Vernunft*, Stuttgart (Reclam) 1966.

Raunig, Gerald: *Tausend Maschinen*, Wien (Turia + Kant) 2008.

Stjernfelt, Frederik: *Diagrammatology. An Investigation on the Borderlines of Phenomenology, Ontology, and Semiotics*, Dordrecht/London (Springer) 2007.

Renate Wieser

Unendlich verteiltes Aufräumen
in temporären Räumen

Dieser Text stellt den temporären Raum einer Hörspielinstallation und die bei dieser Arbeit wichtigen konzeptuellen Bezugspunkte vor. Bei der Installation handelt es sich um ein in einem Ausstellungsraum situiertes Hörspiel. Die räumliche Anordnung erinnert an ein Wartezimmer. Das Stück ist auf sechs Lautsprecher verteilt zu hören, in deren Mitte eine Sitzgruppe den Besuchern ermöglicht, zu verweilen.

Um auszuprobieren, welche Möglichkeiten sich ergeben, wenn man Atmos[1] und Sprecherstimmen auf verschiedene Lautsprecher verteilt, wurde ein algorithmisches Verfahren entwickelt. Das Tonmaterial liegt in einer langen Liste einzelner Dateien vor, die einen Satz, ein bestimmtes Geräusch oder eine atmosphärische Raumaufnahme enthalten können. Das ganze Stück setzt ein Programm in der Programmiersprache SuperCollider zusammen, das unter anderem auch die Verteilung des Klangs auf die einzelnen Lautsprecher übernimmt und zusätzlich synthetische Klänge erzeugt und einbindet. Das Hörspiel wurde also nie geschnitten, stattdessen werden die einzelnen Elemente immer neu auf verschiedene Art angesteuert. Für deren Auswahl und Verteilung auf die unterschiedlichen Lautsprecher können verschiedene Algorithmen verwendet werden.

Der visuelle Teil der Installation ist statisch: Stühle, Zimmerpflanze, Teppich. Es ist ein Wartezimmer, und während eine Besucherin sich darin aufhält, verwandelt sich die räumliche Anordnung mit den unterschiedlichen Raumatmosphären des Hörspiels. Es gibt Atmos, die mit verschiedenen Orten zu identifizieren sind, und im Hörspiel wird über verschiedene Orte gesprochen – Stimmen erzählen von unterschiedlichen Räumen und geben ihren Eindruck wieder. Steht man direkt vor der Installation, dann wirkt der Sound sehr flach. Wer aber auch nur wenige Schritte in den von den Lautsprechern gerahmten Raum eintritt, betritt gleichzeitig den akustischen Raum der Fiktion.

Indem sie ein akustisches Innen und Außen erzeugt, hat die akustische Anordnung einen unerwartet starken Effekt. Ich hatte ursprünglich nur die Inszenierung eines visuellen Raums beabsichtigt. Mit dem Betreten des Wartezimmers wird jeder Besucher Teil der Installation – vor allem dann, wenn es noch Besucher im Außen-

---

1 ‚Atmo‘ ist die Kurzform von ‚Atmosphäre‘. Atmos, oder auch Geräuschatmosphären, bezeichnen Hintergrundgeräusche, die meist auf die Räumlichkeit der Haupthandlung in Film, Funk oder Hörspiel verweisen. Sie können synchron aufgenommen oder nachträglich kollagiert und zugemischt werden.

1 Installationsansicht: *Survival of the Cutest*,
Kunstverein Hamburg (11.10.2008–4.1.2009)

raum gibt, die noch nicht entschieden haben, ob sie die Installation betreten wollen. Diese wird zu einem temporären Raum, da sie sich mit den verschiedenen Konstellationen der Besucher jeweils grundlegend ändert. Diejenigen, die sich in die Installation begeben, exponieren sich einerseits auf einer Art Bühne und können andererseits aber auch sitzend und zuhörend Außenstehende beobachten.

Das algorithmische Ansteuern der Soundfiles eröffnet neue experimentelle Möglichkeiten. Die räumliche Konstellation verändert sich abhängig von der Kombination von Lautsprechern, auf denen die Files abgespielt werden, Klänge können über verschiedene Lautsprecher hinwegdriften, an einer Stelle im Raum deutlich situiert oder auch von allen Seiten gleichzeitig zu hören sein. Eine Szene besteht beispielsweise aus der ruhigen Atmo einer Halle, dann hört man Schritte und Stimmen, die an einer Seite sich langsam unterhaltend ein Stück weit spazieren. Der akustische Raum im Raum ist mit den Geistern eines Spielfilms gefüllt. Es gibt verschiedene Zufallsfunktionen, die dafür sorgen, dass das Stück nicht immer gleich abläuft. Doch sowohl die zufällige Auswahl als auch die Anordnung auf sechs Kanälen wird sehr zurückgenommen eingesetzt, womit eine Referenz auf die Konventionen des realistischen Raumeindrucks entsteht und sich die Szenen akustisch lokalisierbar abbilden.

Die Protagonistinnen des Hörspiels sind zwei Frauen, die sich die Architektur halböffentlicher Gebäude ansehen. Sie haben sich über ein Interesse an diesen halböffentlichen Räumen kennengelernt, und da sie eigentlich keine Funktion an diesen Orten erfüllen, sind sie immer der Gefahr ausgesetzt, sich rechtfertigen zu müssen oder als herumlungernd hinausgeworfen zu werden. Es gibt Szenen, in denen sich andere über die beiden unterhalten. Wenn in solchen Momenten jemand die Installation betritt, wird oft vermutet, dass es sich um eine interaktive Arbeit handle. Bei dem Satz „Schau dir mal die beiden an" haben sich beispielsweise Zweiergruppen oft verwirrt umgesehen.

Als zweite Ebene kommen in dem Hörspiel einige Zitate aus Texten Charles Darwins vor. Eines der Zitate wird von einer Szene in einem Lokal unterbrochen, bei der man, je nachdem, wo man steht, ein anderes Gespräch mithören kann. Die Zuhörerin folgt also einer je anderen Person, je nachdem, wo sie sich innerhalb der Installation aufhält; Handlung und Hintergrundgeräusch hängen vom Standpunkt ab. Bei der Szene im Lokal wird eine Atmo aus Geschirrklappern und Stimmengewirr verwendet. Dieselbe Atmo ist auch dem Darwin-Zitat unterlegt. Nur wird jetzt die Datei nicht mehr linear abgespielt, sondern es wird eine große Zahl verschiedener sehr kurzer Ausschnitte verteilt und verdichtet. Dieses Verfahren der sogenannten Granularsynthese folgt der Vorstellung von Partikeln, die sich zu größeren Gebilden zusammenballen, wobei man auch gerne von Klangwolken, also von Wolken aus Klangpartikeln, spricht.

Die granulierte Version des Gaststättenlärms bildet den Hintergrund zweier Darwin-Zitate. Sie korrespondiert klanglich mit dem, was in diesen Zitaten erklärt wird und was ich als Darwins Raumkonzept lesen möchte: „Man kann figürlich sagen, die natürliche Zuchtwahl sei täglich und stündlich durch die ganze Welt beschäftigt, eine jede, auch die geringste Abänderung zu prüfen, sie zu verwerfen, wenn sie schlecht, und sie zu erhalten und zu vermehren, wenn sie gut ist. Still und unmerklich ist sie überall und allezeit, wo sich die Gelegenheit darbietet, mit der Vervollkommnung eines jeden organischen Wesens in bezug auf dessen organische und unorganische Lebensbedingungen beschäftigt. Wir sehen nichts von diesen langsam fortschreitenden Veränderungen, bis die Hand der Zeit auf eine abgelaufene Weltperiode hindeutet, und dann ist unsere Einsicht in die längst verflossenen, geologischen Zeiten so unvollkommen, dass wir nur noch das eine wahrnehmen, dass die Lebensformen jetzt verschieden von dem sind, was sie früher gewesen sind."[2]

Das Zitat kann als Entgegnung auf ein christliches Raumkonzept gelesen werden. Wenn die Welt als geordnet und aufgeräumt betrachtet wird, dann muss es auch einen Schöpfer dieser Ordnung geben. Darwin behält die Annahme des geordneten Raums in diesem Zitat bei, aber er dynamisiert diese Ordnung. Still und leise verrichtet sich überall eine Arbeit der Vervollkommnung. Aus der Arbeit eines einzigen Schöpfers wird ein unendlich verteiltes Aufräumen. Darwin widerspricht zwar teilweise selbst der Idee einer Vervollkommnung. Er zweifelt den Begriff aber

---

2 Charles Darwin: Über die Entstehung der Arten durch natürliche Zuchtwahl oder die Erhaltung der begünstigten Rassen im Kampfe um's Dasein. In: *Gesammelte Werke*, Frankfurt am Main (Zweitausendeins) 2006, 417. [Orig.: On the Origin of Species, 1859.]

genauso an, wie er ihn an anderen Stellen der Beschreibung seiner Theorie zugrunde legt. Diesen Punkt außer Acht gelassen, gilt das mit diesem Motiv Beschriebene als eine der wichtigsten Neuerungen des modernen Denkens. Darwin beschreibt einen relationalen dynamischen Raum, indem er einen Arbeitsbegriff einführt. Ständig müssen Veränderungen und Verbesserungen ausprobiert und vorangetrieben werden. Zusammengefasst lautet dieser Gedankengang: Darwins dynamisierender Entwicklungsprozess pulverisiert die Welt, zerlegt sie in unzählige unendliche Bewegungsschritte. Seine Theorie zeugt vom Katastrophischen der Rauchwolken, etwa durch die Beschäftigung mit Malthus' Bevölkerungstheorie, genauso wie vom Imaginären der Luftschlösser, indem sie ein Prinzip in vielen Variationen durchdenken will und dabei Virtuelles und Greifbares verbindet.

Ein Wartezimmer ist zunächst einmal ein sehr statischer Raum, temporär ist nur das Verweilen der Wartenden. Wartezimmer gibt es bei Ärzten, auf Ämtern und in anderen Institutionen, in denen wir hie und da etwas zu erledigen haben. Sie sind Räume mit beschränkter Aufenthaltserlaubnis. Bei Wartezeiten, die entstehen, wenn irgendetwas in Ordnung gebracht werden soll, bleibt uns nichts anderes übrig, als dort zu verweilen. Sie gelten als die Nichtorte des gesellschaftlichen Lebens, als dessen Stillstand.

Wie Wartezimmer haben Installationen in Ausstellungen eine sehr statische Seite. Die Gegenstände sollen stehen bleiben, die Interaktionsmöglichkeiten bleiben stets dieselben. Kontinuität muss während der gesamten Ausstellungsdauer sichergestellt werden. Nur dadurch kann die Arbeit überhaupt als Diskussionsgrundlage und gemeinsame Erfahrung dienen. Dem entgegengesetzt – und dies wäre abschließend zu hinterfragen – wird künstlerischer Arbeit oft eine unglaubliche Dynamik zugesprochen. In der Kunst tue sich das Neue auf, es entstünden ungeahnte Entwicklungspotenziale, und die Reflexion über gesellschaftliche Missstände erledige sich quasi beim Museumsbesuch im Vorübergehen. Das ist eine große Aufgabe für im besten Fall liebenswerte Räume mit in bestimmten Anordnungen abgestellten Dingen.

Birgit Schneider

Elemente einer Ikonografie der Klimamodelle. Eine bildkritische Analyse von Klimasimulationen

> Das Einzige, was die aus der Wissenschaft entwickelte Technik wirklich zu beweisen scheint, ist, daß die im Experiment hypothetisch vorweggenommene Welt jederzeit zu einer wirklichen, von Menschen verwirklichten Welt werden kann, was zwar besagt, daß die praktischen Vermögen des Menschen, das Vermögen zu handeln, herzustellen, ja sogar Welten zu erschaffen, unvergleichlich größer und mächtiger sind, als irgendein vergangenes Zeitalter zu träumen wagte; was aber andererseits leider auch heißt, daß die volle Ausnutzung gerade seines weltschaffenden Vermögens den Menschen in das Gefängnis seiner selbst, seines eigenen Denkvermögens verweist, ihn unerbittlich auf sich selbst zurückwirft, ihn gleichsam in die Grenzen seiner selbst-geschaffenen Systeme sperrt.
>
> Hannah Arendt[1]

Der vorliegende Beitrag analysiert Klimasimulationen aus einer bildwissenschaftlichen Perspektive. Als Beispiel dienen aktuelle Visualisierungen von Klimasimulationen sowie die schematischen Darstellungen der systemischen Klimakomponenten, auf denen die Modelle basieren. Anhand der Beispiele soll herausgearbeitet werden, inwiefern die mit dem Titel des Tagungsbandes *Rauchwolken und Luftschlösser* skizzierte Dualität von Realem und Imaginärem für die Analyse der Computermodelle fruchtbar gemacht werden kann. Hier wird zu zeigen sein, wie dicht verwoben im Falle der Klimasimulationen die Rauchwolken mit den Luftschlössern sind: Realität und Fiktionalität sind vielfältig miteinander verbunden und aufeinander bezogen, nur so entsteht der heuristische und epistemische Wert der Simulationen. Eine scharfe Grenzziehung, wie sie das alltägliche Verständnis von Realität und Fiktion beherrscht, trifft auf die Klimasimulationen nicht zu; die Verwischungen der Trennlinie sind gerade an den Bildern deutlich erkennbar, deren Wirklichkeitsanspruch mitunter in Form eines naturalistischen Stils unterstrichen wird. Der Beitrag stellt deshalb den Versuch dar, eine kritisch-ikonologische Hermeneutik der Klimamodelle anhand einer Analyse ihrer visuellen Anteile zu erarbeiten.

Unter einem Luftschloss versteht man gemeinhin eine Wunschvorstellung oder einen Plan von etwas, das sich jemand herbeisehnt und erträumt.[2] Bei „vernünftiger Betrachtung" aber, so heißt es, stelle sich heraus, dass die Vorstellung oder der Plan nicht realistisch seien.[3] Luftschlösser sind nicht realisierbar. Sie gehören

---

1 Hannah Arendt: *Vita activa oder Vom tätigen Leben*, München (Piper) 1992 [1967], 280.
2 Wahrig Deutsches Wörterbuch, Gütersloh (Bertelsmann) 2006, Stichwort „Luftschloss".

3 Eintrag „Luftschloss", www.de.wikipedia.org/wiki/Luftschloss, zuletzt gesehen am 30.4.2013.

dem flüchtigen und ephemeren Reich des Fiktionalen und Imaginären an, dessen Grenzen sie nicht verlassen können. Das metaphorische Wortbild ist mit dem biblischen Gleichnis vom auf Sand gebauten Haus verwandt.[4] Der Vorwurf, ein Luftschloss erbaut zu haben, bedeutet, einem Hirngespinst erlegen zu sein. Diese in erster Linie negative Konnotation muss jedoch auf einer weiteren Ebene um die positive Wertigkeit von Fiktionen erweitert werden: Als Fiktionen können auch Luftschlösser die Vorstellung der Realität beeinflussen, weil sie in der Lage sind, die Wahrnehmung davon zu verändern, was als normal, erstrebenswert oder machbar empfunden wird.

Im Gegensatz zu Luftschlössern existieren Rauchwolken meist nicht im rhetorischen Reich der Tropen und Metaphern. Sie sind reale Gebilde aus Wasserdampf, Aerosolen, Staubpartikeln und Nebeltröpfchen, die sich dynamisch in der Atmosphäre bewegen. Doch auch wenn die Luftschlösser und die Rauchwolken nicht dieselben Sphären bewohnen, teilen sie die kinetischen Strömungseigenschaften wolkiger Gebilde im Entstehen und Vergehen.

Bezogen auf das Wissen der Klimawissenschaften spielt der Begriff des ‚Luftschlosses' vor allem dann eine Rolle, wenn es darum geht, angebliche Irrtümer und Lügen der Klimaforschung sowie unrealistische Großpläne der Klimapolitik zu kritisieren.[5] Doch sollen die Fragen der Klimawandelskeptiker nicht Thema dieses Artikels sein; inwiefern sich in diesem Diskurs die Ebenen von Idealen wissenschaftlicher Rationalität, Ethik und politischer Entscheidungsfähigkeit vielfältig und untrennbar vermischen, darauf wurde an anderer Stelle eingehend hingewiesen.[6] Stattdessen soll im Folgenden die Dualität von Imagination und Realität auf das Beispiel der Simulation von Klima und Wolken im Computer bezogen werden. Hier wird die Frage bedeutsam, welche heuristische Rolle die Klimasimulationen und ihre Visualisierungen für die Erkenntnis von Klima und Klimawandel spielen, denn die imaginären Klimasimulationen tun nicht weniger, als die Vorstellung möglicher Zukünfte zu verändern und diskutierbar zu machen. Sie sind nicht nur Forschungsergebnis, sondern fungieren auf der Ebene politischer Entscheidungsprozesse als unersetzliche, heuristische „decision-making tools"[7]. Die Rauchwolken wiederum sind ein maßgeblicher Bestandteil der Klimasimulationen, indem sie, vereinfacht gesagt, in Form mathematisch modellierter Kohlenstoffkreisläufe in die Modelle eingehen.

Die folgenden Bildbeispiele visualisierter Klimamodelle stehen nicht nur im Spannungsfeld von Realität und Fiktionalität, sondern auch von Natürlichkeit und Künstlichkeit, Sicherheit und Unsicherheit, Einfachheit und Komplexität sowie von Sichtbarkeit und Unsichtbarkeit. Ein historisches Beispiel zu Beginn soll dabei den generellen epistemischen Stellenwert der Visualisierung für die Klimaforschung veranschaulichen.

Fluide Welten und ihre Sichtbarmachung

Die Etablierung grafischer Methoden seit dem Ende des 18. Jahrhunderts spielte in der Geschichte der Klimawissenschaften eine Schlüsselrolle. Erst mittels der Visualisierung wurde das Klima als Forschungsgegenstand oder *epistemisches Ding*[8], wie es der Wissenschaftstheoretiker Hans-Jörg Rheinberger nannte, hergestellt und erforschbar gemacht. Die meisten meteorologischen Vorgänge, die in ihrer Gesamtheit das Klima ausmachen, sind unsichtbar. Temperaturverläufe, Luftdruckveränderungen und Thermodynamik lassen sich nur indirekt über Messungen und ihre statistische Bearbeitung erforschen. Die bildlichen Umwandlungen zur Analyse dieser Daten präsentieren eine Vielzahl von kurvigen Linien, Pfeilen und bunten Flächen im grafischen Raum von Koordinatensystemen. Kartografisch-deskriptive Methoden und statistische Verfahren wie die Interpolation gehörten deshalb seit dem Beginn der modernen Klimaforschung zum basalen Rüstzeug eines jeden Klimatologen.[9] Bis heute dominieren Tabellen, thematische Karten und Kurvengrafiken das Feld.

Ein historisches Beispiel, das den Umstand nicht gegebener Sichtbarkeit meteorologischer Bedingungen besonders plastisch verdeutlicht, stammt aus dem Buch des Physikers Theodor Reye mit dem Titel *Die Wirbelstürme, Tornados und Wettersäulen in der Erd-Atmosphäre* von 1872 (Abb. 1a und 1b).[10] Während das gesamte Buch vor allem Grafiken beinhaltet, die Stürme anhand ihrer zerstörerischen Folgen indirekt darstellen, wie z. B. mittels kartografierter Muster umgeknickter Bäume, sticht ein dem Titelblatt vorgebundener, ganzseitiger Stich hervor.[11] Er zeigt das

4 Vgl. Friedrich Kluge: *Etymologisches Wörterbuch der deutschen Sprache*, Berlin (de Gruyter) 1989, 430.

5 Ein Eintrag auf einer Website, die den Klimawandelleugnern zugeschrieben werden müsste, bringt dies exemplarisch zum Ausdruck, indem der Autor die Einschätzung der CO_2-Abgas-Rauchwolken als klimaschädlich mit dem Bild der Luftschlösser verbindet: „Klimakiller CO_2: Ein Luftschloss aus Lügen". Quelle: Rolf Finkbeiner: „Klimakiller" CO_2: Ein Luftschloss aus Lügen, www.wahrheiten.org/blog/2011/04/28/klimakiller-co2-ein-luftschloss-aus-luegen/, erstellt am 28.4.2011, zuletzt gesehen am 30.4.2013.

6 Lynda Walsh: Visual Strategies to Integrate Ethos Across the "Is/Ought" Divide in the IPCC's Climate Change 2007: Summary for Policy Makers. In: *Poroi. Issues in the Rhetoric of Science and Technology*, Bd. 6, Nr. 2, 2009, 33–61; Mike Hulme: *Why we Disagree about Climate Change. Understanding Controversy, Inaction and Opportunity*, Cambridge (Cambridge Univ. Press) 2011.

7 Lynn D. Rosentrater: Representing and Using Scenarios for Responding to Climate Change. In: *WIREs Climate Change*, Bd. 1, 2010, 253–259, hier 253.

8 Hans-Jörg Rheinberger: *Experimentalsystem und epistemische Dinge. Eine Geschichte der Proteinsynthese im Reagenzglas*, Göttingen (Wallstein) 2002, 24.

9 Vgl. Birgit Schneider: Linien als Reisepfade der Erkenntnis. Alexander von Humboldts Isothermenkarte des Klimas. In: Stephan Günzel/Lars Nowak (Hg.): *KartenWissen. Territoriale Räume zwischen Bild und Diagramm*. Publikationsreihe Trierer Beiträge zu den historischen Kulturwissenschaften, Wiesbaden (Reichert) 2012, 173–179.

10 Theodor Reye: *Die Wirbelstürme, Tornados und Wettersäulen in der Erd-Atmosphäre mit Berücksichtigung der Stürme in der Sonnen-Atmosphäre*, Hannover (Rümpler) 1872.

11 Das Frontispiz fehlte in der Ausgabe der Staatsbibliothek Berlin von 1872, es ist der Auflage von 1880 beigebunden.

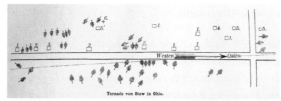

1 a – Sichtbarmachung des
Unsichtbaren: Rekonstruktion
eines Tornados in Ohio
anhand umgefallener Bäume
b – Wirbelstürme über
einem brennenden Rohr-
gebüsch, Theodor Reye, 1872

seltene Phänomen sich selbst sichtbar machender Thermodynamik. Zu sehen sind
Wirbelwinde über einem brennenden Rohrgebüsch, die sich in unterschiedlichen
Formen zylindrisch, säulenartig oder trichterförmig aufgrund der plötzlichen Luft-
erhitzung entwickeln. Die Turbulenzen von kalten und heißen Luftschichten,
von denen das Buch handelt, erhalten mit diesem Bild ein geradezu modellhaftes
Frontispiz der Strömungsdynamik. Es sind das Feuer und die dabei entstehenden
Rauchwolken, die diese Dynamik gleichzeitig sichtbar machen und erzeugen,
indem die schwarzen Rußpartikel des Rauches den kreiselförmigen Verlauf der
sonst unsichtbaren unterschiedlichen Strömungsdynamiken wie im wissenschaftlichen Labor eines Windkanals augenfällig machen. Im Gegensatz dazu basiert eine
Visualisierung von Klimadaten, also der Statistik des Wetters in Langzeitperspek-
tive mittels kartografischer Methoden, auf der Übersetzung von abstrakten Zahlen
und Formeln in konkrete Linien.

12 Gabriele Gramelsberger: *Computerexperimente.*
    Zum Wandel der Wissenschaft im Zeitalter des
    Computers, Bielefeld (transcript) 2009; Paul N.
    Edwards: *A Vast Machine. Computer Models,*
    Climate Data, and the Politics of Global Warming,
    Cambridge, Mass. (MIT Press) 2010.
13 Diesen Begriff entlehnte Gabriele Gramelsber-
    ger für die Klimasimulation der Bioinformatik,
    wo der Ausdruck gebräuchlich ist, um die
    Differenz zu *In-vitro-* und *In-vivo*-Experimenten
    zu verdeutlichen. Vgl. Gramelsberger, *Computer-*
    experimente, 145.

14 Vgl. Gramelsberger, *Computerexperimente,*
    94 u. 120.
15 Den Begriff ‚Computerexperiment' nutzte der
    russische Mathematiker A. A. Samarskij als
    Synonym für Computersimulation und Com-
    putational Science. Vgl. Gramelsberger,
    Computerexperimente, 87.
16 Die Unterscheidung von Nah- und Fernzukunft
    ist Thomas Macho entnommen. Vgl. Thomas
    Macho: *Vorbilder*, München (Fink) 2011, 21.

Rauchwolken im Luftschloss.
Die Modellierung des Klimas im Computer

Die physikalischen, idealisierten Beschreibungen der Strömungsdynamik wurden im 20. Jahrhundert in thermodynamische Gleichungen überführt. Auf Grundlage dieser Gleichungen konzipierten Wissenschaftler seit den 1950er Jahren die ersten computerbasierten Klimasimulationen. Dies haben Gabriele Gramelsberger und Paul Edwards historisch beschrieben.[12]

Die Modelle sind groß angelegte *In-silico-Experimente*,[13] sie finden auf der Basis von Algorithmen und Silizium statt. Eine maßgebliche Triebfeder für die Entwicklung von immer schnelleren Computern stellte der Umstand dar, dass die Gleichungen der Strömungsdynamik zu komplex sind, um sie von Hand zu berechnen. Doch auch im Computer lassen sich die nichtlinearen, partiellen Differenzialgleichungen, mittels derer sich die Strömungsdynamiken formulieren lassen, nur näherungsweise auf der Basis von numerischen Simulationen berechnen.[14] US-amerikanische Wissenschaftler des Institute for Advanced Study in Princeton um John von Neumann, Norman Phillips sowie Joseph und Margaret Smagorinsky simulierten 1950 erstmals meteorologisch-dynamische Prozesse, die auf eben diesen Gleichungen beruhten. Diese frühen Simulationen zählten gleichzeitig zu den ersten Computerexperimenten.[15] Im Zentrum des damaligen Forschungsinteresses stand, wie sich die globale Zirkulation der Atmosphäre ausgehend von einem gegebenen Ausgangszustand entwickelt. Die einfachen Modelle zur numerischen Analyse der Atmosphäre der 1950er Jahre wurden seither um zahlreiche Klimakomponenten wie Ozean-, Eis- oder Vegetationsmodelle erweitert; gleichzeitig nahm die räumliche und zeitliche Auflösung der Simulationen zu.

Die zunehmende Komplexitätssteigerung der Ozean-Atmosphären-Modelle, die sich heute mehr und mehr zu Erdsystemen entwickeln, bedarf immer leistungsfähigerer Rechner. Hatte es zu Beginn der 1950er Jahre noch mehrere Stunden gedauert, um die ‚Nahzukunft' des Wetters eines Tages zu berechnen, so berechnen heutige Supercomputer Klimaentwicklungen innerhalb weniger Tage, die in eine ‚Fernzukunft' von mehreren Jahrzehnten reichen.[16] Die gekoppelten Ozean-Atmosphären-Modelle der großen Forschungszentren bestehen mittlerweile aus einem Programmcode von typischerweise mehreren Tausend Zeilen, der auf der Basis physikalischer Gleichungen die komplexen Wechselspiele des Klimas als System in seiner Dynamik nachzubilden versucht.

Aktuell gibt es rund zwei Dutzend solcher globalen Klimamodelle, die von internationalen Forschungseinrichtungen wie dem National Center for Atmospheric Research in den USA oder dem Max-Planck-Institut für Meteorologie in Deutschland und ihren Rechenzentren mit variierenden Modellierungsstrategien entwickelt werden. Gleichzeitig avancierten die Modelle zu interdisziplinären

Schnittstellen, an denen Biologen, Chemikerinnen, Physiker und Meteorologinnen gemeinsam arbeiten, indem sie ihr jeweiliges Systemwissen als Code algorithmisieren. Zudem sind in den Klimasimulationen verschiedene Wissenstypen eng miteinander verbunden. Sie beinhalten empirisch gewonnene Wetterdaten sowie theoretisch abgeleitete Prinzipien der Naturgesetze.

Was die Klimamodelle anstatt real zirkulierender Wolken, Aerosole und Wassermassen in ihrer Dynamik beinhalten, sind hydro- und thermodynamische Gleichungen sowie Parametrisierungen von kleinräumigen Prozessen, die sonst durch das grobe Raster des Berechnungsgitters hindurchfallen würden (aktuell ca. 60 km Abstand zwischen Berechnungspunkten bezogen auf den Umfang der Erde), wie Wolkenbildung und chemische Prozesse.[17] Das mathematische Modell des Klima- wie Wettersystems (Atmosphärenmodell) basiert auf „sieben Gleichungen für die sieben meteorologischen Variablen der Dichte, der Feuchtigkeit, des Drucks, der Temperatur sowie der Geschwindigkeit der Luft in drei Richtungen. Das Gleichungssystem beschreibt dabei den Zustand der Luftmassen (Dichte, Druck, Temperatur, Feuchte), ihre Bewegung (Geschwindigkeitskomponenten, Dichte, Druck), die Massenerhaltung während der Bewegung (Geschwindigkeitskomponenten, Dichte) sowie die Veränderung der Energie und Entropie der Zustandsänderungen der Luftmassen (Variablen im Zusammenhang mit der von den Luftmassen ausgeführten Arbeit sowie den aufgenommenen und abgegebenen Wärmemengen durch solare Ein- und Ausstrahlung und vom Boden aufgenommener Energie).“[18] Die Mathematisierung der natürlichen Phänomene kann jedoch immer nur annäherungsweise gelöst werden. Zur Überprüfung der Resultate dient der bekannte, historische Verlauf des Klimas, indem bei einem *model run* eine Simulation in der Vergangenheit gestartet wird. Nur wenn das Modell den Temperaturverlauf im betrachteten Zeitraum korrekt wiedergibt, also beispielsweise die klimatischen Entwicklungen des 20. Jahrhunderts, lässt man es weiter in die Zukunft ‚laufen‘. Die historischen Wetterdaten dienen dem Abgleich der Simulation mit der Wirklichkeit der Messungen – „[r]esearchers can test models against reality“[19].

Die Steigerung der Komplexität und Auflösung der Modelle geht nicht zwangsläufig mit einer zusätzlichen Sicherheit der Resultate einher. Aus diesem Grund müssen Klimatologen auch den Grad der Ergebnissicherheit ihrer Modelle evaluieren, also das Wahrscheinlichkeitsspektrum ihrer prognostischen Erkenntnisse angeben. Die Quellen möglicher Unsicherheiten sind dabei vielfältig. Sie liegen in den nicht vollständig bekannten, externen Einflussfaktoren für das zukünftige Klima, in der begrenzten Kenntnis des Klimasystems in all seinen Wechselspielen sowie in den möglichen systematischen Defiziten der mathematischen Modellierung, den sogenannten *bias in climate models*.

Doch die Physik der Atmosphäre ist nur ein Aspekt des zukünftigen Klimas. Ebenso wichtig ist es, die Rolle des Menschen, insbesondere seines CO_2-Verbrauchs,

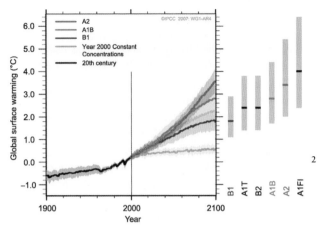

2 Storylines möglicher Zukünfte:
Verschiedene Emissionsszenarien
aus dem *Special Report* (AR4)
des IPCC (Weltklimarat) über
mögliche Klimazukünfte,
von Modellen berechnet, 2007

in die Berechnungen einfließen zu lassen. Es ist jedoch nur sehr schwer vorherzusagen, wie sich das Verhalten der Weltbevölkerung gestalten wird. Daher hat der Weltklimarat unterschiedliche *Storylines* einer möglichen Zukunft entwickelt und in den rund vierzig Emissionsszenarien der *Special Reports on Emissions Scenarios* (SRES) festgeschrieben. Die Szenarien haben Klimaforscher gemeinsam mit Ökonomen für den Weltklimarat auf der Basis gegenwärtig bekannter Entwicklungen entworfen. Die Computermodelle werden mit unterschiedlichen Szenarien initialisiert, die daraus resultierenden Tendenzen möglicher Zukünfte lassen sich in Form von Kurvengrafiken veranschaulichen, die das Spektrum zukünftig möglicher Klimaveränderungen in farbigen Linien anzeigen und vergleichbar machen (Abb. 2). Die Storylines variieren in ihren Annahmen über den zukünftigen Treibgasausstoß, abhängig davon, ob politische Maßnahmen in einem globalen oder nur regionalen Maßstab ergriffen werden, ebenso wie in ihren Annahmen über Bevölkerungsentwicklung, technischen Fortschritt und weltwirtschaftliche Entwicklungen. Das Spektrum möglicher Zukünfte reicht von einer Welt, die von einem erfolgreichen Green Deal geprägt sein könnte, bis hin zur Zukunft eines ungebremsten, grenzenlosen Wachstums. Insofern erfüllen die Szenarien den heuristischen Wert global angelegter, warnender Zukunftserzählungen zur Ermöglichung strategischen Planens und Handelns.

17 Den Unterschied von simulierten Fischen und semiotischen Ozeanen im Modell zur Erfahrungswelt hat Gabriele Gramelsberger besonders plastisch beschrieben im Artikel: Das epistemische Gewebe simulierter Welten. In: Andrea Gleiniger/Georg Vrachliotis (Hg.): *Simulation. Präsentationstechnik und Erkenntnisinstrument*, Basel (Birkhäuser) 2008, 83–91.

18 Gramelsberger, *Computerexperimente*, 121.
19 Website der University Corporation for Atmospheric Research, USA: www2.ucar.edu/climate/faq#t2539n1350, zuletzt gesehen am 30.4.2013.

Simulierte Aschewolken von Supervulkanen

Als ein Beispiel für die Visualisierung einer Klimasimulation, die augenscheinlich Rauchwolken beinhaltet, soll hier ein Szenario stehen, wie es Wissenschaftler des Max-Planck-Instituts für Meteorologie (MPI-M) in Hamburg gemeinsam mit der Universität Cambridge entwickelt haben.[20] Das Szenario ist nicht Teil der Emissionsszenarien der *Special Reports*, denn es besteht im zukünftig möglichen Ausbruch eines sogenannten Supervulkans, der unter dem Yellowstone-Nationalpark inmitten der USA schlummert. Dieser Vulkan ist das letzte Mal vor rund 640 000 Jahren ausgebrochen und könnte potenziell wieder ausbrechen. Bei seinem letzten Ausbruch hat er große Teile Nordamerikas verwüstet und mit einer mehr als zehn Zentimeter hohen Ascheschicht bedeckt.

Um den Ausbruch simulieren zu können, benutzten die Wissenschaftler dasselbe Modell, mit dem auch die Szenarien der *Special Reports on Emissions Scenarios* für den Weltklimarat am MPI-M berechnet werden, ein sogenanntes gekoppeltes Erdsystemmodell. Dieses ist gekoppelt, insofern es nicht nur die Dynamik der Atmosphäre enthält, sondern auch weitere klimarelevante Systeme wie die Zirkulation der Ozeane. Zu sehen ist eine Erdkugel (Abb. 3), das sogenannte *World module*, das in Programmen zur Visualisierung von Simulationen benutzt wird.[21] Seit den 1990er Jahren ist diese Kugel im Programm farbig, interaktiv, dreidimensional und dynamisch. Das Erdmodell lässt sich beliebig drehen und skalieren; ähnlich wie bei Google Earth können einzelne Schichten mit einer virtuellen Kamera ‚angeflogen‘ und perspektiviert werden. Auf die runde Oberfläche des Erdmoduls lassen sich berechnete Daten der Luftzirkulation, von Temperaturentwicklungen oder von Niederschlägen in Form von ausgewählten Farbskalen und Farbbalken abbilden. In der „Zeit des Weltbildes",[22] die ihren Höhepunkt in der fotografischen Ansicht des blauen Planeten fand, gibt auch diese Weltkugel der distanziert-wissenschaftlichen Erhabenheit eines Blickes ein Bild, bei dem der externe, apollinische Beobachter „selbst nicht mehr Teil der Welt ist, die er beobachtet".[23]

Die einminütige Animation, die hier berechnet wurde, zeigt die simulierte Ausbreitung einer Aschewolke über einen Zeitraum von einem Monat. Während sich die Erdkugel dreht, strömt eine gelbe Wolke wie ein Geist aus der Flasche über den nördlichen Teil des Erdballs und entwickelt sich zu einer riesigen erdumspannenden Wolke. Schließlich schlägt sie sich als braun-rötliche Ascheschicht in Nordamerika nieder. Was die Forschungen mit dem Modell auch gezeigt haben, ist, dass mit dem Vulkanausbruch eine schnelle Abkühlung der Erde in den darauffolgenden Jahren einhergeht.

Die Forschungsfrage, die hinter der numerischen Modellierung des gleichzeitig fiktional-zukünftigen wie real-historischen Vulkanausbruchs steht, ist, wie sich Eruptionen von besonders großen Vulkanen auf das Klima auswirken. Dieses Ver-

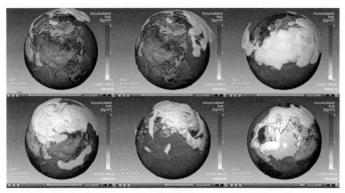

3 Simulierte Aschewolke nach dem Ausbruch eines Supervulkans im
Yellowstone-Nationalpark mittels des Erdsystemmodells des Max-Planck-Instituts
für Meteorologie, Deutsches Klimarechenzentrum, 2011

ständnis ist auch wichtig, um zwischen der natürlichen und der vom Menschen
verursachten Klimavariabilität zu unterscheiden. Die Wissenschaftler des vulkani-
schen *In-silico-Experiments*[24] schreiben, ihr Experiment sei darüber hinaus von großer Bedeutung, weil es als Extremereignis einen idealen Test für die Performance-
qualität eines computerbasierten Erdsystemmodells abgebe.[25] Die Aschewolke des
Vulkanausbruchs dient gewissermaßen als Test für das gesamte Klimamodell, in
diesem Fall das Erdsystemmodell, das am Max-Planck-Institut für Meteorologie entwickelt wurde. Denn dieses für die Menschen apokalyptische Worst-Case-Szenario
bringt Erkenntnisse über das Potenzial der größten natürlichen Klimavariabilitäten
hervor. Der Vulkanausbruch bildet mithin ein Analogon zu anderen erdgeschichtlichen Extremereignissen, wie den klimatischen Veränderungen beim Aussterben
der Dinosaurier, oder aber auch bislang hypothetischen, wie dem nuklearen Winter
und den groß angelegten Konzepten des Geo-Engineerings. Das Klimamodell wird
zum vorausschauenden Computerexperiment auf der Basis von Silizium und semiotischen Prozessen. Es entwirft globale Wissenschaftsfiktionen, die als Science-
Fictions jedoch das Potenzial besitzen, Wirklichkeit zu werden.

20 Im Earth-System-Projekt *Super-Vulcano*, Max-
Planck-Institut für Meteorologie, Hamburg,
gemeinsam mit dem Deutschen Klimarechenzentrum.

21 Vgl. Birgit Schneider: Climate Model Simula-
tion Visualization from a Visual Studies
Perspective. In: *WIREs Climate Change*, Bd. 3,
Nr. 2, März/April 2012, 185–193.

22 Martin Heidegger: Die Zeit des Weltbildes
[1938]. In: *Holzwege*, Frankfurt a.M. (Kloster-
mann) 1994, 69–113, insbes. 93 ff. Ansätze
zu einer Kritik des globalen bzw. objektiv-
distanzierten Blicks finden sich auch bei

Hannah Arendt, Donna Haraway und Tim
Ingold.

23 Sybille Krämer: Die Welt aus der Satellitenperspektive. Google Earth. In: Christoph Mark-
schies/Ingeborg Reichle/Jochen Brüning/Peter
Deufelhard (Hg.): *Atlas der Weltbilder*, Berlin
(Akademie Verlag) 2011, 422–434, hier 429.

24 Vgl. Anm. 13.

25 Claudia Timmreck: *Begrenzter Klimaeinfluss
von extrem großen Vulkaneruptionen*,
www.mpimet.mpg.de/institut/jahresberichte/
jahresbericht-2011.html, erstellt 2011, zuletzt
gesehen am 30.4.2013.

Zukünfte. Fiktion und Realität

Die Wahrscheinlichkeitstheorie weiß, dass mögliche Zukünfte niemals nach Plan ablaufen. Der Philosophin Elena Esposito folgend, ist die Wahrscheinlichkeitstheorie der moderne Weg, um mit einer unsicheren Zukunft umzugehen. Sie gehört zum zentralen Verfahren der Moderne, um die Zukunft zu berechnen. Szenarien spielen eine große Rolle, um eine kontingente globale Realität zu erzeugen. Anhand ihrer lässt sich diskutieren, welche Zukünfte wünschenswert sind und welche es zu vermeiden gilt. Sie beeinflussen die Vorstellung der Realität, weil sie in der Lage sind, die Wahrnehmung davon zu verändern, was als ‚normal' empfunden wird. Der Raum, den die Grafiken von zukünftigen Temperaturentwicklungen aufspannen, ist deshalb der Rahmen, innerhalb dessen es erst möglich wird, Zukunft zu diskutieren und zu planen, wie auch immer die Zukunft dann aussehen wird.

Jedoch hat das Wahrscheinliche den Status des Fiktionalen, weil die Theorie der Wahrscheinlichkeit „eine kohärente Welt auf der Grundlage ausdrücklich imaginärer Prämissen"[26] konstruiert. Es ist der fiktionale Status des Wahrscheinlichen, der die Theorie funktionieren lässt, „nur deshalb bietet es uns jene Orientierungsmöglichkeiten, die die ‚reale Realität' nicht zu bieten hat."[27]

In diesem Spannungsfeld von „Fortuna und Kalkül"[28] sind auch Klimasimulationen zu verorten. Die Modelle haben heute eine enorm gewichtige politische Rolle eingenommen. Das primäre Erkenntnisinteresse in Bezug auf die Klimasimulationen liegt nicht nur in der reinen Erkenntnisproduktion von Klimawissen, sondern in den Vorhersagemöglichkeiten potenzieller Klimazukünfte und ihren Auswirkungen auf zukünftige Lebensbedingungen. Hier sind die Simulationen der Klimawissenschaftler zu einer modernen Weissagung möglicher Zukünfte geworden, auf deren Grundlage die Politik sich wünscht, möglichst gesicherte Entscheidungen treffen zu können. Die Klimamodelle sind also in nicht weniger eingebunden als in die Sorge um das Ganze.

Das Klimasystem als Landschaftsbild[29]

Die unterschiedlichen Systemkomponenten der Theoriemodelle im Computer, die heute in einem globalen Klimamodell in codierter Form enthalten sind, werden anhand von schematischen Darstellungen veranschaulicht. Typische Versionen derartiger Schemata, die weit verbreitet sind, nahm auch der Weltklimarat in seine Berichte auf (Abb. 4). Die Schemata demonstrieren den Systemcharakter des Klimas mit seinen Wechselwirkungen sowie die Komplexität, die heutige Klimamodelle erreicht haben.

Während in den Modellen zu Beginn der 1950er Jahre nur zwei Ebenen der Atmosphäre numerisch modelliert waren, basieren die Klimasysteme seit den

1970er Jahren aus den bereits genannten gekoppelten Atmosphäre-Ozean-Modellen, die auch die Hydrosphäre in ihren Klimaeffekten berücksichtigen. Es folgten Erweiterungen um Modelle zusätzlicher Sphären wie der Landnutzung (Lithosphäre), Eis und Schnee (Kryosphäre), Vegetation und Tierwelt (Biosphäre/Ökosystem) sowie um diverse chemische Modelle (z. B. Kohlenstoffkreislauf) in ihren Effekten auf das globale Klima. Die Wissenschaftler ergänzten die Modelle aber auch um die Anthroposphäre, um die vom Menschen verursachten Klimaeffekte in ihren Folgen berücksichtigen zu können. Auf diese Weise entstand eine immer größere Annäherung an die Komplexität des Erdsystems, das weit über die anfängliche Modellierung der Strömungsdynamik hinausreicht. „Computer und Algorithmen verwandeln die Welt der Phänomene und Fakten in eine Parallelwelt aus PetaBytes von Daten."[30]

Es sind die Sphären, Kreisläufe und Subsysteme des Klimas, die die schematisierten Systembilder illustrieren. Auf den Grafiken versinnbildlichen Gebirge, rauchende Vulkane, Fabrikschlote, Meere, bewirtschaftete Felder, Städte, Regenwolken, Algen, Eisberge und Wälder sowie die Sonne den Einfluss der Klimafaktoren. Die vielfältigen Wechselspiele, Einwirkungen und Verflechtungen der Subsysteme des Klimas werden jeweils auf das Symbol des ein- oder doppelspitzigen Pfeils reduziert. Die Komplexität der Wechselwirkungen steht der immer gleichen Einfachheit dieses Bildzeichens gegenüber. Die Schemata geben auf diese Weise dem algorithmisch modellierten und idealisierten Weltlabor der Klimaforschung, in dem die Wissenschaftler experimentieren, ein Bild.

Doch mag eine Beobachtung der Genese der Klimasystembilder erstaunen: Wenngleich die codierten Modelle die Realität nur approximativ simulieren können, wurden ihre schematischen Darstellungen in den letzten Jahren immer realistischer. Parallel zur angewachsenen Komplexität der Modelle und ihrer soziopolitischen Relevanz in den letzten Jahrzehnten erhielten auch ihre schematischen Visualisierungen ein immer natürlicher illustriertes Gewand. Kunsthistorisch gesprochen wurde aus dem ‚haptischen' Linienstil der Diagramme ein ‚malerisch-fotografischer' Stil der Modelle.[31] Der Trend besteht darin, die höchste Künstlichkeit

26 Elena Esposito: *Die Fiktion der wahrscheinlichen Realität*, Frankfurt am Main (Suhrkamp) 2007, 55 f.
27 Esposito, *Fiktion*, 55.
28 So der Titel eines Buches von Hans Magnus Enzensberger: *Fortuna und Kalkül. Zwei mathematische Belustigungen*, Frankfurt am Main (Suhrkamp) 2009.
29 Auf den zunehmenden Naturalismus dieser Darstellungen wurde ich durch einen Vortrag von Bjorn Stevens aufmerksam, den mir Christoph Rosol weiterleitete. Meine Argumentation sowie die Beispiele sind nah an dem

Vortrag entwickelt; vgl. Fußnote 42.
30 Gramelsberger, *Computerexperimente*, 85.
31 Die Unterscheidung von ‚malerisch' und ‚haptisch' spielt in der Kunstgeschichte eine große Rolle. Sie geht auf Alois Riegl (1858–1905) zurück, der damit die Formübergänge innerhalb eines Bildes beschrieb. Haptisch (distinkt) sind diese, wenn sie durch harte Linienkontraste begrenzt sind, malerisch (analog), wenn sie weich sind und ineinanderfließend. Die beiden Kategorien unterscheiden sich auch durch Flächigkeit und Tiefe.

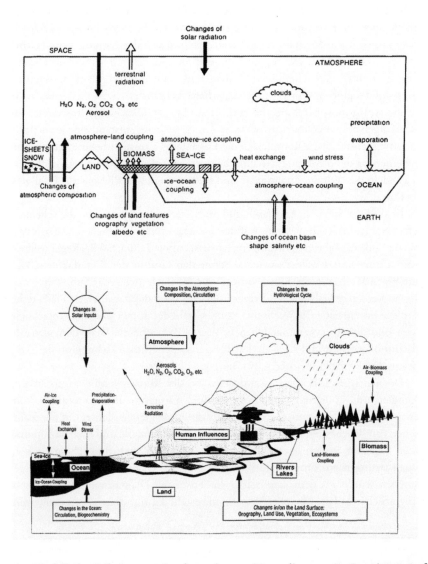

der Modelle im Stil eines maximal gesteigerten Naturalismus zu präsentieren. Auf welche visuelle Rhetorik aber die zunehmend naturalisierende, plastisch-bunte Darstellung des Klimasystems zielt, soll anhand der folgenden Beispiele analysiert werden.

Im ersten Sachstandsbericht des Weltklimarats aus dem Jahr 1990 wurde das Klimasystem noch in einer kondensierten, schematisierten Strichzeichnung dargestellt (Abb. 4a).[32] Die „schematic illustration" entstammt ursprünglich einer Publi-

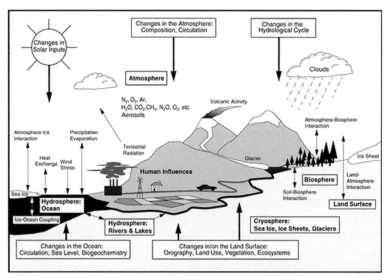

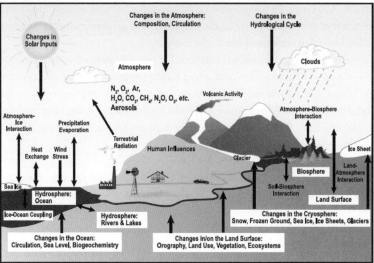

4 Vom Diagramm zur Landschaft: Schrittweise Veränderung des grafischen Schemas
   des Klimasystems in den Sachstandsberichten des Weltklimarats: 1990 (a – links oben),
   1995 (b – rechts oben), 2001 (c – links unten) und 2007 (d – rechts unten)

32 Aus: John Theodore Houghton et al. (Hg.):
    Introduction. In: dies.: *Climate Change. The
    IPCC Scientific Assessment* (FAR), Cambridge
    (Cambridge University Press) 1990, xxxv.
    Die Bildunterschrift dort lautet: „Schematic
    illustration of the climate system components
    and interactions. (from Houghton, J.T. (ed), 1984:
    The Global Climate; Cambridge University
    Press, Cambridge, UK, 233pp)". Originalgrafik
    von: World Meteorological Organization, 1975.

kation der World Meteorological Organization von 1975. Zu sehen sind stark geometrisierte Symbole für Schnee, Eisschilde, Berge, Wolken, Meerwasser und Meereis. Menschliche Klimaeinflüsse sind in dieser Darstellung nicht eingezeichnet. Die unterschiedlichen Sphären und ihre Systeme sind durch schwarze, eckig verlaufende Linien klar voneinander abgetrennt. Das Klimasystem ist hier der Gegenstand einer diagrammatischen Bildwelt, die durch ihre reduzierte Abstraktion die Modellhaftigkeit des Forschungsgegenstands hervorhebt. Das Diagramm erfüllt die offensichtliche Rolle einer bloßen Veranschaulichung der Wechselverhältnisse des Klimas; in der starken Geometrisierung wird deutlich, dass der Forschungsgegenstand lückenhaft, unscharf und vage ist – das Klimasystem als *epistemisches Ding* gleicht einem abstrakten kybernetischen Schaltplan.

Eine spätere Darstellung aus dem zweiten Sachstandsbericht von 1995 ist zwar immer noch flächig und schemenhaft, staffelt aber bereits Berge, Meere und Felder perspektivisch zu einer Landschaft wie in einem Malbuch (Abb. 4b).[33] In der nun als „schematic view" untertitelten Grafik sind eine Fabrik, Felder, das alte Modell eines Ölförderturms und Nadelwälder im Stil von Icons wie für eine Bilderbuchwelt illustriert. Aus einer Wolke wurde eine Regenwolke. Statt eines rein funktionalen Schemas wie dem in Abb. 4a sehen die Betrachter das diagrammatische Schema nun um illustrative Landschaftselemente bereichert.

In einer Überarbeitung desselben Schemas für den folgenden Report von 2001 wurden die einzelnen Faktoren im grafischen Raum etwas umgestellt und ergänzt (Abb. 4c).[34] Nun gibt es ein sportliches Auto und ein Haus mit Giebeldach, die Fabriksilhouette ist an die Meeresküste gerutscht, vom Gebirge wälzt sich ein Gletscher ins Tal; ein Berg ist nun ein rauchender Vulkan. Die neuen Icons, die die Modellwelt besiedelt haben, demonstrieren den Erkenntniszuwachs bezüglich der Wechselspiele und treibenden Faktoren des Klimasystems.

Auch in den vierten Sachstandsbericht von 2007 des Weltklimarats fand die schematische Ansicht des Klimasystems Eingang (Abb. 4d). Der Bericht ist erstmals

33 Aus: John Theodore Houghton et al. (Hg.): *Climate Change 1995. The Science of Climate Change* (SAR). Contribution of Working Group I to the Second Assessment Report of the Intergovernmental Panel on Climate Change, Cambridge (Cambridge University Press) 1995, 55. Bildunterschrift dort: „Figure 1.1: Schematic view of the components of the global climate system (bold), their processes and interactions (thin arrows) and some aspects that may change (bold arrows)."

34 Aus: John Theodore Houghton et al. (Hg.): *Climate Change 2001. The Scientific Basis* (TAR). Contribution of Working Group I to the Third Assessment Report of the Intergovernmental

Panel on Climate Change, Cambridge (Cambridge University Press) 2001, 88. Bildunterschrift: „Figure 1.1: Schematic view of the components of the global climate system (bold), their processes and interactions (thin arrows) and some aspects that may change (bold arrows)."

35 Aus: Susan Solomon et al. (Hg.): *Climate Change 2007. The Physical Science Basis* (AR4). Contribution of Working Group I to the Fourth Assessment Report of the IPCC, Cambridge (Cambridge University Press) 2007, 104. Bildunterschrift: „FAQ 1.2, Figure 1. Schematic view of the components of the climate system, their processes and interactions."

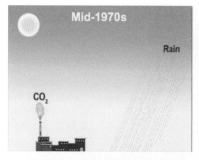
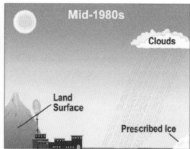

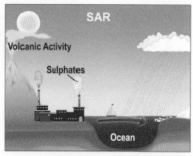
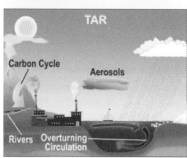
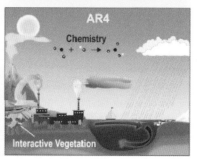

5 Modellwelten: Darstellung der Komplexitäts-steigerung in den Klimamodellen seit den 1970er Jahren. Sachstands-bericht des IPCC, 2007

durchgängig farbig, was sich auch auf die Grafik ausgewirkt hat, die nun koloriert ist.[35] An den Bildsymbolen wurden leichte stilistische Veränderungen vorgenommen, die jedoch weniger neue Komponenten im System anzeigen, als vielmehr bloß eine stilistische Neueinrichtung der Miniaturwelt sind. Die Wolken besitzen nun Schattierungen, die Fabrik ist eine rote Werkshalle, das Auto auf der Straße blau, die Stilistik des Hauses wirkt mitteleuropäisch, das historische Modell des Ölförderturms ist noch weiter ausdetailliert. Das gewählte Farbspektrum wiederum legt eine Verortung des Modells in den gemäßigten Breiten nahe. Das diagrammatische Schema des Klimasystems wurde in den Prototyp einer Landschaft verwandelt.

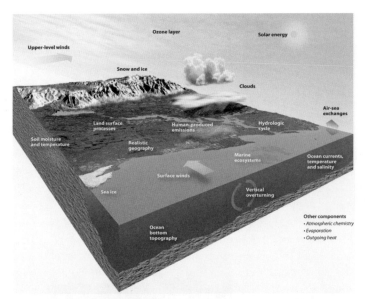

6 Luftbildartige Ansicht der Struktur des *Community Earth System Model* (CESM)
des National Center for Atmospheric Research, USA, 2012

Die Natürlichkeit der Klimamodelle

Hatten die Schemata bislang den Erkenntnisstand über das Klimasystem unabhängig von seiner Modellierung im Computer veranschaulicht, so gibt es im Bericht von 2007 erstmals mit Rechnern modellierte Grafiken vom Klimasystem. Dies markiert einerseits die gewachsene Erkenntnisfähigkeit der Computermodelle sowie andererseits, wie das Wissen vom Klimasystem und das simulierte Klimamodell in einer Geschichte des Fortschritts der Modelle immer mehr zur Deckung kommen.

Der Bericht zeigt eine sechsteilige Bildserie, die die stetige Zunahme der Komplexitäten der Klimamodelle seit Mitte der 1970er Jahre ins Bild setzt (Abb. 5).[36] Im Vergleich zur schematischen Darstellung des Klimasystems (Abb. 4a–d) wird erkennbar, wie die Modelle das Klimasystem immer besser nachbilden. Die Bildunterschrift lautet: „The complexity of climate models has increased over the last few decades. The additional physics incorporated in the models are shown pictorially by the different features of the modelled world."[37]

Folgt man der chronologisch angeordneten Bildserie, so waren in den Modellen der 1970er Jahre bereits die Wechselwirkungen von Atmosphäre, Sonne, Regen und menschlich verursachten CO_2-Abgasen modelliert, was die hart auf dem unteren Bildrand platzierte, qualmende Fabrik anzeigt. In den 1980er Jahren wurde das Modell um Berge und Eismassen, also Aspekte der Litho- und der Kryrosphäre erweitert. Seit den 1990er Jahren, mit jedem Bericht des IPCC (FAR, SAR, TAR, AR4), kamen neue Aspekte des Ozeans und der Landmassen hinzu, Wolken, vulkanische Aktivitäten, Sulfate, Aerosole, Flüsse, Lithosphäre und Biosphäre sowie weitere chemische Kreisläufe. Im Verlauf der bunten Bildserie wird ein Zuwachs an räumlicher Tiefe und Ferne plastisch. Die Leere der Welt auf dem ersten Bild wurde schrittweise so weit gefüllt, dass aus dem Schema eine kleine, kontingente Welt geworden ist, in der ein rotes Segelboot seine Runden über den Ozean ziehen kann.

Auf die Spitze getrieben wird der Stil des Naturalismus jedoch mit Darstellungen wie jener, mit welcher die US-amerikanische University Corporation for Atmospheric Research auf ihrer Website ihr *Community Earth System Model* (CESM) populär macht (Abb. 6). Hier sehen sich die Betrachter einem dreidimensionalen, bunten Ausschnitt aus einer fotorealistisch ausgearbeiteten Miniaturwelt gegenüber, die aussieht, als wäre sie aus der Vogelperspektive einer Satellitenkamera aufgenommen.[38] Neben den plastisch gezeichneten Cumuluswolken, dem niedergehenden Regen und der bräunlichen Luftverschmutzung über den Städten sind es insbesondere die Berge, die sich reliefhaft wie wirkliche Gebirge am hinteren Rand des Schemas auftürmen. Der Naturalismus wird jedoch auch durch die Farbgebung hergestellt, die im normierten und optimierten Spektrum von Landschaftspostkarten gehalten ist. Um den Eindruck einer wirklichen Landschaft nicht zu stören, wurde auf die Piktogramme von Autos und Fabriken verzichtet. Aber auch die Anzahl der Pfeile, die die zahlreichen klimatischen Wechselwirkungen anzeigen, wurde auf nur noch drei reduziert, wovon einer auf das neu modellierte marine Ökosystem verweist. Die Wechselwirkungen in einer natürlichen Welt scheinen selbstverständlich zu sein, sie müssen nicht mehr explizit dargestellt werden. Einzig die harten Schnittkanten an den Rändern der Darstellung erinnern daran, dass dies eine künstlich erschaffene Welt ist.

In diesem Bildprodukt wurde das abstrakte Design eines grafischen Funktionsschemas fast vollständig aufgegeben. Das Schema des modellierten Klimasystems wurde mit dem realistischen Modell einer besiedelten Küstenlandschaft wie in einem Diorama-Schaukasten vertauscht. Die ebenfalls normierte Anordnung der Klimakomponenten mit den Bergen im Hintergrund, dem Wasser im Vordergrund und der menschlichen (Agri-)Kulturlandschaft im Mittelgrund erinnert an das stereotype Kondensat einer Landschaft, die alles enthält. Zudem scheint diese Landschaftscollage ihr Vorbild an den gemäßigten Breitengraden zu nehmen. Der globale Anspruch des Klimamodells erscheint in seiner zugespitzten, emblematischen Versinnlichung äußerst lokal.

36 Solomon et al., *Climate Change 2007 (AR4)*, 99.
37 Ebd.
38 Die Grafik stellt eine überarbeitete Form einer älteren Modellansicht dar, die bereits den dreidimensionalen Schnitt ins Gelände, wenngleich in grafischem Stil, elaborierte: www.ucar.edu/communications/CCSM/ overview.html, zuletzt gesehen am 30.4.2013.

Eine Hermeneutik der Modelle
oder neue Agonie des Realen

Gibt es eine Bildrhetorik, die hinter dem Wunsch nach mehr Plastizität und Realismus der Bilder von Klimasystem und Klimamodellen aufscheint? Oder ist die betonte Plastizität nur Moden geschuldet, die sich aus neuen Bildtechniken und den hyperrealistischen 3-D-Stilen von Pixar und DreamWorks und den daraus entstandenen Sehgewohnheiten bezüglich virtueller Welten ergeben haben? Wie hängen Form und Inhalt im Fall des beobachtbaren zunehmenden bildlichen Realismus zusammen, der aus einem abstrakten Diagramm des Klimasystems eine plastisch ausdetaillierte Modelllandschaft werden ließ?

Die Frage stellt sich auf Basis der Annahme, „dass die jeweilige Wahl einer Bildform, eines Bildmediums oder eines Bildtypus im Sinne von Erwin Panofskys ‚disguised symbolism' gerade im Offensichtlichen unerkannte Seiten besitzt, die den Gegenstand und die Art seiner Erforschung prägen".[39] Die Wahl der grafischen Mittel und Stile formt „die Ergebnisse und Einsichten, welche [wissenschaftliche Bilder] darstellen, immer auch konstruktiv [mit]".[40] Deshalb soll hier der subtile Wandel der Bildformen des Klimaschemas auf den im Bild artikulierten Erkenntnisanspruch jenseits der die Grafiken rahmenden Texte bezogen werden.

Eine kritische Antwort auf die Frage des Naturalismus in den Modellvisualisierungen hat zuerst der Atmosphärenwissenschaftler Bjorn Stevens vom Max-Planck-Institut für Meteorologie formuliert.[41] Seine Argumentation ist für die hier untersuchte Frage erhellend, weil hier von einem Klimamodellierer selbst eine bildkritische Haltung gegenüber den erzeugten Visualisierungen zutage tritt. Im Eröffnungsvortrag der internationalen Konferenz zur Erdsystemmodellierung in Hamburg 2012 kommentierte er das bereits beschriebene naturalistische 3-D-Schema des National Center for Atmospheric Research (Abb. 6) mit den folgenden Worten: „And this […] is a really fascinating figure […], absurdly fantastic. It is so overwhelmed by its own realism that it compounds the mistakes of earlier figures,

39 Horst Bredekamp / Birgit Schneider / Vera Dünkel: Editorial. Das Technische Bild. In: dies. (Hg.): *Das Technische Bild. Kompendium einer Stilgeschichte wissenschaftlicher Bilder,* Berlin (Akademie Verlag) 2008, 8–11, hier 8.

40 Ebd.

41 Sein Fachgebiet ist mit der Theorie, Modellierung und Beobachtung von niedrigen Wolken derjenige Bereich der Klimamodelle, der immer noch die größten Unsicherheiten in der Modellierung birgt.

42 Eröffnungsvortrag von Bjorn Stevens auf der *Third International Conference on Earth System Modeling,* Max-Planck-Institut für Meteorologie,

Hamburg, 17.9.2012, unveröffentlichte Power-Point-Folie.

43 So auch die von Bjorn Stevens vertretene These.

44 Gabriele Gramelsberger: Die präzise elektronische Phantasie der Automatenhirne. Eine Analyse der Logik und Epistemik simulierter Weltbilder. In: Martina Heßler / Dieter Mersch (Hg.): *Logik des Bildlichen. Zur Kritik der ikonischen Vernunft,* Bielefeld (transcript) 2009, 219–234, hier 229.

45 Vgl. die Website der University Corporation for Atmospheric Research, USA: www2.ucar.edu/ climate/faq#t2539n1350, zuletzt gesehen am 30.4.2013.

so that the most important driver of climate change is no longer included [...]. The idea that the coupling among processes is the key challenge has been completely eliminated in favor of a picture that emphasizes how complete our models are [...] and hence how realistic they have become."[42]

Im Kleid der visuellen Naturalisierung zeigt sich der Anspruch, dass die numerischen Simulationen die Realität immer besser ersetzen. Die zunehmend bunte und malerisch ausgefüllte Räumlichkeit der Modellschemata präsentiert die Geschichte der Modelle als eine Geschichte des Fortschritts, in der die technischen Systeme mit jeder neuen Komponente immer realitätsnaher geworden sind.[43]

Mit dem Realismusstil der Darstellung wird die Sicherheit des numerischen Klimamodells behauptet, um den Preis, dass die eigentliche Bildlosigkeit des codierten Klimamodells und die Unschärfe des Klimasystems als *epistemisches Ding* im Rechner mit dem scharfen, fotorealistischen Weltbild des Modells verwechselt werden. Gabriele Gramelsberger hat deshalb die „simulierten Weltbilder" als doppeldeutig beschrieben, weil sie leicht als Abbilder missverstanden werden könnten, wodurch ihr operativer Charakter vergessen wird. „Die Doppeldeutigkeit ‚simulierter Weltbilder' liegt in ihrer ‚realistischen' Ausgestaltung mit gänzlich unanschaulichen Strategien. [...] Was sich in den Visualisierungen tatsächlich zeigt, sind jedoch nur die Zahlenspiele mathematisch modellierter Theorien, die noch dazu als Resultate der approximativen Methode der Simulation Möglichkeitsbilder von mehr oder weniger hypothetischem Charakter sind. Die Logik simulierter Weltbilder liegt in ihrer Komplexität und Detailliertheit, in ihrem gerastertem Blick auf die Welt, der weder ewig noch exakt, sondern verschwommen ist."[44] Die Bilder rechtfertigen den gewachsenen Geltungsanspruch für die mittels Modellsimulationen erzeugten Erkenntnisse der Klimaforschung. Nimmt man die Bilder für sich allein, stellen sie das Argument visuell in den Raum, dass die Modelle trotz ihrer notwendigen Vereinfachungen komplex genug seien, um eine fundierte Basis für ein „Trust in the Models"[45] zu erlauben. Dieses Vertrauen in die Modelle ist heute im Rahmen der Politik extrem wichtig, weil die Modelle nur mit diesem Vertrauen als Grundlage für politische Entscheidungen dienen können. In den Bildern zeigen sich so abermals die unlösbaren Vermischungen und Spannungen zwischen den unterschiedlichen Wertesystemen von Klimaforschung und Klimapolitik. Dies geschieht um den Preis, dass die Bilder das Wissen der Modellierer in den Hintergrund treten lassen, dass die zunehmende Komplexität der Modelle und die Kopplung der divergenten Subsysteme nicht nur neue Erkenntnisse, sondern auch neue Probleme einbrachten.

Aus der mechanistischen Logik der Klimamodelle resultiert Natürlichkeit, gleichzeitig werden die Modelle selbst naturalisiert. Der zunehmende Realismus der Schemata des Klimasystems erscheint so als ein weiterer Beleg für die These, dass „ein wissenschaftliches Bild oftmals umso stärker konstruiert ist, je natürlicher sein Gegenstand in der Wiedergabe erscheint. Entsprechend tendiert der artifizielle Charakter des Bildes dazu, in Vergessenheit zu geraten, sobald mit dem Bild gearbeitet wird." [46]

Die Bilder können an die Stelle der Modelle treten, sie überlagern das Wissen, dass die Modelle selbst künstliche Labore sind. Für die hier erörterten Beispiele bedeutet dies letztlich, dass die Modelle nicht mehr bloß als *heuristische Konstrukte* dargestellt sind, die als Entscheidungshilfen Orientierungswissen für eine nachhaltige Klimapolitik liefern. Der Glaube an die Modelle als zweite Natur wird so sehr beworben, dass sie zu einem Fetisch werden können. In den Miniaturwelten mit ihren Piktogrammen und Pfeilen erscheint die Natur wie ein exakt funktionierendes Uhrwerk, bestehend aus einzelnen berechenbaren Komponenten, die, einem deterministischen Wissenschaftsverständnis folgend, ineinandergreifen wie Zahnräder.[47] Für das Wissen der Modellierer um die Probleme und Unsicherheiten einer Mathematisierung der Welt auf der Basis von Nullen und Einsen lässt das Bild keinen Raum.

Die ‚Verschwindensrhetorik' der referenzlosen Simulacra muss in Anbetracht der Klimasimulationen neu überdacht werden.[48] Einerseits scheint die Ende der 1970er Jahre aufgebrachte Hypothese, dass sich das Reale restlos in die Zeichen verflüchtigt habe, also in die sogenannten virtuellen Welten mit ihrem immersiven Charakter, hier abermals Bestätigung zu finden. Doch wird das Argument hier umgekehrt, in dem Sinne, dass die Zeichen das Reale überhaupt erst hervorbringen. Einmal mehr scheint der Zielpunkt einer „Konkurrenz und gegenseitigen Vertauschbarkeit von Wirklichkeit und Simulation"[49] auf, die im Fall der Klimasimulationen die Physik des Erdsystems als Ganzes auf einer Ebene der Prozesse modelliert.

Das Potenzial des heuristischen Erkenntniswerts der Modelle scheint heute der einzige Weg zu sein, auf dem sich Bilder möglicher Zukünfte antizipieren und diskutieren lassen. Mit dem gewünschten Vertrauen in die Modelle wird deshalb die Notwendigkeit von realpolitischen Entscheidungen untermauert. Wenn jedoch die Modelle der Klimaforschung heute immer wieder der Vorwurf trifft, sie seien noch

46 Bredekamp/Schneider/Dünkel, Editorial, 8. Diese Natürlichkeit entsteht auch im Gebrauch von technischen Artefakten. Zur Naturalisierung von Bildern vgl. insbes. David Gugerli/Barbara Orland: Einführung. In: dies. (Hg.): *Ganz normale Bilder. Historische Beiträge zur visuellen Herstellung von Selbstverständlichkeit,* Zürich (Chronos) 2002, 9–15; Hans Blumenberg: Lebenswelt und Technisierung unter Aspekten der Phänomenologie. In: ders. (Hg.): *Wirklichkeiten, in denen wir leben,* Stuttgart (Reclam) 1993, 7–54.

47 Vgl. Gramelsberger, *Computerexperimente,* 33.

48 Vgl. Markus Rautzenberg: *Die Gegenwendigkeit der Störung. Aspekte einer postmetaphysischen Präsenztheorie,* Berlin/Zürich (diaphanes) 2009, 9. Vgl. exemplarisch Jean Baudrillard: *Agonie des Realen,* Berlin (Merve) 1978; Florian Rötzer (Hg.): *Digitaler Schein. Ästhetik der elektronischen Medien,* Frankfurt am Main (Suhrkamp) 1991.

49 Hans Blumenberg: *Die Genesis der kopernikanischen Welt,* Frankfurt am Main (Suhrkamp) 1985, 136.

50 Arendt, *Vita activa,* 278.

zu ‚unsicher' und ‚vereinfachend', so wirken die malerischen Modelllandschaften diesem Vorwurf visuell entgegen. Hier gewinnen Hannah Arendts Einschätzungen des Erkenntnisvermögens des neuzeitlichen Weltbildes eine neue Bedeutung: „Aber dem Jubel wird der Verdacht auf dem Fuße folgen, daß diese mathematisch vorausgesagten Universen Traumwelten sein könnten, in denen jede Traumvision, die der Mensch so oder anders produziert, sich als Wirklichkeit bewährt, solange der Traum währt."[50]

Die Grafiken zeigen die simulierten Klimawelten in zunehmender Natürlichkeit. Damit untermauern ihre Produzenten die Relevanz ihrer Forschungen, nämlich dass auf Grundlage der Simulationen entscheidungsrelevante Aussagen über gegenwärtige und zukünftige Wirklichkeiten getroffen werden können. Für die Simulationen möglicher Klimazukünfte heißt dies trotz ihres wissenstheoretisch schwierigem Status, dass es derzeit keine andere Möglichkeit gibt, als die simulierten, wissenschaftlich erzeugten Welten der Klimawissenschaftler und die darin begründete Sorge als mögliche und wahrscheinliche Wirklichkeiten ernst zu nehmen.

Literaturverzeichnis

Arendt, Hannah: *Vita activa oder Vom tätigen Leben*, München (Piper) 1992 [1967].

Baudrillard, Jean: *Agonie des Realen*, Berlin (Merve) 1978.

Blumenberg, Hans: *Die Genesis der kopernikanischen Welt*, Frankfurt am Main (Suhrkamp) 1985.

Blumenberg, Hans: Lebenswelt und Technisierung unter Aspekten der Phänomenologie. In: ders. (Hg.): *Wirklichkeiten, in denen wir leben*, Stuttgart (Reclam) 1993, 7–54.

Bredekamp, Horst/Schneider, Birgit/Dünkel, Vera (Hg.): *Das Technische Bild. Kompendium einer Stilgeschichte wissenschaftlicher Bilder*, Berlin (Akademie Verlag) 2008.

Edwards, Paul N.: *A Vast Machine. Computer Models, Climate Data, and the Politics of Global Warming*, Cambridge, Mass. (MIT Press) 2010.

Enzensberger, Hans Magnus: *Fortuna und Kalkül. Zwei mathematische Belustigungen*, Frankfurt am Main (Suhrkamp) 2009.

Esposito, Elena: *Die Fiktion der wahrscheinlichen Realität*, Frankfurt am Main (Suhrkamp) 2007.

Finkbeiner, Rolf: „Klimakiller" CO_2: Ein Luftschloss aus Lügen, www.wahrheiten.org/blog/2011/04/28/klimakiller-co2-ein-luftschloss-aus-luegen, erstellt am 28.4.2011, zuletzt gesehen am 30.4.2013.

Gramelsberger, Gabriele: *Computerexperimente. Zum Wandel der Wissenschaft im Zeitalter des Computers*, Bielefeld (transcript) 2009.

Gramelsberger, Gabriele: Das epistemische Gewebe simulierter Welten. In: Gleiniger, Andrea/Vrachliotis, Georg (Hg.): *Simulation. Präsentationstechnik und Erkenntnisinstrument*, Basel (Birkhäuser) 2008, 83–91.

Gramelsberger, Gabriele: Die präzise elektronische Phantasie der Automatenhirne. Eine Analyse der Logik und Epistemik simulierter Weltbilder. In: Heßler, Martina/Mersch, Dieter (Hg.): *Logik des Bildlichen. Zur Kritik der ikonischen Vernunft*, Bielefeld (transcript) 2009, 219–234.

Gugerli, David/Orland, Barbara (Hg.): *Ganz normale Bilder. Historische Beiträge zur visuellen Herstellung von Selbstverständlichkeit*, Zürich (Chronos) 2002.

Heidegger, Martin: Die Zeit des Weltbildes [1938]. In: *Holzwege*, Frankfurt am Main (Klostermann) 1994, 69–113.

Houghton, John Theodore et al. (Hg.): *Climate Change 1995. The Science of Climate Change* (SAR), Contribution of Working Group 1 to the Second Assessment Report of the Intergovernmental Panel on Climate Change, Cambridge (Cambridge University Press) 1995.

Houghton, John Theodore et al. (Hg.): *Climate Change 2001. The Scientific Basis* (TAR). Contribution of Working Group I to the Third Assessment Report of the Intergovernmental Panel on Climate Change, Cambridge (Cambridge University Press) 2001.

Houghton, John Theodore et al. (Hg.): *Climate Change. The IPCC Scientific Assessment* (FAR), Cambridge (Cambridge University Press) 1990.

Hulme, Mike: *Why we Disagree about Climate Change. Understanding Controversy, Inaction and Opportunity*, Cambridge (Cambridge University Press) 2011.

Krämer, Sybille: Die Welt aus der Satellitenperspektive. Google Earth. In: Markschies, Christoph/Reichle, Ingeborg/Brüning, Jochen/Deufelhard, Peter (Hg.): *Atlas der Weltbilder*, Berlin (Akademie Verlag) 2011, 422–434.

Kluge, Friedrich: *Etymologisches Wörterbuch der deutschen Sprache*, Berlin (de Gruyter) 1989.

Macho, Thomas: *Vorbilder*, München (Fink) 2011.

Rautzenberg, Markus: *Die Gegenwendigkeit der Störung. Aspekte einer postmetaphysischen Präsenztheorie*, Berlin/Zürich (diaphanes) 2009.

Reye, Theodor: *Die Wirbelstürme, Tornados und Wettersäulen in der Erd-Atmosphäre mit Berücksichtigung der Stürme in der Sonnen-Atmosphäre*, Hannover (Rümpler) 1872.

Rheinberger, Hans-Jörg: *Experimentalsystem und epistemische Dinge. Eine Geschichte der Proteinsynthese im Reagenzglas*, Göttingen (Wallstein) 2002.

Rosentrater, Lynn D.: Representing and Using Scenarios for Responding to Climate Change. In: *WIREs Climate Change*, Bd. 1, 2010, 253–259.

Rötzer, Florian (Hg.): *Digitaler Schein. Ästhetik der elektronischen Medien*, Frankfurt am Main (Suhrkamp) 1991.

Schneider, Birgit: Climate Model Simulation Visualization from a Visual Studies Perspective. In: *WIREs Climate Change*, Bd. 3, Nr. 2, März/April 2012, 185–193.

Schneider, Birgit: Linien als Reisepfade der Erkenntnis. Alexander von Humboldts Isothermenkarte des Klimas. In: Günzel, Stephan/Nowak, Lars (Hg.): *KartenWissen. Territoriale Räume zwischen Bild und Diagramm*. Publikationsreihe Trierer Beiträge zu den historischen Kulturwissenschaften, Wiesbaden (Reichert) 2012, 173–179.

Solomon, Susan et al. (Hg.): *Climate Change 2007. The Physical Science Basis* (AR4). Contribution of Working Group I to the Fourth Assessment Report of the IPCC, Cambridge (Cambridge University Press) 2007.

Timmreck, Claudia: *Begrenzter Klimaeinfluss von extrem großen Vulkaneruptionen*, www.mpimet.mpg.de/institut/jahresberichte/jahresbericht-2011.html, erstellt 2011, zuletzt gesehen am 30.4.2013.

University Corporation for Atmospheric Research, USA, Website: www2.ucar.edu/climate/faq#t2539n1350, zuletzt gesehen am 30.4.2013.

Wahrig Deutsches Wörterbuch, Gütersloh (Bertelsmann) 2006.

Walsh, Lynda: Visual Strategies to Integrate Ethos Across the "Is/Ought" Divide in the IPCC's Climate Change 2007: Summary for Policy Makers. In: *Poroi. Issues in the Rhetoric of Science and Technology*, Bd. 6, Nr. 2, 2009, 33–61.

Jussi Ängeslevä

Beyond Prototyping.
Design and Rapid Manufacturing

This article attempts to position the role of design in the age of mass customization and rapid manufacturing that has been developing over the last decade to a global cultural movement today. The changing landscape of how to make physical objects is certainly not going to displace mass manufactured production, but instead opens new opportunities to extend the scope of things we live with. The digital nature of rapid manufacturing is also attracting digital designers along with the traditional product designers to work with physical, tangible material, but by using the tools and approaches of digital creation. These new methods create a new kind of digital malleability of physical artifacts that is only now beginning to take shape, as different cultural and technological movements are converging.

The development of maker culture, emerging rapid manufacturing services, crowd funding and increasingly accessible technologies all are forces that together form new kinds of products not bound by the traditional economics of mass manufacturing.

Maker Culture

The maker culture – inspired by the hacker scene, but focussing on the creation of physical, tangible objects – brings together laser cutters, 3D printers and traditional hand tools to augment, extend and create very specific technological or cultural artifacts that could not exist as traditional products. By repurposing electronic devices, building extremely specific hardware that addresses individuals' personal needs, but can be easily reconfigured and adapted to something else, their creations are more recipes than products. And the very nature that their blueprints and source code are easily accessible makes them malleable in a way that production methods aimed at large volumes could never be.

The software libraries as well as the component technologies are ever more accessible, so that creating custom hardware that a decade ago would have needed an electronics laboratory and a manufacturing line can be assembled together from different high level components, and glued together with high level scripting languages and shared APIs. 3D printing, laser cutting and milling machines add physical form to the offering, making the makers' creations fit comfortably in our everyday settings.

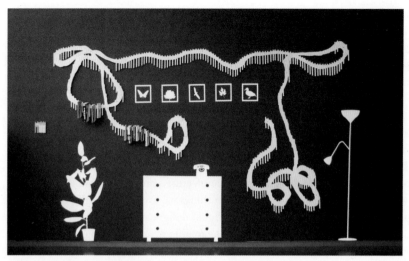

1 *Ranke* is a generative bookshelf that adapts to its surroundings with the help of swarm-based logic

Changing Economic Models

The rise of platforms like *Kickstarter, Thingiverse* and *Shapeways* shows that the way designers position themselves economically is also changing. On the one hand, designers are sharing their ideas and even finished products online for reproduction and modification for free or use manufacturing services to sell their products online with no more effort than uploading a 3D model. On the other hand, they also become more aware of their own ability to put their ideas to life by accumulating crowdfunded capital, designing a product and setting up a working supply chain, designing the whole process along with the initial product.

Manufacturing as a Service

Just as the interest of the new generation of digitally educated designers and tinkerers is shifting to the physical world, the digital services for turning bits to atoms are reaching maturity, where price is acceptable, speed and quality of production satisfactory, and software access to designing things for these processes more approachable.

This kind of materialization is creating a lot of excitement amongst young professionals who are used to making things happen on a computer screen. Now they can apply the same skills and processes for turning these digital experiences to physical objects.

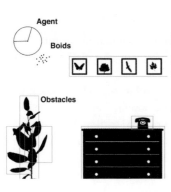

2 A software lets the user define forbidden areas on the wall, where the swarm algorithm is not allowed to go when creating the bookshelf

3 The cardboard packaging the books are delivered in through online bookstores becomes the actual shelves of *Ranke*

While making copies of software products is almost free, rendering digital artifacts real has a significant material cost involved for each unit. The ideas are more easily turning into new businesses and sources of income for the creators, as each 'instance' of the design has a visible manufacturing cost. The awareness that the rapid manufacturing facility is charging for their efforts encourages the designer to add their own markup for their role in the process.

In parallel, the movement of crowdfunding is shifting the attitudes of individual designers about realizing their own ideas and offering them directly to the public. All this has created a wealth of new, more experimental products and services that would have been inconceivable as mass-manufactured goods.

The Promise of Mass Customization

The traditional vision of mass customization promises economic advantages in the form of reduced shipping costs, absence of stock, optimized use of materials and a production line capable of creating countless different designs. At the same time it offers individualization and new kinds of possible forms previously not attainable. The production speed and still relatively high production cost per item makes it an unfit alternative to mass production, but instead offers something different.

The very different aura of an individualized product is a value added that distinctly separates it from traditional manufactured goods. The knowledge and experience of having altered something about the design creates a very different relationship between the customer and the product. Whether it is a physical measurement that is intended make the product fit perfectly, or a choice of material finishes that creates a sense of uniqueness, the perceived value of the product is intricately intertwined with the decision making process, and the sense of agency in the making process. In other words, the narrative matters.

Status Quo

In practice, the vision of a 'perfect' product, akin to a tailored suit, or furniture custom designed and made by an artisan has not yet been made a mass customization reality. The limited choice of materials as well as the small size generally offered by 3D printers limits starkly what is meaningful or sensible to produce through these channels. The direct relationship with the material amount and price also renders larger objects seemingly more expensive when compared with traditional products. Hence, the current market of 3D printed or laser cut products one can buy is focussed around jewellery, apparels, small gadgets and toys.

The last two years have been a time of very fast development in this regard. The early online services of rapid manufacturing were filled with DIY/maker hacks in the real world, functional gadgets that were far away from any design sensibility. Today, established jewellery and fashion designers are regularly featured as artists, whose striking designs give a very different feeling of the possibilities. It is not the mere access to the technology, but a talented designer's good use of it, that shows the vision of where the potential of rapid manufacturing is.

Vision

Creating good design is hard. Good design that attempts to benefit from the digital malleability of rapidly manufactured goods is even harder. Balancing between the higher unit prices, limited material range, numerous caveats in what is printable and what is not and the size limits – to name a few complicating factors –, the designs that benefit from the rapid manufacturing must be very specifically designed for that particular process.

While printing a photograph to a coffee mug is mass customization, it is not design. And if an individual design atelier is commissioned to making a site-specific installation, it is by no means mass customization, but a one-off. Works that showcase the true potential of mass customization as a channel for design are as much system definitions as they are a definition of form language and function. The manufacturing process involves the 3D printer or a milling machine working on the material as much as it involves the digital delivery of the blueprint or the negotiation of what aspects can be adjusted by the end user.

This system level thinking opens more possibilities when the advantages of rapid manufacturing are combined with more traditional production methods. Where 3D printing is still seriously handicapped by limited outputs, a small industrial workshop easily handles larger material samples, albeit not with the same flexibility in possible forms. The system level thinking of rapid manufacturing can leverage the best of both of these approaches by assigning the making of customiz-

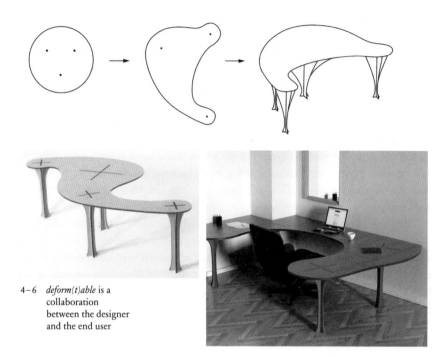

4–6 *deform(t)able* is a
collaboration
between the designer
and the end user

able, complex parts to a 3D printing service and combining that with larger parts produced by a carpentry shop, for example. Digitally defined blueprints can supply the carpenter as well as the 3D printer with matching parts that only need to be assembled into a final product.

Only understanding and defining these systems, the limitations and advantages of each and every node – whether it be a machine or a manual workshop – and incorporating this knowledge into a design concept can yield elegant and meaningful designs that would not be attainable any other way. Design is an act of balancing price, quality, customizability, desirability and narrative.

Case Studies

The following few examples attempt to highlight the different dimensions that constitute the 'aura' of the rapid manufacturing. In 2008, the Digital Media Design Class (Klasse Digitale Medien) at the Berlin University of the Arts spent a semester exploring the emerging field of mass customization under the theme *indie design*, where 'indie' was referring to 'individual' as well as to 'independent label' as an attempt to juxtapose personalization with the designer-entrepreneur.

A customizable bookshelf named *Ranke*[1] (fig. 1–3) by its designers Frederic Gmeiner, Korbinian Polk and Sebastian Schmieg exemplifies the potential of mass customization. It is a system that creates customized bookshelves with a very distinct design language. A web service component asks a potential buyer to upload a picture of the wall where he plans to install the bookshelf. On this wall areas not to be covered by the bookshelf are then marked out. Then the number of books intended to be stored is entered and the rest is left for a flocking algorithm to figure out. A virtual swarm of creatures crawl on the image of the wall, leaving a trail that is long enough to hold the specified number of books. If the form is not satisfactory, the simulation is run again. Once accepted, a 'print' button converts the image to a tool path that can be fed to a milling machine that then cuts the parts to make up the bookshelf to be installed on the wall.

Stefan Stubbe follows a similar path in his table design *deform(t)able*[2] (fig. 4–6) that can be manipulated by a user simply by moving the legs of the table around in a software simulation. Moving the legs instantly adapts the shape of the table top by using a metaball algorithm that also adapts the shape of the table's edges so it can be adapted to different spatial contexts – such as being lined up with a wall or floated in the middle of a room.

Both of these products present a strong design aesthetic that cannot be manipulated by the end user. Instead, the end user can define the functional parameters, such as how many books the shelf should hold, or in what kind of spatial context the table should fit. These severe limits to formal choices render the interface very easy to use while maintaining a distinct design language. In short, the designer maintains the authority over design and the end user adapts the function to his or her needs.

The Plan

The promise of rapid manufacturing is to enable the making of almost anything. As described above, reality has not yet caught up with that utopian vision. Perhaps even more importantly: It is only through practical examples that we can learn when designs can truly benefit from the kind of digital malleability the rapid manufacturing technologies can offer. Fundamentally, it is the narrative that engages the end user and creates meaning that justifies the extra effort and cost involved in the process.

There is a great potential in connecting digital design tools, audience involvement via online, rapid and traditional manufacturing channels, as well as the logistics in between to an integrated system, where designers can balance their designs'

1 www.fregment.com/?cat=0&p=7822,
   last accessed 5/29/2013.

2 www.stefanstubbe.com/blog/?cat=3,
   last accessed 5/29/2013.

complexity and manufacturability between parts hand-made in a workshop and products built by robots through an online service. Instead of thinking about the ability to make almost anything, we must focus on visionary, specific items that only such innovative, integrated systems might create.

Acknowledgements

The explorations *beyond prototyping* are enabled by the research project *Rethinking Prototyping* through Hybrid Plattform (an interdisciplinary collaboration between the Technical University Berlin and the University of the Arts Berlin), and financed by Einstein Stiftung Berlin.

Gunnar Green / Bernhard Hopfengärtner

75 000 Futures and Unknown Pleasures

Der algorithmische Verkauf von 75 000 E-Mini-Futures galt ursprünglich als Auslöser des sogenannten Flash Crashs, eines drastischen Kurseinbruchs und der anschließenden Erholung der amerikanischen Aktienmärkte am 6. Mai 2010. Erstmalig wurde *high frequency trading*, der automatisierte Wertpapierhandel durch Algorithmen, mit einem Einbruch in Verbindung gebracht. Obwohl die Ereignisse nur einige Minuten andauerten, waren zahlreiche private und staatliche Akteure etwa drei Jahre damit beschäftigt, die Ursachen des Phänomens zu ergründen. Beteiligt an diesem Prozess war die Firma Nanex, die seitdem Graphen kurioser Handelsaktivitäten algorithmischen Ursprungs auf ihrer Website präsentiert und benennt.

Die Graphen beschreiben Bilder von technischer Schönheit, allesamt Aufzeichnungen von ökonomischen Ereignissen. Schon bei kleinen Bewegungen des Strichs wechseln Dollar-Millionen die elektronischen Hände von Trading-Algorithmen und ihren Auftraggebern. Schwingungen im Millisekundenrhythmus. Was sie zeigen, wird weitere Ereignisse zur Folge haben. Wie diese sich ereignen, wem sie widerfahren, wann und wo sie stattfinden werden, darüber schweigen sie.

Allerdings beginnen sie zu sprechen, wenn der Betrachter sich von den Namen der Graphen zu einer Verwechselung verleiten lässt. Dann sind sie nicht mehr Darstellungen von Aktivitäten und Funktionen, sondern Landschaften, Burgen und Kriege, Reisen ins Weltall und singende Rockstars. Um diese Betrachtungsweise zu vertiefen, stellt der Atlas auf 420 Seiten eine Auswahl solcher Graphen und deren Titel gegenüber.

Als Schallwellengrafiken betrachtet bergen die Graphen ungehörte Töne. In eine akustische Form übertragen entfalten die Ereignisse auf einer Dubplate einen weiteren sinnlichen Effekt, der sich von ihrem eigentlichen Gegenstand entfernt.

BANDSAW

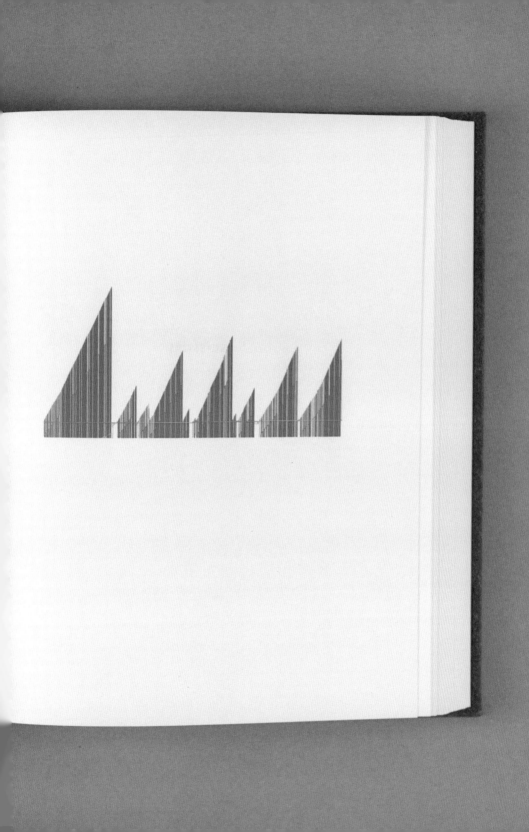

THE BIRD

THE WASTE POOL

TESLA'S CATHEDRAL

Dubplate: Spielzeit A-Seite 6 Sekunden, B-Seite 180 Sekunden,
Aluminium, Nitrocellulose-Lack, 117 mm Durchmesser
Vorherige Seiten: *75 000 Futures*, Buch, 420 Seiten, 140 x 175 mm

Gunnar Green und Bernhard Hopfengärtner

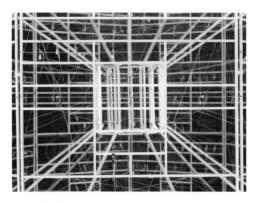

Ralf Baecker

Rechnender Raum

Die umgestülpte Maschine: Der *Rechnende Raum* ist eine leichte, aus Holzstäben, Schnüren und kleinen Bleigewichten gebildete Skulptur, die gleichzeitig ein voll funktionierendes, logisch exaktes neuronales Netzwerk[1] realisiert. Durch die streng geometrische, aber andererseits sehr filigrane Bauweise ist dem Betrachter von jedem beliebigen Standpunkt aus die gesamte prozessierende Logik der Maschine zugänglich. Diese Offenlegung des Kerns wird verstärkt durch die ungewöhnliche Verteilung der Elemente. Der neuneckige architektonische Körper bildet einen Torus. Auf dieser geometrischen Basis wurde, im Gegensatz zur üblichen Anordnung einer im Inneren versteckten Logik und eines nach außen, dem Nutzer zugewandten Displays, eine gewissermaßen umgestülpte Maschine realisiert. Der Kern der Maschine, mit allen Rechenelementen, ist nach außen auf die Oberfläche verlagert und das ,Display', auf dem die Ergebnisse des Rechenprozesses angezeigt werden, befindet sich im Zentrum des Systems. Obwohl damit die Rechenprozesse und deren Logik direkt vor den Augen des Betrachters ablaufen, ist es diesem dennoch nicht möglich, auch bei noch so langer Versenkung in das Zusammenspiel der Elemente (die von einem vielstimmigen, aber gleichmäßigen und beruhigenden Surren begleitet wird), die Abfolge der jeweiligen Zustände der Maschine zu erfassen.

1 *RR* arbeitet ähnlich wie ein vereinfachtes künstliches neuronales Netzwerk. Einfache McCulloch-Pitts-Zellen mit statischen Gewichten (Schwellwerten) implementieren die logischen Operationen UND/ODER/NICHT. *RR* besteht aus über 200 solcher Einheiten, die zu einem zellularen Automaten verschaltet sind.

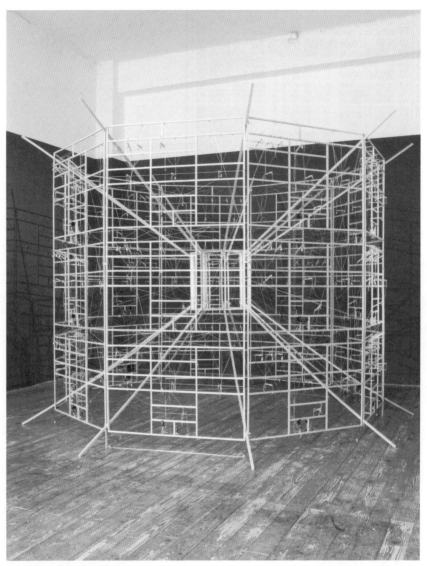

1 *Rechnender Raum*, Kern, 2007
2 *Rechnender Raum*,
  Moltkerei Werkstatt Köln, 2007
3 Schematik: Gestell, 2007

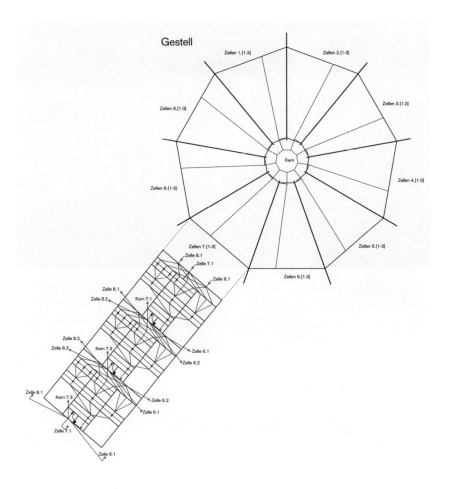

Durch das Umstülpen der Maschine wird zwar einerseits ihre Arbeitsweise offengelegt, gleichzeitig aber eine strikte Selbstbezogenheit und Ignoranz der Maschine gegenüber dem Betrachter realisiert. Die Maschine wendet sich vom Besucher ab und vollzieht ihre Berechnungen nur für sich selbst. Ohne auf Interaktion angewiesen zu sein oder gar dazu aufzufordern, durchläuft sie endlos ihren eigenen Zustandsraum. Das Ergebnis der Berechnungen wird nach innen, ins eigene Zentrum, geleitet und ist nicht für den Betrachter bestimmt. Damit tut sich eine interessante Paradoxie auf. Obwohl die Maschine alles offenlegt, verschließt sie sich gleichzeitig, so, als hätte sie ein Geheimnis.

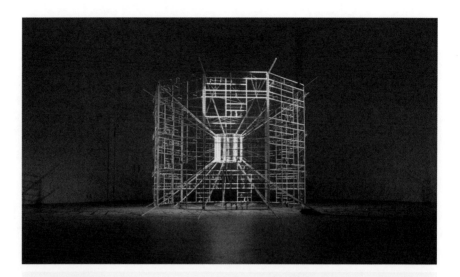

Logisches Oder

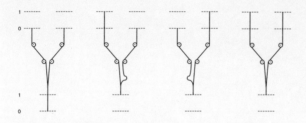

Logisches Und

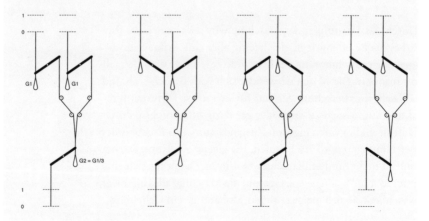

Rauchwolken und Luftschlösser. Temporäre Räume

4 *Rechnender Raum*, Festspielhaus
   Hellerau, Dresden 2008
5 Schematik: Logisches UND/ODER, 2008
6 *Rechnender Raum*, Detail,
   Moltkerei Werkstatt Köln, 2007

„Übrigens muß man notwendig zugestehen, dass die Perzeption und wo von ihr abhängt auf mechanische Weise, d. h. mithilfe von Figuren und Bewegungen, unerklärbar ist. Nehmen wir einmal an, es gäbe eine Maschine, die so eingerichtet wäre, daß sie Gedanken, Empfindungen und Perzeptionen hervorbrächte, so würde man sich dieselbe gewiß dermaßen proportional vergrößert vorstellen können, daß man in sie hineinzutreten vermöchte, wie in eine Mühle. Dies vorausgesetzt, wird man bei ihrer inneren Besichtigung nichts weiteres finden als einzelne Stücke, die einander stoßen – und niemals etwas, woraus eine Perzeption zu erklären wäre. Also muß man die Perzeption doch wohl in der einfachen Substanz suchen, und nicht in dem Zusammengesetzten oder in der Maschinerie."[2]

2 Gottfried Wilhelm Leibniz/Robert Zimmermann (Hg.): *Leibnitz' Monadologie. Deutsch mit einer Abhandlung über Leibnitz' und Herbart's Theorieen des wirklichen Geschehens*, §17, Wien (Braumüller und Seidel) 1847, 15.

Verzeichnis der Autorinnen und Autoren

Jussi Ängeslevä. Being involved in academia, design industry and conducting his individual experimental work, Jussi Ängeslevä is focussing on embodied interfaces, experiences and services for the public. His work as Vice Creative Director at ART+COM media design studio is consistently yielding international recognition in exhibitions, installations and awards. In parallel he is an honorary professor at the Berlin University of the Arts teaching Digital Media Design and has been serving as a juror, chair or advisor in various academic and design bodies such as D&AD, ARS Electronica, TEI and Siggraph. His design ethos is leveraging hardware, software, physical and graphic design in the search for elegance in highly specific solutions, where the meaning of a work is inseparable from the medium communicating it.

Ralf Baecker ist Künstler und arbeitet mit und über Technologie. Mit seinen spekulativen Maschinen untersucht er das Digitale und ihren kulturellen Ursprung. Er versteht Computer und kybernetische Apparate als erkenntnistheoretische Hardware im Kontrast zu einer allgemeinen utilitaristischen Auffassung. Baecker studierte Informatik an der Universität zu Köln und Medienkunst an der KHM Köln. Er unterrichtete u. a. an der Bauhaus-Universität Weimar und der Hochschule für Künste Bremen. Seine Arbeiten wurden in internationalen Institutionen ausgestellt, u. a.: Malmö Konsthall (SWE), Künstlerhaus Wien (AT), ZKM Karlsruhe (DE), Martin-Gropius-Bau Berlin (DE), WINZAVOD Moscow (RU) und LABoral Gijón (ES). Ralf Baecker lebt und arbeitet in Berlin.

Luis Berríos-Negrón, Puerto Rico, b. 1971, is a Berlin-based artist and architect focusing on visual arts, material economies, and mass customization through the lens of architecture. He is the founder of Paramodular (2012) and of The Anxious Prop (2009), and will be Visiting Lecturer at the School of Architecture of the Münster University for Applied Sciences (2013–14). In 2012, he was core collaborator exhibiting in Paul Ryan's Threeing project at Documenta 13, and in Ute Meta Bauer's Future Archive at the Neuer Berliner Kunstverein. In 2013 he will be representing Germany with curator Matthias Böttger in the São Paulo International Biennale for Architecture and will be in residence at the Zürcher Hochschule der Künste. Recent publications include *Digital Utopia* (Akademie der Künste), *Space Matters* (Ambra Verlag), and upcoming in *ARTMargins* (MIT Press).

Jan Bovelet, geb. 1980, Dipl.-Ing. Mag., studierte Architektur und Philosophie an der TU Berlin. Während der Studienzeit war er wissenschaftlicher Mitarbeiter im Projekt *Shrinking Cities* und am Bauhaus Dessau. Nach dem Studium Tätigkeit als Architekt, danach wissenschaftlicher Mitarbeiter an der Libera Università di Bolzano und der TU Berlin. Er ist Mitglied der Architektur- und Planungsgruppe urbikon.com (Berlin/Leipzig) und des Netzwerks Architekturwissenschaft sowie Teil des Künstlerkollektivs The Anxious Prop. In seiner Arbeit beschäftigt er sich theoretisch und praktisch mit Aspekten der Gestaltung der gebauten Umwelt.

Regine Buschauer, Medienwissenschaftlerin, forscht vorzugsweise in interdisziplinärer Zusammenarbeit zum Wandel v. a. mobiler, drahtloser und pervasiver Informations- und Kommunikationstechnik. Publikationen (zuletzt): mit Katharine S. Willis (Hg.): *Locative Media*, Bielefeld, 2013; The „ambulant in-between". Media Histories of Mobile Communication, in: *Transfers. Interdisciplinary Journal of Mobility Studies*, 3, 2013, 1; Gadgets der mobilen Medienkonvergenz, in: *Pop. Kultur und Kritik*, 2, 2013.

Kerstin Ergenzinger. Nach einem Grundstudium der Allgemeinen und Vergleichenden Literaturwissenschaft an der Freien Universität Berlin studierte Kerstin Ergenzinger Bildende Kunst an der Universität der Künste Berlin, am Chelsea College of Art and Design London sowie Medienkunst im Postgraduierten-Programm der Kunsthochschule für Medien Köln. Ihre experimentellen, zumeist installativen raumgreifenden Arbeiten bewegen sich an der Schnittstelle von digitalen und analogen Medien. Sie untersuchen das sinnliche und philosophische Verhältnis von Mensch und Ort. Ihre Arbeiten werden regelmäßig in internationalen Gruppen- und Einzelausstellungen gezeigt, sie erhielt zahlreiche Preise und Förderungen.

Gunnar Green studierte Visuelle Kommunikation an der Universität der Künste Berlin und Design Interactions am Royal College of Art in London. Er ist Partner des Studios TheGreenEyl und Mitarbeiter an der Bauhaus-Universität Weimar. Seine Arbeiten wurden auf der Ars Electronica in Linz, im Design Museum London, im MoMA New York und auf dem Japan Media Arts Festival in Tokyo gezeigt.

Katharina Hinsberg lebt auf der Raketenstation Hombroich bei Neuss. Sie befasst sich vor allem mit Verfahren des Zeichnens. Zeichnungen werden – als Ausschnitte, Bohrungen oder Markierungen – zu maßgeblichen Elementen im (Handlungs-) Raum. Katharina Hinsberg war von 2003 bis 2007 Professorin für Zeichnen an der HfK Bremen und ist seit 2009 Professorin für Konzeptuelle Malerei an der HBKsaar. Ausstellungen und Installationen waren zuletzt zu sehen im Birmingham Museum & Art Gallery, GB, in der Hamburger Kunsthalle, im Museum Folkwang, Essen, im Kunstmuseum Stuttgart, im Museo Nacional de Artes Visuales, Montevideo, Uruguay, im Museo Nacional de Arte, La Paz, Bolivien, der Kunsthalle Karlsruhe, im ZKM, Karlsruhe, und in der Salts Mill, Saltaire, GB.

Hannes Hoelzl. Sein künstlerisches Interesse gilt den Fragen akustischer Navigation. Seine Arbeitsfelder sind Klanginstallation, Live-Performance, Komposition, Raumklang sowie Entwicklung und Hacking musikalischer Soft- und Hardware. Die parallel zur Ausstellungs- und Konzerttätigkeit ausgeübte Lehrpraxis erörtert die Spezifika akustischer Wahrnehmung im Kontext der Medien, u.a. als Lektor an der Bremer Hochschule für Künste und als Gastprofessor an der Universität der Künste Berlin.

Bernhard Hopfengärtner studierte Mediengestaltung an der Bauhaus-Universität Weimar und Design Interactions am Royal College of Art in London. Seine Arbeiten wurden u. a. im Wellcome Trust in London, dem MoMA in New York und dem Chinesischen Nationalmuseum in Peking gezeigt.

Mathias Lam, geb. 1988, Gestalter aus Bremen, studiert nach abgeschlossener Ausbildung zum Mediengestalter (Fachrichtung: Konzeption und Visualisierung) Digitale Medien an der Hochschule für Künste in Bremen. Seine Arbeiten bewegen sich zwischen Interaction Design, Webdesign und Medienkunst, mit dem Fokus auf funktionierendem Design.

Oliver Leistert, Dr. phil., ist Postdoc am Graduiertenkolleg „Automatismen" der Universität Paderborn. Er studiere Philosophie, Informatik und Literaturwissenschaft in Hamburg und war Research Fellow am CMCS der CEU Budapest. 2012 promovierte er zur politischen Rationalität von mobilen Medien. Seine Forschung umfasst u. a. mobile Medien, Social Media, Surveillance Studies und Digitale Epistemologien. Zuletzt ist erschienen: Oliver Leistert: *From Protest to Surveillance. On the Political Rationality of Mobile Media*, Oxford/NY, 2013. Blog: www.nomedia. noblogs.org. Kontakt: oleist@zeromail.org.

Agnes Meyer-Brandis, geb. 1973 in Aachen, lebt und arbeitet in Berlin. Sie studierte an der Kunstakademie Düsseldorf und der Kunsthochschule für Medien Köln. Ihre Arbeit, in internationalen Ausstellungen und Festivals präsent und ausgezeichnet, beschreibt eine Wanderung an der Schnittstelle von Kunst und Wissenschaft, Fakt und Fiktion – eine künstlerische Wirklichkeitsforschung auf der Suche nach dem Realitätsgrad von Konstruktionen der uns umgebenden Welt und Materie. Im Rahmen eines Forschungsfluges in Kooperation mit dem Deutschen

Zentrum für Luft- und Raumfahrt realisierte Agnes Meyer-Brandis im Jahr 2007 ein künstlerisches Experiment und eine Performance in Schwerelosigkeit. Seit 2011 züchtet sie Mondgänse. Weitere Informationen unter: www.ffur.de

Mikael Mikael ist Künstler. Geboren 1974, lebt er überall und nirgends, zur Zeit wahrscheinlich in Berlin. Mikael Mikael arbeitet medien- und materialunabhängig. Zur Dokumentation seiner Eingriffe werden Objekt, Film und Foto eingesetzt. 2011 war er Stipendiat auf Akademie Schloss Solitude, seine Arbeiten wurden u.a. in der Villa Schöningen, Potsdam, und bei C/O Berlin gezeigt. Bei Merve erschien 2011 seine Publikation *White Out*.

Lars Nowak ist Juniorprofessor für Medienwissenschaft (Schwerpunkt Visualität und Bildkulturen) am Institut für Theater- und Medienwissenschaft der Friedrich-Alexander-Universität Erlangen-Nürnberg. Seine Arbeitsschwerpunkte liegen bei der wissenschaftlichen Foto- und Kinematografie, der amerikanischen Filmgeschichte, dem Autoren- und Experimentalfilm, der Intermedialität von Fotografie und Film und der Kartografie. Zu seinen Publikationen gehören *Deformation und Transdifferenz. Freak Show, frühes Kino, Tod Browning*, Berlin, 2011, und *KartenWissen. Territoriale Räume zwischen Bild und Diagramm*, hg. mit Stephan Günzel, Wiesbaden, 2012.

Lucas Odahara, b. in São Paulo, Brazil, lives and works in Bremen, where he is currently studying for an MA in Digital Media at the HfK Bremen. His work is concerned with concepts of nature and culture and is often placed between new media and contemporary art. His latest work *Something which is Given* was exhibited at Galerie Flut in Bremen this year. Further information: www.lucasodahara.com

Jonas Otto studiert im Masterprogramm Digitale Medien an der HfK Bremen. Sein Interesse gilt den vielseitigen Schnittstellen und Überschneidungen von digitalen und analogen sowie biologischen Vorgängen.

Dennis Paul, geb. 1974, lebt und arbeitet in Bremen als freischaffender Gestalter sowie als Professor für ‚Interaktion und Raum' im Studiengang Digitale Medien an der Hochschule für Künste Bremen. In seiner Arbeit befasst er sich mit der Interaktion zwischen Menschen und Maschinen und deren Beziehung zum Konzeptuellen, Virtuellen, Immateriellen und Physischen. Seine Arbeiten erscheinen oft als Installationen im öffentlichen Raum, als physische Interfaces und generative Systeme. Mit besonderem Interesse untersucht er neue Medien auf ihre kommunikativen, spielerischen, narrativen und kritischen Qualitäten. Seine Arbeiten wurden international ausgestellt und erhielten diverse Preise.

Laura Popplow, geb. in Frankfurt am Main, 1983. Lebt und arbeitet in Köln und Mainz. Sie studierte Kulturwissenschaften und Ästhetische Kommunikation an der Universität Hildesheim sowie Multimedia-Design und Kunst an der ESAD in Caldas da Rainha, Portugal. 2011 schloss sie das postgraduale Studium an der Kunsthochschule für Medien Köln in Mediendesgin mit dem Design-Experiment *Fungutopia* ab. Sie ist derzeit wissenschaftliche Mitarbeiterin für Design Interaktiver Medien an der Bergischen Universität Wuppertal. Digitale und analoge Orte, Menschen und deren Beziehungen sind Ausgangspunkt und Ziel ihrer Arbeiten, die sich als Walks, Plakate, Spielanleitungen, Workshops und Installationen gestalten. Sie versteht sich als Gestalterin und Forscherin und publiziert Texte im Spannungsfeld von Kunst, Design, Wissenschaft und neuen Medien.

Claudia Reiche ist Künstlerin und Medienwissenschaftlerin. Sie arbeitet über Kulturen des Digitalen und deren epistemologische, ästhetische und politische Effekte und ist in weiblichen und queeren Projekten engagiert, so im thealit Frauen.Kultur. Labor. Auch als Professorin an der Hochschule für Künste Bremen, Fachbereich Kunst und Design, im Bereich Kultur- und Mediengeschichte/-theorie tätig. Siehe Claudia Reiche: *Digitale Körper, geschlechtlicher Raum. Das medizinisch Imaginäre des „Visible Human Project"*, Bielefeld, 2011. Claudia Reiche/Andrea Sick (Hg.): *Was ist Verrat?* Bremen, 2012. Derzeitiges Forschungsprojekt: *Dziga Vertovs mediale Epistemologie – Zur digitalen und psychoanalytischen Konstruktion des Films.*

Julian Rohrhuber ist Professor für Musikinformatik und Medientheorie am Institut für Musik und Medien in Düsseldorf. Er forscht zu Wissenschaftsphilosophie, Medientheorie, algorithmischer Akustik und arbeitet an Kunst als Form der Theorie sowie an Forschung als Form der Lehre. Aktuelle Veröffentlichungen: Volko Kamensky/Julian Rohrhuber: Phaedrus' Ferkel. Zum Problem des Geräuschs im dokumentarischen Filmton, in: dies. (Hg.): *Ton. Texte zur Akustik im Dokumentarfilm*, Berlin, 2013; Über Mathematik und Über-Ich, in: Peter Lenhart/Marianne Schuller et al. (Hg.): *Wo ist das Über-Ich und was macht es dort?* Berlin, vorauss. 2013.

Birgit Schneider ist Dilthey-Stipendiatin der Fritz Thyssen Stiftung am Institut für Künste und Medien an der Universität Potsdam. Sie studierte Kunstwissenschaft, Medientheorie und Philosophie. Neben ihrer Tätigkeit als freie Grafikerin war sie von 2000 bis 2007 wissenschaftliche Mitarbeiterin an der von Horst Bredekamp geleiteten Abteilung ‚Das Technische Bild' am Hermann von Helmholtz-Zentrum für Kulturtechnik der Humboldt-Universität zu Berlin. Ihr aktuelles Forschungsprojekt befasst sich mit wissenschaftlichen Bildern des Klimas seit 1800. Im Sommersemester 2010 vertrat sie die Professur Geschichte und Theorie der Kulturtechniken an der Bauhaus-Universität Weimar.

Andrea Sick, Kultur- und Medienwissenschaftlerin, Kuratorin. Seit November 2009 Professorin für Kultur- und Mediengeschichte/-theorie an der Hochschule für Künste Bremen. Seit 1993 Künstlerische Leitung/Geschäftsführung des Frauen. Kultur.Labor. thealit (seit 2009 zusammen mit Claudia Reiche und Helene von Oldenburg). Forschungsschwerpunkte: Relationen zwischen technischen Medien und kultureller Produktion, Schnittstellen wissenschaftlicher und künstlerischer Handlungszusammenhänge, kulturelle und technische Bedingungen für Bezüge zwischen Raum und Medien. www.andreasick.de

Dennis Siegel, geb. 1988, ist Gestalter aus Bremen, wo er aktuell im Masterstudiengang Digitale Medien der Hochschule für Künste studiert. Seine technischen, experimentellen und zumeist objekthaften Arbeiten bewegen sich zwischen Interaktionsgestaltung und Medienkunst und weisen Überschneidungen mit dem Alltag auf. Weitere Informationen unter: www.dennissiegel.de

Studio NAND wurde im Januar 2012 von Steffen Fiedler (BA Interface Design, Fachhochschule Potsdam, MA Design Interactions, Royal College of Art, London), Jonas Loh (BA Interface Design, Fachhochschule Potsdam, MA Design Interactions, Royal College of Art, London) und Stephan Thiel (BA Interface Design, Fachhochschule Potsdam) gegründet. Die sich im Spannungsfeld von Forschung, Technologie und Gesellschaft bewegenden Arbeiten nutzen Design und aufstrebende Technologien als Medium zur Exploration und Kommunikation und wurden u. a. im MoMA New York, auf der Siggraph-Ausstellung *Emerging Technologies* und der Venedig Architektur Biennale ausgestellt. Aktuelle Publikationen u. a.: NAND Designs, in: *Computer Arts*, 8/2013; Arthur L. Miller: *The New Avant-Garde: Dispatches from the Edge of Art and Science* (in Kürze erscheinend); David Bihanic et. al.: *New Challenges for Data Design* (in Kürze erscheinend). Neben der Projektarbeit veranstaltet Studio NAND regelmäßig Workshops und Lectures in Bereichen wie Informationsvisualisierung, Critical Design und Rapid Prototyping an akademischen Instituten wie der Universität der Künste Berlin, der Universität für Angewandte Kunst Wien und dem Copenhagen Institut of Interaction Design. www.nand.io

Benjamin Suck, geb. 1978, machte Abitur, Zivildienst, studierte Kunstwissenschaften und Philosophie; arbeitete im Animationsfilmstudio Anilab, machte eine Ausbildung zum Tischler, um anschließend Integriertes Design an der HfK Bremen zu studieren. Er begab sich auf die Designwalz und legte 2010 sein Diplom ab. 2011 erhielt er das H. A. Bockmeyer Reisestipendium. Ausgestellt hat er unter anderem in der Handwerkskammer Kassel, Kunsthochschule Kassel, Hochschule für Künste Bremen, im alten Finanzamt Bremen und der Galerie in der Dechanatstraße. Benjamin Suck arbeitet mit der Gruppe whatif, freiberuflich für verschiedene Agenturen und unterrichtet an der Hochschule für Künste in Bremen. ben@thisiswhatif.de

Julijonas Urbonas is a designer, artist, writer, engineer and PhD student in Design Interactions at the Royal College of Art. Since childhood, he has been working within the field of amusement park development. Having worked in such field – as an architect, ride designer, head of fairground – he became fascinated by what he's calling 'gravitational aesthetics'. Since then the topic has been at the core of his creative life, from artistic work to scholarly articles. Most recently this interest has matured into his PhD research. His work has been exhibited internationally and received many awards, including the Award of Distinction in Interactive Art, Prix Ars Electronica 2010, one of the most prestigious awards in media arts. One of his projects can be found in the permanent collection of the Centre for Art and Media Karlsruhe (ZKM). He lives and works in London and Vilnius.

Christoph Wachter & Mathias Jud sind beide in Zürich geboren und arbeiten seit 2000 gemeinsam in Berlin. Ihre erste Koproduktion *Zone*Interdite* erregte bereits weltweites Aufsehen durch die Enthüllung von Geheimgefängnissen z. B. in Guantánamo. In einer Reihe partizipativer Community-Projekte vertieften Wachter & Jud seither ihre Befragung von Wahrnehmungsprozessen. Ihre Arbeiten wurden in internationalen Einzel- und Gruppenausstellungen präsentiert und in zahlreichen Workshops, Lectures und Vorträgen thematisiert. 2012 erhielten sie einen Prix Ars Electronica und waren Stipendiaten am Edith-Russ-Haus in Oldenburg. Der Europarat zeichnete ihr Projekt *Hotel Gelem* als Kulturevent 2012 aus.

Hannes Waldschütz wurde 1979 im Schwarzwald geboren. Er studierte Digitale Medien an der Hochschule für Künste Bremen und Medienkunst an der Hochschule für Grafik und Buchkunst Leipzig, wo er zuletzt als Meisterschüler bei Prof. Günther Selichar abschloss. In seinen Arbeiten beschäftigt sich Hannes Waldschütz vor allem mit dem Phänomen und Konzept der Maschine. Mit dem Ansatz, ihre grundlegenden Prinzipien freizulegen und auf andere Zusammenhänge zu übertragen, zeigt Hannes Waldschütz Installationen, Objekte und Performances. Seine Arbeiten wurden in zahlreichen Ausstellungen im In- und Ausland gezeigt. Aktuell ist er mit seinem Projekt *Ziviler Ungehorsam: Reparieren* Stipendiat des Edith-Russ-Hauses für Medienkunst in Oldenburg.

Renate Wieser schreibt ihre Dissertation über performative algorithmische Kunst im Kontext ästhetischer und politischer Theorien. Sie war Stipendiatin des Graduiertenkollegs ‚Automatismen' der Universität Paderborn. Publikationen im Erscheinen: Was würde wohl das Über-Ich dazu sagen – und vor allem wie? Konzepte der Stimme in der Kunst. In: Peter Lenhart/Marianne Schuller/Jasmin Sohnemann/Manuel Zahn (Hg.): *Wo ist das Über-Ich und was macht es dort? Studien zu einem psychoanalytischen Begriff*, Berlin, vorauss. 2013; Annette Brauerhoch/Norbert Otto Eke/Renate Wieser/Anke Zechner (Hg.): *Entautomatisierung*, München, vorauss. 2014.

Abbildungsverzeichnis

Zur Einleitung

Katharina Hinsberg: *fort* und *fort*

Kerstin Ergenzinger: Studien zur Sehnsucht

Lars Nowak: Pilzwolken

Studio NAND: The Known Unknowns

Agnes Meyer-Brandis: Moon Goose Colony

alle   Videostills *Moon Goose Colony* © Agnes Meyer-Brandis / VG Bild-Kunst

Andrea Sick: Transparenz und Spuk im (Daten-)Wald

1–3   aus dem Archiv der Autorin
4/7   Walter von Lucadou: *Dimensionen des PSI. Fakten zur Parapsychologie*, Leipzig (List) 2003, 132, 59
5   Still aus dem Film: www.moviegoods.com/Assets/product_images/1020/338979.1020.A.jpg
6   Alisa M. Libby: England – Hampton Court Palace: www.alisalibby.com/blog/wp-content/uploads/2008/06/ghost-in-gallery.jpg
8/9   *Süddeutsche Zeitung*, 11./12.8.2012, Nr. 185, 20
10/11   Societé Belge d'Étude des Phénomènes Spatiaux (Hg.): *Ufo-Welle über Belgien. Zivile, polizeiliche, militärische und wissenschaftliche Augenzeugen berichten. Eine Dokumentation der Massensichtungen. Mit Radar- und Bildanalysen.* Aus dem Französischen von Hellmuth Osz, Frankfurt am Main (Zweitausendeins) 1993, 322
12   Array of Ufo Shapes. In: *Symposium on Unidentified Flying Objects*, 29.7.1968 [No. 7]. Printed for the use of the Committee on Science and Astronautics: www.files.ncas.org/ufosymposium/p229shapes.html

Dennis Paul: Halbdinge

1   Dennis Paul
2–5   Fotos: Dennis Siegel
6–8   Fotos: David Friedrich
9–11   Fotos: Jonas Otto
12   Marcel Helmer
13   Benjamin Skirlo
14–18   Fotos: Peter Buczkowski
19–22   Fotos: Henrik Nieratschker
23–25   Fotos: Dennis Siegel
26/27   Fotos: Jonas Otto

Regine Buschauer: Wenn der Wind weht

1   Generaldirektion PTT (Hg.): *Hundert Jahre elektrisches Nachrichtenwesen in der Schweiz*, Bd. 1, Bern (o.V.) 1952, 15 ff. [Orig.: Staatsarchiv Bern]
2   Generaldirektion PTT (Hg.): *Hundert Jahre elektrisches Nachrichtenwesen in der Schweiz*, 24 [Orig.: E. Flückiger: *La poste des signaux au Vully*, Annales fribourgeoises 9, 1921, 18]
3   Videostill (Screenshot): Andros Zins-Browne: *The Host*, USA/B 2010, Online-Trailer: www.youtube.com/watch?v=txU1tK1YylE

Hannes Hoelzl: gone

alle   Abbildungen: Hannes Hoelzl

Julijonas Urbonas: Design Choreography

1   Foto: Ernestas Parulskis
2   Foto: Felix Clay
3   Foto: NASA/Langley Research Center (NASA-LaRC)
4   Foto: Allan Grant/Time Life Pictures
5   Foto: Michael Jones, www.flickr.com/photos/botosynthetic/7581211304

Claudia Reiche: P/hand/tome tasten

1–3/5   Intuitive Surgical, Homepage, www.intuitivesurgical.com/products, da Vinci Standard System, www.intuitivesurgical.com/company/media/images/davincistandardimages.html

4   Morton L. Heilig: Enter the Experiental Revolution. A VR Pioneer Looks Back to the Future. In: Linda Jacobson (Hg.): *Cyber Arts, Exploring Art & Technology*, San Francisco (Miller Freeman) 1992, 295

6   SensAble Touch, haptic device, force feedback, PHANTOM Series, Werbebroschüre 1998

7   PHANTOM Phantom Premium 3.0 6DOF, www.geomagic.com/en/products/phantom-premium-6dof/overview

8   Deutsches Zentrum für Luft- und Raumfahrt (DLR), Robotik und Mechatronik Zentrum: *MiroSurge – Telemanipulation in minimally invasive surgery*, www.dlr.de/rm/de/desktopdefault.aspx/tabid-3835/6288_read-9047 (Bild: DLR)

9   Projektseite SOFIE der Technischen Universität Eindhoven, www.tue.nl/en/research/research-institutes/top-research-groups/robotics-research/projects/sofie

10   Anonym: New Touch in Robotics. In: *New Hampshire Union Leader*, 23.4.2013

11   CyberSM haptisches Kommunikationssystem von Ståle Stenslie, Kirk Woolford. In: Ståle Stenslie: *Virtual Touch. A Study of the Use and Experience of Touch in Artistic, Multimodal and Computer-based Environments*, Oslo (CON-TEXT) 2010, 168

12/13 James C. Gwilliam/Alperen Degirmenci et al.: Design and Control of an Air-Jet Lump Display. In: Institute of Electrical and Electronics Engineers (Hg.): *Haptics Symposium (HAPTICS), 2012 IEEE Proceedings*, Vancouver 2012, 45–49 online: https://ieeexplore.ieee.org/xpl/mostRecentIssue.jsp?punumber=6179079

14   Takayuki Hoshi/Masafumi Takahashiy et al.: Touchable Holography (The University of Tokyo) 2009. In: *ACM Siggraph 2009*, SIGGRAPH09TouchableHolography.pdf

15/16 Hyoung Won Baac/Jong G. Ok et al.: Carbon-Nanotube Optoacoustic Lens for Focused Ultrasound Generation and High-Precision Targeted Therapy. In: *Scientific Reports 2012*, Bd. 2, Supplementary Information, Targeted Removal of Single Cell, www.nature.com/srep/2012/121218/srep00989/full/srep00989.html#supplementary-information

17/18 Hyoung Won Baac/Jong G. Ok et al.: Carbon-Nanotube Optoacoustic Lens for Focused Ultrasound Generation and High-Precision Targeted Therapy. In: *Scientific Reports 2012*, Bd. 2, www.nature.com/srep/2012/121218/srep00989/full/srep00989.html

Dennis Siegel: Electromagnetic Harvester

alle   Fotos: Dennis Siegel

Jonas Otto: Der Metalevel-Scanner

alle   Fotos: Jonas Otto

Luis Berríos-Negrón: Manners, Parameters and Other Gay Sciences

1   © Luis Berríos-Negrón

2   Fotogramm zum Video *Verde que te quiero Verde* © Luis Berríos-Negrón

3   http://upload.wikimedia.org/wikipedia/commons/2/23/El_Greco_%28Domenikos_Theotoko-poulos%29_-_Laocoön_-_Google_Art_Project.jpg

4   http://dasalte.ccc.de/teufelsberg/teufelsberg-Pages/Image44.html

5   NASA/ESA, http://upload.wikimedia.org/wikipedia/commons/2/2f/Hubble_ultra_deep_field.jpg

6   Foto: Jens Ziehe

Benjamin Suck: A1 5284–A1 0862

alle   Fotos: Effrosyni Kontogeorgou

Mathias Lam: Hänsel

alle   Fotos: Lasse Behnke

Christoph Wachter & Mathias Jud: Was uns vorschwebte II

1   © Christoph Wachter & Mathias Jud, 2007

Hannes Waldschütz: Elefant (Funktionsmodell)

alle Fotos: Hannes Waldschütz

Mikael Mikael: Retreat

alle © Mikael Mikael, 2013

Lucas Odahara: The Hazy Focus of Nature

alle Fotos: Lucas Odahara

Jan Bovelet: Temporäre Räume und abstrakte Maschinen

1 © FLC-ADAGP mit freundlicher Genehmigung
2 Foto: Mirjam Thomann / DAZ

Renate Wieser: Unendlich verteiltes Aufräumen

1 Foto: Renate Wieser

Birgit Schneider: Elemente einer Ikonografie der Klimamodelle

1a/b Theodor Reye: *Die Wirbelstürme, Tornados und Wettersäulen in der Erd-Atmosphäre mit Berücksichtigung der Stürme in der Sonnen-Atmosphäre*, Hannover (Rümpler) 1880
2 ,Figure 5' aus dem *Summary for Policymakers*, AR4, IPCC 2007, 14
3 www.dkrz.de/about/media/galerie/Vis/vulkane/yellowstone-supervulkan
4a John Theodore Houghton et al. (Hg.): *Climate Change. The IPCC Scientific Assessment* (FAR), Cambridge (Cambridge University Press) 1990, xxxv
b John Theodore Houghton et al. (Hg.): *Climate Change 1995. The Science of Climate Change* (SAR). Contribution of Working Group 1 to the Second Assessment Report of the Intergovernmental Panel on Climate Change, Cambridge (Cambridge University Press) 1995, 55
c John Theodore Houghton et al. (Hg.): *Climate Change 2001. The Scientific Basis* (TAR). Contribution of Working Group I to the Third Assessment Report of the Intergovernmental Panel on Climate Change, Cambridge (Cambridge University Press) 2001, 88
d Susan Solomon et al. (Hg.): *Climate Change 2007. The Physical Science Basis* (AR4). Contribution of Working Group I to the Fourth Assessment Report of the IPCC, Cambridge (Cambridge University Press) 2007, 104
5 Solomon et al., *Climate Change 2007* (AR4), 99
6 www2.ucar.edu/climate/faq#t2539n1350

Jussi Ängeslevä: Beyond Prototyping

1–3 Fotos: Frederic Gmeiner, Korbinian Polk, Sebastian Schmieg
4–6 Fotos: Stefan Stubbe

Gunnar Green/Bernhard Hopfengärtner: 75 000 Futures

alle Fotos: Gunnar Green und Bernhard Hopfengärtner

Ralf Baecker: Rechnender Raum

alle Abbildungen: Ralf Baecker